药品 GMP、GSP 检查
实战要点

主　编　张瑜华

副主编　付彩群　刘　英

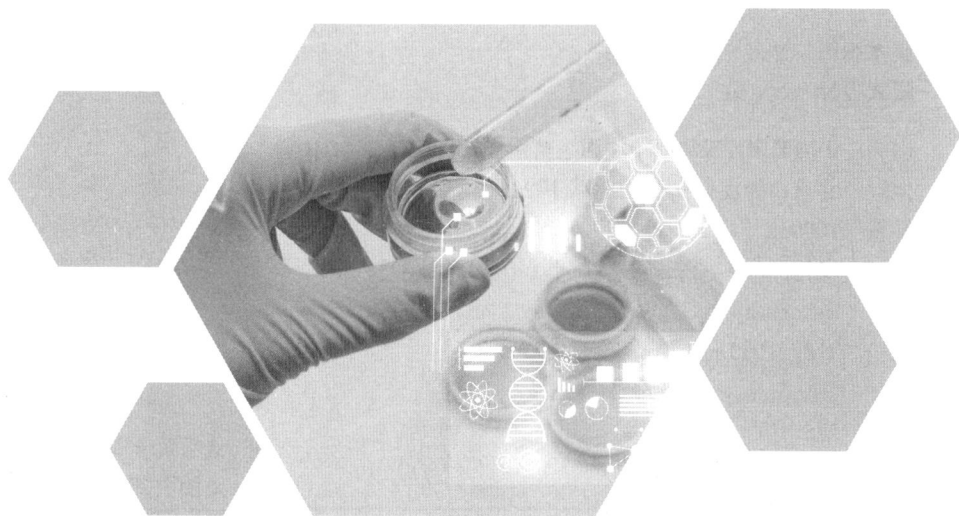

中国健康传媒集团

中国医药科技出版社

内 容 提 要

本书总结 GMP、GSP 等检查及注册核查工作中重点及难点，内容包括质量体系、CAPA、无菌控制、设施设备、公共系统、确认与验证、药物警戒、药品经营、药品稽查、注册核查等监管要点，并对检查中发现的不合格项进行举例说明。

本书涉及药品生产、经营多个重点环节，收集案例真实，可作为药品检查员、药品生产企业、药品经营企业从业人员的参考资料。

图书在版编目（CIP）数据

药品 GMP、GSP 检查实战要点 / 张瑜华主编 . — 北京 ：中国医药科技出版社，2024.5

ISBN 978-7-5214-4606-7

Ⅰ.①药… Ⅱ.①张… Ⅲ.①制药工业—质量管理体系—中国 ②药品—商业经营—质量管理—中国 Ⅳ.F426.7② F721.8

中国国家版本馆 CIP 数据核字（2024）第 090954 号

美术编辑　陈君杞
版式设计　也　在

出版　**中国健康传媒集团**｜中国医药科技出版社
地址　北京市海淀区文慧园北路甲 22 号
邮编　100082
电话　发行：010-62227427　邮购：010-62236938
网址　www.cmstp.com
规格　710×1000mm $^1/_{16}$
印张　16
字数　275 千字
版次　2024 年 5 月第 1 版
印次　2024 年 5 月第 1 次印刷
印刷　北京侨友印刷有限公司
经销　全国各地新华书店
书号　ISBN 978-7-5214-4606-7
定价　65.00 元

获取新书信息、投稿、为图书纠错，请扫码联系我们。

序

药品作为治病救人的特殊商品，与每个人的生活息息相关。进入新时代，人民对美好生活的愿景中很重要的一方面就是药品安全有效，及时用上新药、好药。全面加强药品监管能力建设，就是要进一步提升药品监管科学水平，以强有力的监管推动企业落实主体责任，保障人民群众用药安全、有效、可及。

当前，药品安全形势总体稳定，但药品安全没有零风险，特别是近年来医药新技术、新产品、新业态、新商业模式日新月异，给传统监管模式和监管能力带来严峻考验。全面加强药品监管能力建设，就是要让监管能力跟上医药创新的步伐，以"零容忍"的态度把风险隐患解决在萌芽状态，确保监管始终跑在风险的前面。"四个最严"仍然是目前药品监管的目标。同时，严把药品生产经营使用每道关口，确保公众用药安全、有效、可及，守住药品安全底线；广泛运用信息技术手段，建立药品智慧监管，也是药品监管今后面临的重大挑战和助推医药产业高质量发展、强化服务医药经济发展的使命担当。

张瑜华副主任药师1984年毕业于江西中医学院（现江西中医药大学）药学系，毕业至今一直从事药品检验、药品监督工作。有扎实的专业功底，善于发现问题、分析问题、总结问题，作为江西省第一批药品GMP、GSP检查员和《中国医药报》法治专栏特约专家、中国食品药品网专家顾问团特约讲师，在长期从事药品检验及药品监管工作基础上，结合平时工作经验总结，先后发表 50 余篇药品检查心得，深受国内检查员及企业欢迎。现在张瑜华汇集整理这些文章，完成了《药品 GMP、GSP 检查实战要点》书稿，从职业化药品检查员角度剖析药品生产、确认与验证（GAP、GMP）、药物警戒（GVP）、药品经营和使用（GSP）到药品稽查、注册核查等全产业链的监管体会，对不断提升药品监管工作的科学化、法治化、现代化水平，建立稽查与检查一体化的办案机制，实施监管队伍专业素质提升等诸多方面均有所探讨，相信本书的出版，对药品检查员培训、实训及药品生产、经营企业必能有所裨益。

我作为张瑜华同志曾经在江西的校友和同事，先睹书稿，感叹敬佩之绪油生。谨呈斯言，是为序！

暨南大学教授

国家中药现代化工程技术研究中心主任

2022 年 9 月 30 日

目　录

第一章　药品生产

第二章　设施设备

第三章　确认与验证

第四章　药物警戒

第五章　药品稽查

第六章　药品经营和使用

第七章　注册核查

第八章　检查体会

第一章 药品生产

一、从新《药品生产监督管理办法》谈 GMP 符合性检查

自 2019 年 12 月 1 日起，药品监督管理部门取消药品 GMP 认证，不再发放药品 GMP 证书，实现了《药品 GMP 证书》和《药品生产许可证》"两证合一"。新《药品生产监督管理办法》（以下简称《办法》）自 2020 年 7 月 1 日起施行，该《办法》第二十六条规定，从事药品生产活动，应当遵守药品生产质量管理规范，建立健全药品生产质量管理体系，涵盖影响药品质量的所有因素，保证药品生产全过程持续符合法定要求。

（一）取消 GMP 发证不等于取消 GMP 检查

笔者到某企业检查时就听到过"取消了 GMP 认证怎么还要进行 GMP 检查"的疑问，这是对新法规及政策的不了解，是对政策的误读。《办法》第五十五条规定，省、自治区、直辖市药品监督管理部门应当根据药品品种、剂型、管制类别等特点，分为季度、年度，3 年一次、5 年一次开展药品生产质量管理规范符合性检查，还可结合本行政区域内药品生产监管工作实际情况，调整检查频次。从这条来看，检查应该更为严格，更为真实，从原来的主动申请认证到现在的被动检查。

（二）《办法》对 GMP 检查的要求

《办法》第三十一条规定，药品上市许可持有人、药品生产企业在药品生产中，应当开展风险评估、控制、验证、沟通、审核等质量管理活动，对已识别的风险及时采取有效的风险控制措施，以保证产品质量。《办法》对药品生

产监管工作提出了更高要求，将切实加强上市后的动态监管，由 5 年一次的认证检查，改为随时对 GMP 执行情况进行检查，对企业持续符合 GMP 要求提出了更高的要求。通过上市前的检查、许可检查、上市后的检查、行政处罚等措施，将执行药品生产质量管理规范的网格织得更紧密，监管检查形式更加灵活，真正做到了药品生产质量管理规范贯穿于药品生产全过程。

（三）GMP 符合性检查关注点

因 GMP 符合性检查不同于认证检查，带有随机性，应结合风险点开展完整的风险管理程序，包括风险评估、风险控制、风险沟通与审核等，查找药品生产环节的风险点。

1. 软件比硬件更重要

在检查时，企业总担心硬件达不到要求，怕设备不够先进。笔者认为，硬件不是主要问题，书面 SOP 及制度、书面记录的不完善才是关键。必须遵守企业内部的 SOP 及制度，如果出现违反情况，必须纠正。如在企业内部有时会出现无程序可依的情况，以偏差处理 SOP 为例，这是一个关键质量体系文件，有的企业偏差处理 SOP 以原因调查为起点，以交给 QA 经理决定为终点，之后 QA 经理对放行、调查后放行、拒绝、变更程序、返工便无程序可依。

2. 证据比文件更重要

企业通过 GMP 认证后，质量管理文件体系内容都比较完善，但不能确保这些文件有效运行。如何保证质量体系文件有效运行？企业生产活动的所有记录，包括批生产记录、批检验记录、验证和校准记录、培训记录等，是其最终放行产品的依据，应当严格地作为证据对待。GMP 现场检查是建立在审核证据的基础之上，企业往往忽视证据，主要表现为记录简单、缺失和随意涂改，或者记录保存疏忽、混乱，也有企业记录不真实等现象。如某企业在用高效液相检查某产品时，对照品进样 4 针，选 2 针接近的数据，样品进样 6 针，选 2 针与对照品峰值对应且数据接近的数据，存在选择性使用检验数据的问题。

3. 注册批件比工艺规程更重要

有时检查批件记录只对照工艺规程，往往忽视注册批件，与检查中的风险相比较，其实药品注册批件的内容更值得关注。注册批件的细节，尤其是工艺参数的范围和限度的设置，可能在不同层面给药品质量带来风险。如对某企业检查时发现，某风湿药酒浸渍时间长达半年，而注册批件规定为浸渍48小时；某中药提取温度注册工艺规定不得低于100℃，实际记录就为100℃；还有国家药品监督管理局对某企业生产现场进行检查时，发现该品种的发酵工艺变更、发酵条件变更、裂解步骤混合工艺变更未按规定申报。

4. 防污染措施比设施更重要

《药品生产质量管理规范（2010年修订）》（GMP）第一百九十八条提出了应当定期检查防止污染和交叉污染的措施并评估其适用性和有效性，促使企业不断自我完善。应增强所有员工防止污染和交叉污染的意识，严格按标准操作规程进行各项操作，对制水系统和空调净化系统要制定严格的防微生物污染措施。为防止"污染和交叉污染"的发生，必须按照GMP第一百四十九条的要求操作，"应当根据验证结果确认工艺规程和操作规程"。尤其是生产设备、器械与容器具的清洁操作规程，规定具体而完整的清洁方法、清洁剂的名称和配制方法、已清洁设备与器械的最长保存时限等。如在检查某企业时发现，洁净区走廊与外包间传递窗不能正常锁闭且无状态标识。

5. 过程比结果更重要

原辅料和成品的检验是保证产品质量的第一道关卡和最后一道防线，检验固然重要，但药品质量是生产出来的，生产过程中的人、机、料、法、环每个要素都直接或间接影响着产品质量，各个要素要组成为一个有机统一的体系，要在GMP的动态管理中统一起来，以确保整个体系的有序运行。如在某企业检查时发现，配料称量台秤未经校准；某中药浸膏粉贮存期限为24个月，未有稳定性考察数据支撑；还有企业未计算物料平衡，设置物料平衡是为了更好地发现生产过程中出现的异常，可以有效地防止物料、不合格品、包材的误用与非正常流失，目的是防止混淆或差错风险，是质量控制与监管的有效手段。

而企业反复强调近几年产品质量在抽检中没出现过问题等，这就混淆了过程与结果的关系。这些问题都应该引起企业的重视。

二、再谈 GMP 符合性检查

药品 GMP（《药品生产质量管理规范》）符合性检查是指药品监管部门依据药品监管法律法规及有关规定，对药品上市许可持有人、药品生产企业（车间、生产线）和药品品种实施药品 GMP 情况开展的监督检查活动，是国际药品贸易和药品监督管理的重要内容，也是确保药品安全性、有效性和质量可控性的一种科学管理手段。

《药品生产监督管理办法》第二十六条规定，从事药品生产活动，应当遵守药品生产质量管理规范，建立健全药品生产质量管理体系，涵盖影响药品质量的所有因素，保证药品生产全过程持续符合法定要求。《药品管理法》《药品生产监督管理办法》《药品注册管理办法》《药品检查管理办法（试行）》《药品上市后变更管理办法（试行）》及 2020 年《国家药监局关于实施新修订〈药品生产监督管理办法〉有关事项的公告》（以下简称《公告》）等法规文件，都对 GMP 符合性检查提出要求。

（一）GMP 符合性检查分类

GMP 符合性检查分为以下三类。

一是上市前的药品 GMP 符合性检查。

按照《药品生产监督管理办法》第五十二条、《药品注册管理办法》第四十七条和《药品上市后变更管理办法（试行）》第八条等规定组织开展。检查项目包括：

1. 新核发《药品生产许可证》的药品上市许可持有人、药品生产企业未通过药品 GMP 符合性检查的车间（生产线）。

2. 申报注册的创新药、改良型新药以及生物制品等。

3. 对于仿制药等，基于风险进行上市前药品 GMP 符合性检查。

4. 已通过与生产该药品的生产条件相适应的药品 GMP 符合性检查的品

种，根据风险管理原则决定是否开展上市前的药品 GMP 符合性检查。

二是变更类的药品 GMP 符合性检查。

按照《药品生产监督管理办法》第十六条、《药品上市后变更管理办法（试行）》第八条和《公告》有关规定组织开展。检查项目包括：

1. 申请变更境内生产药品的持有人和转让的药品。

2. 原址或者异地新建、改建、扩建车间或者生产线。

三是上市后的药品 GMP 符合性检查。

按照《药品生产监督管理办法》第五十五条、《药品检查管理办法》第四十条和《公告》有关规定组织开展。检查项目包括：

1. 受托企业涉及的车间或者生产线没有经过药品 GMP 符合性检查。

2. 换发《药品生产许可证》，药品 GMP 证书有效期届满后未延续或未通过药品 GMP 符合性检查的。

3. 长时间停产（一般为 1 年及以上）需恢复生产的。

4. 监督检查综合评定不符合 GMP 被暂停生产或责令停产、需恢复生产的；

5. 其他被暂停生产或责令停产、需恢复生产的。

6. 申请出口欧盟的原料药。

7. 根据药品品种、剂型、管制类别等特点，结合国家药品安全总体情况、药品安全风险警示信息、重大药品安全事件及其调查处理信息等，以及既往检查、检验、不良反应监测、投诉举报等情况，组织开展上市后的药品 GMP 符合性检查。

8. 按照风险原则制定药品检查计划，实施风险分级管理，年度检查计划中应当确定对一定比例的被检查单位开展 GMP 符合性检查。

（二）GMP 符合性检查流程

针对上述分类一、二及分类三的 1、2、3、4、5、6 的情形，持有人自行生产的，由其依法向当地省、自治区、直辖市药监部门申请药品 GMP 符合性检查，并对其开展 GMP 现场检查和出具技术审查意见，综合评定结论为符合要求的，发放《药品 GMP 符合性检查结果告知书（或通知书）》；综合评定结论为不符合要求的，发放《药品 GMP 符合性检查结果意见书》，告知申请人。

由持有人委托他人生产的，由持有人申请药品 GMP 符合性检查，并可对其受托方开展延伸检查。委托方的药品质量管理体系检查应在核发《药品生产许可证》前完成。

针对上述分类三的 7、8 两种非申请 GMP 符合性检查的情形，无需企业提出申请，由当地省、自治区、直辖市药监部门根据年度药品生产监督检查计划，依职责组织上市后的药品 GMP 符合性现场检查，提出现场检查结论和处理建议，并出具《药品检查综合评定报告书》。

（三）GMP 符合性检查申报资料

依计划非申请 GMP 符合性检查的，企业无需提交申报资料。依法申请 GMP 符合性检查的，企业应提供如下资料：

1.药品生产质量管理规范符合性检查申请表。

2.药品生产管理和质量管理自查情况（包括企业概况及历史沿革情况、生产和质量管理情况，上次 GMP 符合性检查后关键人员、品种、软件、硬件条件的变化情况，上次 GMP 符合性检查后不合格项目的整改情况）。

3.药品生产企业组织机构图（注明各部门名称、相互关系、部门负责人等）。

4.药品生产企业法定代表人、企业负责人、生产负责人、质量负责人、质量受权人及部门负责人简历；依法经过资格认定的药学及相关专业技术人员、工程技术人员、技术工人登记表，并标明所在部门及岗位；高、中、初级技术人员占全体员工的比例情况表。

5.药品生产企业生产范围全部剂型和品种表；申请检查范围剂型和品种表（注明"近三年批次数、产量"），包括依据标准、药品注册证书等有关文件资料的复印件；中药饮片生产企业需提供加工炮制的全部中药饮片品种表，包括依据标准及质量标准，注明"炮制方法、毒性中药饮片"；生物制品生产企业应提交批准的制造检定规程。

6.药品生产场地周围环境图、总平面布置图、仓储平面布置图、质量检验场所平面布置图。

7.车间概况（包括所在建筑物每层用途和车间的平面布局、建筑面积、洁净区、空气净化系统等情况。其中对高活性、高致敏、高毒性药品等的生产区域、空气净化系统及设备情况进行重点描述），设备安装平面布置图（包括更衣室、盥洗间、人流和物流通道、气闸等，并标明人、物流向和空气洁净度等级）；空气净化系统的送风、回风、排风平面布置图（无净化要求的除外）；生产检验设备确认及验证情况，人员培训情况。

8. 申请检查范围的剂型或品种的工艺流程图，并注明主要过程控制点及控制项目；提供关键工序、主要设备清单，包括设备型号、规格。

9. 主要生产及检验设备、制水系统及空气净化系统的确认及验证情况；与药品生产质量相关的关键计算机化管理系统的验证情况；申请检查范围的剂型或品种的三批工艺验证情况，清洁验证情况。

10. 关键检验仪器、仪表、量具、衡器校验情况。

11. 药品生产管理、质量管理文件目录。

12. 申请材料全部内容真实性承诺书。

13. 凡申请企业申报材料时，申请人不是法定代表人或负责人本人，企业应当提交《授权委托书》。

三、从 GMP 谈企业质量管理体系

《药品生产质量管理规范》（GMP）第二条规定，企业应当建立药品质量管理体系。该体系应当涵盖影响药品质量的所有因素，包括确保药品质量符合预定用途的有组织、有计划的活动。随着现代创新技术及管理手段在制药业的应用，质量管理理念也在不断发展，经历了从质量检验到过程控制再到实施质量管理体系三个阶段。质量管理体系是通过对产品的整个生命周期中影响产品质量的所有因素进行管理，从而对产品的质量提供了全面有效的保证。

药品生产企业必须依据自身的特点建立质量管理体系，并保证其有效实施和不断完善，以确保持续稳定地生产出符合预定用途和注册要求的药品。

（一）有效而健全的组织机构和足够数量及适当资质的人员是质量管理的保证

作为药品生产企业，必须建立与药品生产相适应并能有效运行的组织机

构。应当设立独立的质量管理部门，负责质量保证（QA）和质量控制（QC）。

QA 负责各种质量标准、操作规程的审核批准，药品生产全过程的监督与控制，偏差和 OOS 的调查及处理，原辅包和成品检验报告的签发。QC 负责检验方法的建立及质量标准的起草，原辅包和成品的取样、检验及检验报告的提供，且对结果的准确性及真实性负责。在生产企业管理层中的关键岗位，如生产管理负责人、质量管理负责人、质量授权人，必须具有药学或相关专业本科学历（或中级专业技术职称或执业药师资格），具有至少 3~5 年从事药品生产和质量管理的实践经验，接受过相关的专业知识培训。应当明确规定每个部门和每个岗位的职责，并保证所有人员如车间 QA 人员、仓库管理人员、设备管理人员等明确并理解自己的职责，熟悉与其职责相关的要求，并接受必要的培训，包括上岗前培训和继续培训，才能对产品质量起到有效的保障作用。

缺陷举例

1. 质量管理部门不是明确的独立机构，缺乏真正的决定权，有证据表明质量管理部门的决定常被生产部门或管理层否决。

2. 生产管理负责人无药学或相关专业本科学历（或中级专业技术职称或执业药师资格），且对其负责的工作缺乏足够的实践经验。

3. 中药饮片检验人员的显微鉴别操作不熟练。

4. 调阅电脑中显微鉴别记录图片发现，有些图片不能明显反映相应的显微特征。

5. QC 检验人员进行中药饮片总灰分项目实际操作与电阻炉 SOP 规定不一致。

（二）系统而全面的质量管理体系文件是企业各项质量活动的基本要素

文件管理是质量管理体系的基本要素，可保证企业各项质量活动有法可依、有章可循，使质量管理手段和方法制度化、程序化。企业必须有内容正确的书面质量标准、生产处方和工艺规程、操作规程以及记录等文件。

企业必须建立文件管理的操作规程，系统地设计、制定、审核、批准和发放文件。操作规程的表述必须严谨、没有歧义，操作性强，比如物料的领用和传递、设备的维护和清洁、洁净区的更衣、产品的检验、偏差的处理等，才能保证所有人都能按照同样的程序执行相同的操作。SOP 还需要在后来的生产过程中参照实际生产数据和经验，不断对其进行更新和完善。鼓励生产企业按照生产批号编制标准操作指导书（SOI），可使生产过程中的所有 SOP 按照工艺流程串起来，这样就可按照 SOI 进行各种操作，既可保证所有人员执行相同的操作，又可杜绝对生产中出现的异常情况隐瞒不报的现象。与 GMP 有关的所有文件必须经质量管理部门审核批准，文件的内容应当与药品生产许可、药品注册等相关要求一致。批生产记录、批包装记录、批检验记录和药品放行审核记录必须真实可靠，以保证产品生产、质量控制和质量保证等活动可以追溯。

⚙ 缺陷举例

1. 某企业现场进行板蓝根颗粒的制粒工序，其批生产记录未记录干混和湿混的时长以及摇摆制粒机使用筛网的目数。

2. 骨肽注射液稀配工序是用液位计量，批记录中未记录实际配液的液位高度，而是记录换算后的数值。

（三）严格而规范的过程控制是保证产品质量的必要手段

1. 必须有符合生产要求和受控的设施设备

厂房设施的合理布局、建造施工以及必要的维护能够为药品的生产和贮存等提供可靠保障，可以最大限度地避免污染、交叉污染、混淆和差错。设备的生命周期从设计选型到采购、安装、测试、操作、维护、变更直至退役的全过程中，质量体系中应具备相应系统对其进行控制和管理，确保它们始终处于一种稳定的受控状态，从而保证产品的质量。与药品直接接触的生产设备表面应当平整、光洁、易清洗或消毒、耐腐蚀，不得与药品发生化学反应、吸附药品或向药品中释放物质。设备所用的润滑剂、冷却剂等不得对药品或容器造成污染。生产特殊性质的药品，如高致敏性药品、生物制品，必须采用专用或独立的厂房、生产设施和设备，如青霉素类药品产尘量大的操作区域应当保持相对负压；生产 β- 内酰胺结构类药品、性激素类避孕药品、高活性化学药品必须使用独立的空气净化系统和设备，并与其他药品生产区严格分开。应当确保生产和检验使用的关键衡器、量具、仪表、记录和控制设备以及仪器经过校准，所得出的数据准确、可靠。

⚙ **缺陷举例**

1. 发酵虫草菌粉 C 线物料进出口与货梯之间无防鼠设施。

2. 综合提取车间 H 区流浸膏收膏洁净区内走廊墙壁部分有锈迹。

3. 前处理车间 ST-005 热风循环烘箱 CT-C 温度表显示故障，不能显示实际工作温度。

4. 停产的舒巴坦钠原料药车间 A17 室与走廊间的压差表故障，显示为 25Pa，不能归零。

2. 必须执行物料请验及产品放行制度

药品生产所用的原辅料、与药品直接接触的包装材料必须符合相应的质量标准，必须有物料和产品批准放行的操作规程，确保物料和产品的正确接收、贮存、发放、使用和发运，防止污染、交叉污染、混淆和差错。物料和产品的处理应当按照操作规程或工艺规程执行，并有记录，物料供应商的确定及变更应当进行质量评估，并经质量管理部门批准后方可采购，产品的放行必须完成所有必需的检验并对每批药品进行质量评价。

⚙ **缺陷举例**

1. 某企业于 2019 年 3 月 18 日启动变更增加主要物料 L- 脯氨酰胺供应商某公司，并于 2019 年 7 月 13 日购入该原料 2527kg 投入使用，但评估尚未完成审批流程。

2. 企业将处于待验状态的复方聚乙二醇电解质散（Ⅰ）被放在成品合格区。

3. 必须强化药品生产关键环节的控制和管理

所有药品的生产和包装必须按照批准的工艺规程和操作规程进行操作，每批产品应当检查产量和物料平衡，确保物料平衡符合设定的限度，如有差异，必须查明原因，确认无潜在质量风险后，方可按照正常产品处理。每次生产结束后应当进行清场，确保设备和工作场所没有遗留与本次生产有关的物料、产品和文件。下次生产操作前，应当对前次清场情况进行确认，还应当核对物料或中间产品的名称、代码、批号和标识，确保生产所用物料或中间产品正确且符合要求。生产过程中应当尽可能在分隔的区域内生产不同品种的药品，采用阶段性生产方式，设置必要的气锁间和排风，空气洁净度级别不同的区域应当有压差控制，液体制剂的配制、过滤、灌封、灭菌等工序应当在规定时间内完成。

⚙ 缺陷举例

1. 前处理车间、固体制剂车间等多处可见蚊虫。

2. 综合提取车间 H 区溶膏间夹层锅搅拌桨有污垢，清洁不彻底。

3. 原料药洁净区重结晶间清洁后的离心机有药粉残留。

4. 固体制剂车间中的瓶装间（洁净区）与外包区域（非洁净区）之间有传送带通道，未安装压差计。

4. 必须评估任何偏差对产品质量的潜在影响

各部门负责人应当确保所有人员正确执行生产工艺、质量标准、检验方法和操作规程，防止偏差产生。必须建立偏差处理的操作规程，规定偏差的报告、记录、调查、处理以及所采取的纠正措施。任何偏离生产工艺、物料平衡限度、质量标准、检验方法、操作规程等的情况必须及时记录，并评估其对产品质量的潜在影响。可根据偏差的性质、范围、对产品质量潜在影响的程度将偏差分为重大偏差和次要偏差，对重大偏差的评估还应当考虑是否需要对产品进行额外的检验以及对产品有效期的影响，必要时，对涉及重大偏差的产品进行稳定性考察。

⚙ 缺陷举例

1. 某企业偏差处理报告 DH-1903-01 中金银花含量测定时峰面积偏低，分析偏差原因，通过供试品溶液制备过程与标准进行核对发现超声处理时将超声仪设置为"功率 180W，频率 20kHz，30 分钟"，而标准要求为超声处理功率 250W，频率 35kHz，30 分钟，工作人员在预防纠正措施中未在批检验记录中对超声功率和频率参数进行核对。

2. 某企业第一次发生 OOS 的检验原始记录未归入 OOS 调查记录中。

5. 必须建立 CAPA 系统

企业必须建立 CAPA 系统，对投诉、召回、偏差、自检或外部检查结果、工艺性能和质量监测趋势等进行调查并对错误采取纠正和预防措施，调查的深度和形式应当与风险的级别相适应。CAPA 系统应当能够增进对产品和工艺的理解，改进产品和工艺，调查与产品、工艺和质量保证系统有关的原因。建立 CAPA，不仅要纠正某一个体性的缺陷，而且要找到导致缺陷的根本原因，采取主动性预防措施，防止同类缺陷再次发生。例如，同一设备反复发生故障，重复出现质量投诉，这种情况预示着程序本身可能存在缺陷，就单一偏差或投诉所采取的纠正措施不足以防止此类问题再次发生，这就需要采取一个系统化的管理方式，从更广和更深的层面分析原因并采取措施。

⚙ 缺陷举例

某饮片生产企业针对竹茹（批号：20200801）、大蓟（批号：20200401）、净山楂（批号：20200601）、龙骨（批号：20201201）抽检结果不符合规定的情况仅进行了实验室成品检验情况的调查，但未调查与产品工艺、仓储条件、原药材等有关的原因。

四、从 GMP 谈文件管理

文件管理是质量管理系统的基本组成部分，使企业各项质量活动有法可依、有章可循，使行之有效的质量管理手段和方法制度化、法规化，通过质量系统文件的实施来保证质量体系的有效运行。GMP 规定，文件是质量保证系统的基本要素。企业必须有内容正确的书面质量标准、生产处方和工艺规程、操作规程以及记录等文件。

（一）文件管理基本原则

1. 文件管理有章可循

首先要有管理文件的文件即文件管理操作规程，文件的起草、修订、审核、批准、分发保管，以及修改、撤销、替换、销毁等应按操作规程执行。文件应标明题目、种类、目的以及文件编号和版本号，且分类存放，便于查阅，文件用词准确、清晰和易懂。相关活动应有相应的操作规程，如确认和验证、设施设备的使用、偏差及 CAPA 等，明确规定何时、何地以及如何做，应采用什么材料、设备，应用哪些质量管理体系文件，如何对活动进行控制和记录等。

2. 文件内容合法合规

文件的内容应当与药品生产许可、药品注册等相关要求一致，并有助于追溯每批产品的历史情况。文件内容不可模棱两可，应结合质量活动实际运行情况，突出关键点，文字力求简练、易懂、易记。文件的布局应条理分明，便于查阅，复印件应清晰可辨。现场检查中重点对照各种药品注册、批准或备案文件进行检查，关注注册批件的细节，尤其是工艺参数的范围和限度的设置等。

3. 文件记录真实及时

与本规范有关的每项活动均应当有记录，并按要求保存，以保证产品生产、质量控制和质量保证等活动可以追溯。记录应当留有填写数据的足够空格，及时填写，内容真实，字迹清晰、易读，不易擦除，尽可能采用生产和检验设备自动打印的记录、图谱和曲线图等，使用电子数据记录时，应有操作规程。现场检查中重点关注记录是否存在简单、缺失和随意涂改，保存疏忽、混乱，或记录不真实等现象。

⊗ 缺陷举例

1. 受托方注射液软袋 A 线生产车间制水间水质检测室（房间编号：A1-1012），未发放工艺用水在线检测取样操作规程。

2. 撤销的中药材广藿香质量标准（STP-ZL-YL-001-02）文件未归档或销毁。

3. 企业的《模具管理规程》（编号：GLSB001900）未明确规定模具的保养周期，不利于实际操作。

4. 2019 年度藿香正气合剂产品质量分析报告无文件号、版本号。

5. 标准溶液管理规程（SMP-QC-0006-00）未根据《中国药典》2020 版本进行文件修订。

6. 沙氏葡萄糖琼脂培养基（批号：20201222）培养基适用性检查记录表非现行版本。

7.《FL-120B 流化床制粒干燥机清洁规程》规定了中效过滤器的清洗与更换的时长，但没有制定相应的记录表格。

8.《2021 年复方公英胶囊物料内外包材总账分类》多处涂改未签字。

（二）质量标准及工艺规程法定要求

1. 物料和成品应当有经批准的现行质量标准；必要时，中间产品或待包装产品也应当有质量标准。质量标准有依据、取样、检验方法或相关操作规程、定性和定量的限度要求等。

2. 工艺规程的制定应当以注册批准的工艺为依据。不同药品、不同批量有经企业批准的工艺规程，不同规格有各自的包装操作要求。工艺规程的内容至少包括生产处方、生产操作要求、关键设备的使用（如清洗、组装、校准、灭菌等）、详细的生产步骤和工艺参数说明、中间控制方法及标准、包装操作要求等。

⊗ 缺陷举例

1. 高锰酸钾滴定液（0.02mol/L）配制、标定记录检验依据为 2010 版《中国药典》而非现行 2020 版《中国药典》。

2. 甲钴胺生产工艺验证过程中，未将中间产品检验结果纳入验证报告。

3. 炙甘草（胀果甘草）配方颗粒生产工艺规程细则（TS-PS-2030-01）内容中喷雾干燥环节添加辅料内容的添加量描述不准确，可操作性不强。

4. 原料 2- 吡咯烷酮（批号：20210701）的物料发放记录上未记录取样时间以及取样数量。

5.《钻山风合剂生产工艺规程》[TEC-GY-ZZ-001（02）] 于 2017 年 6 月进行了修订，但未记载具体的修订内容。

（三）批记录原始可追溯

1. 批生产记录

每批产品均应当有相应的批生产记录，可追溯该批产品的生产历史以及与质量有关的情况，批生产记录的复制和发放应按操作规程进行并及时记录。重点关注生产以及中间工序开始、结束的日期和时间、每一原辅料的批号以及实际称量的数量（包括投入的回收或返工处理产品的批号及数量）、相关生产操作或活动、工艺参数及控制范围，以及所用主要生产设备的编号、中间控制结果的记录以及操作人员的签名、不同生产工序所得产量及必要时的物料平衡计算，包括对偏离工艺规程的偏差情况的详细说明或调查报告，并经签字批准。

2. 批包装记录

每批产品都应有批包装记录，以便追溯该批产品包装操作以及与质量有关的情况，批包装记录应当依据工艺规程中与包装相关的内容制定。重点关注批包装记录的每一页是否均标注所包装产品的名称、规格、包装形式和批号，原版空白的批包装记录的审核、批准、复制和发放的要求是否与原版空白的批生产记录相同、包装操作日期和时间、包装工序的操作人员签名、每一包装材料的名称、批号和实际使用的数量、包装操作的详细情况，包括所用设备及包装生产线的编号、所有印刷包装材料和待包装产品的名称、代码，以及发放、使用、销毁或退库的数量、实际产量以及物料平衡检查等。

3. 批检验记录

取样、检查、检验应当有记录，偏差应当经过调查并记录；物料、中间产品、待包装产品和成品必须按照质量标准进行检查和检验，并有记录。

🛠️ 缺陷举例

1. 甲硝唑口颊片批生产记录（批号：200609）（4/11）（JL-SC-131-1）剩余量与残存量填写错误。

2. 强力枇杷露生产批记录中工艺参数描述与工艺规程规定范围不一致，如第一次煎煮药液控制在 115 万~125 万 mL，规程中为 117 万~123 万 mL。

3. 汉防己甲素批生产记录（编号：JL/09/GY/P025）中的原料药干燥混合岗位生产记录未记录 V 型混合机的编号。

4. 企业现场进行板蓝根颗粒（规格：每袋装 10g；批号：20100102）的制粒工序，其批生产记录未记录干混和湿混的时长以及摇摆制粒机使用筛网的目数。

5. 排石利胆颗粒（批号：200702）批生产记录中煎煮工序的清场合格证（正本）中清场人未签名。

6. 骨肽注射液批生产记录（批号：190301）稀配工序是用液位计量，批记录中未记录实际配液的液位高度，而是记录换算后的数值。

7. 金水宝片（批号：210203；规格：0.2g）制粒工序中间产品颗粒的水分检测报告书未纳入批生产记录中。

8. 三七粉（批号：K2020090101）批生产记录中灭菌记录有灭菌时间记录，无灭菌温度记录。

9. 青霉胺原料药（批号：PAM202101-01）批生产记录所附的转储单上，未记录物料水合肼（进厂编码：YF41-261201）的实际领料量。

五、从 GMP 谈物料管理系统

物料管理指药品生产所需物料的购入、储存、发放及相应产品的管理，包括原料、辅料、包装材料、其他辅助材料、中间产品、待包装产品、成品。物料管理系统是药品生产全过程中主要管理系统之一，是保证药品质量的基本要素之一，物料流转涵盖从原辅料进厂到成品出厂的全过程，涉及企业生产和质量的所有部门，因此必须确保药品生产所用的原辅料、与药品直接接触的包装材料符合相应的药品注册的质量标准，并不得影响药品质量；必须建立物料和产品的处理和管理规程，确保物料和产品的正确接收、贮存、发放、使用和发运，采取措施防止污染、交叉污染、混淆和差错。

（一）合格的供应商

物料的管理尤其是供应商的管理在药品生产企业质量管理过程中起着越来越重要的作用。供应商的管理是物料管理的源头，也是保证药品质量稳定的关键一环，供应商的管理体系能确保在药品生产过程中使用质量合格的物料和优质的服务。

1. 是否建立物料供应商评估和批准的操作规程，明确供应商的资质、选择的原则、质量评估方式、评估标准、批准的程序。

2. 是否对物料供应商进行质量评估，对主要物料供应商（尤其是生产商）的质量体系进行现场质量审计，明确审计内容、周期、审计人员的组成及资质，核实供应商资质证明文件和检验报告的真实性，核实是否具备检验条件，全面评估其人员机构、厂房设施和设备、物料管理、生产工艺流程和生产管理、质量控制实验室的设备、仪器、文件管理等质量保证系统。

3. 是否与主要物料供应商签订质量协议，在协议中是否明确双方所承担的质量责任。

4. 如物料出现质量问题或影响质量的关键因素发生重大改变时，是否进行了相关的现场质量审计及质量回顾分析。

5. 是否对物料供应商建立质量档案，档案内容包括供应商的资质证明文件、质量协议、质量标准、样品检验数据和报告、现场质量审计报告、产品稳定性考察报告、定期的质量回顾分析报告等。

6. 是否对新的物料供应商进行质量评估；改变主要物料供应商的，是否对产品进行相关的验证及稳定性考察。

🔧 缺陷举例

1. 企业于2019年3月18日启动变更增加主要物料供应商 L- 脯氨酰胺的生产厂商安徽某公司，从2019年7月13日起共购入2527kg L- 脯氨酰胺，7 月 20 日开始投入生产维格列汀共 19 批，用料 1900kg，尚未完成审批流程。

2. 企业质量管理部门未向物料管理部门分发经批准的合格供应商名单。

3. 企业与某胶囊有限公司的供应商质量保证协议已过期（有效期均至 2020 年 12 月 31 日），但该企业仍于 2021 年 3 月从上述两家供应商采购物料。

4. 企业未对药材供应商安徽某公司进行定期质量回顾分析报告。

5. 企业对供货商某玻璃材料有限公司评审档案中无质量管理体系评价及审计的材料。

6. 未对供应商某中药种植专业合作社进行质量评估，未建立质量档案。

（二）良好的仓储设施

仓储区设计需体现规范性、合理性、先进性，与储运流程相适应，避免人流、物流的路线交叉，防止混淆、差错和污染。

1. 仓储区的设计和建造应当确保良好的仓储条件，并有通风和照明设施，能够满足物料的温湿度、避光和安全贮存的要求，应有适当措施，防止未经批准人员的进入。

2. 仓储区应有足够的空间，确保有序存放待验、合格、不合格、退货或召回的原辅料、包装材料等各类物料品。

3. 仓储区应当禁止吸烟和饮食，禁止存放食品、饮料、香烟和个人药品等非生产用物品。

4. 接收、发放和发运区域应当能够保护物料免受外界天气（如降雨、降雪）的影响，接收区的布局和设施应当能够确保到货物料在进入仓储区前可对外包装进行必要的清洁。

5. 如采用单独的隔离区域贮存待验物料，待验区应当有醒目的标识，如用其他方法替代物理隔离，则该方法应当具有同等的安全性。

6. 使用计算机化仓储管理的，应当有相应的操作规程，防止因系统故障、停机等特殊情况而造成物料的混淆和差错。

⚙ **缺陷举例**

1. 物料仓库灯光较暗，照度不够。

2. 物料待验区无标识，与合格品区紧邻。

3. 中药材库面积较小，堆垛之间无间隙。

（三）物料的取样和放行

正确的取样是质量保证系统的重要组成部分，取样的合理性直接影响检验结果的真实性，少量样品代表物料的整体状况，必须全面考虑取样的科学性和代表性。经检验合格的物料，由质量部门发放检验报告书、合格标签和物料放行单。

1. 是否设置单独的物料取样区，其空气洁净度级别应与生产要求一致。

2. 是否物料取样及检验操作规程，用于原辅料、包装材料的取样、检查、检验等。

3. 物料接收后是否及时按照待验管理，一次接收数个批次的物料，是否按批取样、检验、放行，并有足够的留样。

4. 原辅料、与药品直接接触的包装材料和印刷包装材料的接收应当有操作规程，所有到货物料均应当检查，以确保与订单一致，并确认供应商已经质量管理部门批准。物料的外包装应当有标签，并注明规定的信息。

⚙ **缺陷举例**

1. 企业制定了内包材《聚乙烯塑料桶质量标准》（STP–ZL–BC–005–00），但未按标准进行外观检验。

2. 汉防己甲素重结晶使用的回收乙醇未定期检测杂质。

3. 净药材库物料卡记录人参 2021 年 1 月 11 日发料 184.8kg，但产品检验报告日期为 2021 年 1 月 12 日（质量检验合格）。

（四）物料的储存和发放

根据物料的理化特性、使用目的及物料间的相互影响进行风险评估，确定物料的储存条件，建立物料发放管理程序，避免在贮存和发放过程中出现偏差是保证物料达到预期使用的目的和要求的重要环节之一，合适的储存条件、正确的储存管理保证物料的正确使用、发放。

1. 是否建立物料管理操作规程，确保物料的正确接收、贮存、发放、使用和发运，防止污染、交叉污染、混淆和差错。物料的发放应当按照操作规程或工艺规程执行，并有记录。

2. 高活性的物料以及印刷包装材料是否贮存于安全的区域。印刷包装材料是否设置专门区域妥善存放，切割式标签或其他散装印刷包装材料是否置于密闭容器内储运，以防混淆；印刷包装材料是否由专人保管，并按照操作规程和需求量发放。

3. 仓储区内的原辅料是否有适当的标识，并至少标明物料名称和企业内部的物料代码、接收时设定的批号、物料质量状态（如待验、合格、不合格、已取样）、有效期或复验期。

4. 用于生产麻醉药品、精神药品、医疗用毒性药品（包括药材）、放射性药品、药品类易制毒化学品及易燃、易爆和其他危险品的物料验收、贮存、管理是否按国家有关规定执行。

5. 物料是否根据其性质有序分批贮存和周转，发放是否符合先进先出和近效期先出的原则。

6. 是否由指定人员按照操作规程进行配料，精确称量或计量，并做好标识；配制的每一物料及其重量或体积是否由他人独立进行复核，并有复核记录。

缺陷举例

1. 外包间（120）待包装的复方聚乙二醇电解质粉（Ⅰ）的物料标识仅注明品名、批号、规格、未标明数量。

2. 原药材阴凉库药材堆放不规范，紧靠墙存放。

3. 外包材库中的标签、说明书没有设置专区存放，与普通包装材料（外包纸箱）混放于外包材库中。

4. 企业洁净区缓冲间存放的氧化铝残渣包装袋上无标识或货位卡。

5. 中药材库内的板蓝根有部分发霉、生虫现象。

6. 原辅料库存货位卡记录上川楝子、柿蒂的收料数量均有数据涂改的痕迹，未签注姓名和日期。

（五）不合格物料的处理

不合格物料管理的目的是对不合格品做出及时的处置，如销毁、退回供应商等，不合格物料来源有收货时发现异常、检验过程中发现异常、储存过程中发现异常、转移过程中异常、使用过程中异常、超过有效期等。

1. 不合格物料每个包装容器上是否有清晰醒目的标识。

2. 不合格品是否有独立隔断，并在隔离区内妥善保存。

3. 包装材料的版本变更时，是否采取措施，确保产品所用印刷包装材料的版本正确无误；过期或废弃的印刷包装材料是否予以销毁并记录。

4. 不合格物料的处理是否经质量管理负责人批准，并按操作规程执行和记录。

缺陷举例

1. 不合格物料区未有效隔离。

2. 药材板蓝根经检验不合格，退回供应商无质量管理负责人批准记录。

3. 现场检查发现中药材库内麦冬严重霉变，未作不合格品处理。

六、从 GMP 谈防污染及交叉污染

污染指在生产、取样、包装或重新包装、贮存或货运输等操作过程中，原辅料、中间产品、待包装品、成品受到具有化学或微生物特性的杂质或异物的不利影响以及原辅料或产品之间的相互影响（交叉污染）。GMP 总则第三条明确，GMP 作为质量管理体系的一部分，是药品生产管理和质量控制的基本要求，旨在最大限度地降低药品生产过程中污染、交叉污染以及混淆、差错等风险，确保持续稳定地生产出符合预定用途和注册要求的药品。即 GMP 重心就在防污染，在全文中就有 25 条条款与防污染直接相关。

（一）污染分类及典型事件

1. 化学污染

药品生产所用的原辅料、与药品直接接触的包装材料不符合相应的质量标准，设备所用的润滑剂、冷却剂对药品造成污染，物料标识不清，验收、入库出现差错等。如某药厂"假药"事件，其生产和质量管理混乱，检验环节失控，检验人员将二甘醇判为丙二醇投料生产，含有二甘醇的亮菌甲素注射液在患者体内氧化成草酸，造成多人出现急性肾衰竭等严重不良反应，导致 13 人死亡、部分人肾毒害的惨剧。

2. 微生物污染

在药品生产、取样、包装、储存或运输过程中，具有微生物性质的杂物进入或沾染原料、半成品（中间体）或成品。如某药厂"欣弗"事件，其生产的克林霉素磷酸酯葡萄糖注射液（即欣弗注射液）后，患者使用后，出现胸闷、心悸、心慌、寒战、肾区疼痛、腹痛、腹泻、恶心、呕吐、过敏性休克、肝肾功能损害等临床症状。系该厂未按批准的工艺参数灭菌，降低灭菌温度、缩短灭菌时间，即擅自将该药品按规定应经过 105℃、30 分钟的灭菌过程降低到 100℃~104℃、1~4 分钟，影响了灭菌效果，导致无菌检查和热原检查不符合规定。

3. 异物（物理）污染

在洁净厂房内，药品生产、取样、包装、储存或运输过程中，空气中异物尘粒进入或沾染原料、半成品（中间体）或成品，包括灰尘污物、棉绒、纤维、头发或皮屑等。在药品生产过程中，生产设备使用的介质泄漏进入或沾染原料、半成品（中间体）或成品。如注射剂中的"可见异物"不合格情况和立案屡见不鲜，当用化学稳定性不良的玻璃容器包装碱性酸性注射剂时，在热压灭菌或长期存放后，药液侵蚀玻璃内壁发生相容反应，产生脱片和混浊，造成"可见异物"及澄明度不合格。

4. 交叉污染

在洁净厂房内，在两种以上药品同时生产过程中，生产、取样、包装、储存或运输时，彼此的组成成分进入或沾染对方原料、半成品（中间体）或成品造成的污染。如某药厂"甲氨蝶呤"事件，涉及该厂甲氨蝶呤、盐酸阿糖胞苷两种注射剂被污染，系操作人员将硫酸长春新碱尾液混于注射用甲氨蝶呤及盐酸阿糖胞苷药品中，导致了多个批次的药品被硫酸长春新碱污染，造成全国多地区总计130多位患者受到严重的神经系统和行走功能损害。

（二）防污染措施及缺陷举例

1. 建立卫生操作规程和健康档案，所有人员都应当接受卫生要求的培训，需经培训上岗。养成良好的个人卫生习惯，工作服与生产操作的要求及操作区的洁净度级别相适应，工作服洗涤、灭菌时无附加的颗粒物质，制定工作服清洗周期。

⚙ **缺陷举例**

1. 消毒剂配制人员不熟悉75%乙醇配制操作。
2. 空调岗位人员不能采取有效措施对现场温度、相对湿度超标情况进行处理。
3. 洁净服编号（019）有重复，不能有效追溯洁净衣清洗时间。

2. 厂房、设施的设计和安装应当能够有效防止昆虫或其他动物进入。与药品直接接触的生产设备表面应当平整、光洁、易清洗或消毒、耐腐蚀，不得与药品发生化学反应、吸附药品或向药品中释放物质。设备周围无杂物、无污水、无油污、无污垢；设备主体清洁，无"跑""冒""滴""漏"现象，没有产品或者物料的残留痕迹存在于药品（物料）直接接触的部位。生产原料药宜使用密闭设备，使用敞口设备或打开设备操作时，应当有避免污染的措施。

⚙ **缺陷举例**

1. A车间的4#离心机地面有白色粉末及料迹。

2.进入固体制剂车间总混间前室和总混间 1 的门把手处有较多易脱落的不明白色物质。

3.综合提取车间 H 区流浸膏收膏口服液洁净区内走廊墙壁部分有锈迹。

3.洁净区与非洁净区之间、不同级别洁净区之间的压差不低于 10Pa。干燥设备的进风应当有空气过滤器，排风应当有防止空气倒流装置；定期对高效空气过滤器进行更换、对初、中效空气过滤器进行清洗或更换，避免水汽积存、凝结在空调净化系统中，尽量消除微生物和尘埃的滋生和聚集。

缺陷举例

1.101/102 房间压差为 6.8Pa，压差自动监控系统未报警。

2.铝塑包装间（D 级区）内与外包间（一般区）相连的自动铅塑铝泡罩包装机传递带无隔断措施，未安装压差表。

3.洁净区内包间冷却水管穿越到外包间，穿越管路口未密封。

4.建立物料操作规程，确保物料正确接收、贮存、发放、使用和发运。物料脱外包间和生产车间要有缓冲房间，缓冲间的门要有连锁，如果物料是通过传递窗进入生产车间，传递窗要有连锁和消毒灭菌装置。配料间只能允许一种产品的配料，并在规定的时间内配制完毕，余料在规定时间内进行退库或其他处理。

缺陷举例

1.洁净区原辅料暂存间供制粒用乙醇已被污染，塑料桶内有黑色异物。

2.中药材库内的板蓝根有部分发霉、生虫现象。

3.清洗后的鲜生姜装袋堆放在饮片库中，部分已开始腐烂。

5.不得在同一生产操作间同时进行不同品种和规格药品的生产操作，除非没有发生混淆或交叉污染的可能。可采取在分隔的区域内生产不同品种的药品；采用阶段性生产方式；有数条包装线同时包装时，应采取隔离或其他有效防止污染和混淆的设施；生产前确保设备和工作场所没有上批遗留的产品、文件及物料，生产结束后及时清场。

⚙ **缺陷举例**

1. 标示为已清洁的 BYG-150 高效薄膜包衣机（编号 SG1058-009）喷嘴有残留物。

2. 综合提取车间 H 区溶膏间夹层锅搅拌浆有污垢，清洁不彻底。

3. 前处理车间、固体制剂车间等多处可见蚊虫。

七、从 GMP 谈原料药生产及过程控制

化学药品制剂的原料称作原料药，当某种物质被称作原料药，并被用于生产药物制剂时，就必须按照 GMP 要求进行管理。原料药包括无菌原料药和非无菌原料药，是通过化学合成、细胞培养、发酵提取、天然资源回收，或这些工艺的结合生产的。2010 版 GMP "原料药附录" 只适用于非无菌原料药生产，本文结合工作实践，重点谈谈非无菌原料药生产及过程控制。

（一）原料药生产新政

《药品管理法》第二十五条规定，国务院药品监督管理部门在审批药品时，对化学原料药一并审评审批，对相关辅料、直接接触药品的包装材料和容器一并审评，对药品的质量标准、生产工艺、标签和说明书一并核准。《药品注册管理办法》第十四条规定，国家药品监督管理局建立化学原料药、辅料及直接接触药品的包装材料和容器关联审评审批制度。在审批药品制剂时，对化学原料药一并审评审批。

CDE 建立化学原料药、辅料及直接接触药品的包装材料和容器信息登记平台，对相关登记信息进行公示，同时发给化学原料药批准通知书及核准后的生产工艺、质量标准和标签，在化学原料药批准通知书中载明登记号，药品制剂获得批准时，即表明该关联的原料药通过技术审评，在登记平台标识为

"A"；未通过技术审评或尚未与制剂注册进行关联的标识为"I"，供相关申请人或者持有人选择，并在相关药品制剂注册申请审评时关联审评。经批准或者通过关联审评审批的原料药，应当符合 GMP 并接受 MAH 的质量审核，接受药品监督管理部门的监督检查或者延伸检查。即原料药取消批准文号管理，不能成为 MAH，必须和制剂捆绑注册，即 DMF 备案制，接受双重管控，一个是接受当地省级药监部门的监督检查或延伸检查，制剂申请审评审批过程中，国家药品监督管理局根据需要组织对涉及的原料药进行现场检查和检验；另一个是接受 MAH 的质量审核，MAH 对其选用的原料药质量负责，充分研究和评估原料药变更对其产品质量的影响，按照国家药品监督管理局有关规定和相关指导原则进行研究，按要求提出变更申请或者进行备案。

（二）严谨的工艺规程

生产工艺规程是根据产品的开发报告和产品的验证结果来制定的，每种药品的每个生产批量均应当有经企业批准的工艺规程，内容必须与注册要求一致，工艺验证文件必须与实施工艺、生产操作 SOP 一致。应严格按注册批准的工艺规程进行生产，并依据工艺规程制定批指令，操作规程和批生产记录，生产必须严格按照工艺和操作规程的方法、步骤进行，并对关键操作进行复核，以确保药品达到规定的质量标准。在实际检查中发现有的原料药生产企业轻工艺规程，重质量标准，只要结果符合标准规定，就忽视对生产工艺的控制；有些制剂生产企业不考察原料药的生产是否符合批准的生产工艺，仅依赖标准判定质量。标准必须与生产工艺相对应，应在生产工艺对风险进行控制后，严格按照批准的工艺进行生产基础上对药品质量的有限判定和考量。离开工艺规程谈标准，即便检验结果是合格的，由于过程质量没有控制，不仅有限的指标合格不能保证药品安全有效，而且还会给不法分子依标准造假留下违法的空间。如国家药品监督管理局飞检发现某公司违反工艺规程，将对氯氰苄投料生产改为外购中间体氯苯那敏生产马来酸氯苯那敏原料药，且物料来源、批生产记录、批检验记录、检验报告书、产品审核放行单等记录和数据不真实，无法追溯药品生产、质量控制过程等问题。

（三）清晰的物料管理

物料管理是药品生产全过程中主要管理要素之一，同时也是保证药品质量的基本要素。物料流转涵盖从原辅料进厂到成品出厂的全过程，因此物料管理必须确保其符合相应的质量标准，确保物料正确接收、贮存、发放、使用和发运，以防止污染、混淆和差错。一是从源头上控制，对供应商的确定及变更必须进行质量评估，并经质量管理部门批准，对成品有影响的关键物料，当供应商发生改变时，生产前应做应用性试验。二是从流程上控制，接受时应对每批物料（特殊物料除外）至少做一项鉴别试验，储存区应有与生产规模相适应的面积和空间，按其性质分类贮存，最大限度地减少差错和交叉污染，在规定期限内使用及贮存期的养护，依据物料的购进情况及检验结果确定物料是否被放行，依据生产、包装指令发放。如检查中发现部分化工原料未进行鉴别检查；分次购进的同一厂家同一批次的药用乙醇，未分次进行取样检验。三是从记录上控制，建立全过程的文件记录，根据物料代码领取物料，能有效防止混淆和差错，通过物料批号使任一具体批次的物料的购进、验收、取样、检验、储存、发放、使用等信息通过批号联系起来，使物料便于识别、核对和追溯。

（四）合适的设施设备

原料药附录第三条规定，非无菌原料药精制、干燥、粉碎、包装等生产操作的暴露环境应当按照 D 级洁净区的要求设置，且需独立的空气净化系统。质量标准中有热原或细菌内毒素等检验项目的，厂房的设计应当特别注意防止微生物污染，根据产品的预定用途、工艺要求采取相应的控制措施，排出室外的废气、废物和废水需经净化处理。设备所需的润滑剂、加热或冷却介质等，应当避免与中间产品或原料药直接接触，以免影响中间产品或原料药的质量。当任何偏离上述要求的情况发生时，应当进行评估和处理，保证对产品的质量和用途无不良影响。生产宜使用密闭设备，使用敞口设备或打开设备操作时，应当有避免污染的措施。如检查中发现，有的企业洁净区内待检区与内包室处于同一房间；未对洁净区内有压差梯度要求的功能间规定压差范围；洁净区个别回风口密封不严；配液罐的温度表量程过大，与实际生产需求不适宜；实验用紫外分光光度计和旋光仪未经计量检定即投入使用。

（五）严格的过程控制

生产过程是药品生产全过程中决定药品质量最关键和最复杂的环节之一，涉及人员、物料、标识、称量、分装、投料、中间控制（也称过程控制，指为了确保产品符合有关标准，生产中对工艺过程加以监控，以便在必要时进行调节而做的各项检查）、贮存、收率与物料平衡、防污染、物料转运与控制、生产规程与规范操作、偏差与控制、洁净区控制、设备管理，重点在精制、烘干、包装（即通常所说的精烘包）。

1. 查反应条件。包括有反应物浓度、物料配比、投料顺序、溶剂的选择、反应温度、pH 值、反应压力等。

2. 查精烘包工序（即精制、烘干、包装）。常见的操作有蒸馏、萃取、结晶、柱分离、过滤、膜分离、干燥等。如检查时发现容器、设备或设施缺少必要的标识；反应罐及工器具无明确区别性标识；泮托拉唑钠和奥沙拉嗪钠合成车间同处一个生产厂房等。

3. 查批生产记录及批包装记录。包括相关操作和设备、生产阶段的产品数量、物料平衡的计算、生产过程的控制记录及特殊问题记录、包装材料的领取数量、包装操作完成后的检验结果核对及签名。

4. 查放行记录。是否对其进行审核，审核内容包括配料、称重过程中的复核情况、各生产工序检查记录、清场记录、中间产品质量检验结果、偏差处理、成品检验结果等。

5. 查清场与清洁。每一生产阶段完成后及生产的同一工序更换品种、规格、批号时须进行清场，按照相应的 SOP 对设备及环境进行清洁，签发清场合格证明和更换状态标志。

6. 查能源消耗。按 GMP 和批准的生产工艺检查的基础上，可将生产过程中水、电、气等主要能源的消耗情况纳入检查的内容，检查实际的能源消耗与应消耗的能源是否相符，以便作出是否改变生产工艺和降低条件组织生产的判断。

八、从风险管理谈无菌药品的生产及无菌控制

无菌药品是法定标准中列有无菌检查项目的制剂和原料药,包括注射剂、眼用制剂、无菌混悬剂等。无菌药品需要对可能引起微粒、微生物和内毒素的潜在污染进行严格控制。《药品生产质量管理规范》(GMP)附录《无菌药品》第三条明确,无菌药品的生产须满足其质量和预定用途的要求,应当最大限度降低微生物、各种微粒和热原的污染。

无菌药品的生产工艺一般分为最终灭菌工艺和无菌生产工艺。无菌工艺的本质目的就是减少或者消除上述潜在污染源。笔者结合平时监管实践,谈谈无菌药品生产的无菌控制。

无菌药品生产,必须对生产工艺深刻理解,识别、评估各工艺步骤对无菌性、热原、微粒等的影响程度,生产人员的技能、所接受的培训及其工作态度是达到上述目标的关键因素。无菌药品的生产必须严格按照精心设计并经验证的方法和规程进行,产品的无菌或其他质量特性绝不能只依赖于任何形式的最终处理或成品检验(包括无菌检查);在工艺过程的每个阶段(包括灭菌前的各个阶段),应当采取措施和有效控制手段降低污染。

(一)对人员的要求和原则

《无菌药品》第二十条明确,凡在洁净区工作的人员(包括清洁工和设备维修工)应当定期培训,使无菌药品的操作符合要求。培训的内容应当包括卫生和微生物方面的基础知识。未受过培训的外部人员(如外部施工人员或维修人员),在生产期间需进入洁净区时,应当对他们进行特别详细的指导和监督。对无菌药品的生产来说,人员对药品污染的影响最大。

1. 人员培训及个人卫生

所有从事无菌药品生产的人员都应经过培训,培训内容根据岗位不同,分别有 GMP、HVAC(供热通风与空气调节)、更衣技术、微生物学、卫生操作规程、无菌操作技术、污染控制、无菌取样、微生物检验等,培训的重点在于微

生物学知识。高风险操作区人员的无菌操作技能应通过培养基模拟灌装试验来确认。

2. 良好的行为规范

尽量减少进入无菌生产洁净区的人数和次数，进入无菌生产洁净区的人数应通过验证来确定；人员进入无菌生产洁净区前，应用无菌的消毒剂（如酒精）消毒双手；用无菌工器具接触无菌物料，无菌工器具要保存在 A 级环境中；缓慢和小心移动，动作应平缓，双手不得下垂、叉腰、夹在腋下或高举超过肩部，保持整个身体在单向气流通道之外；在高风险操作区，人员间应保持一段距离，人员的着装不可互相接触；无菌生产洁净区内所有开、关门的操作，尽量避免用手直接接触，宜使用肘部、前臂、背部等身体部位来完成。

3. 衣物管理及更衣确认

要有无菌服管理规程，更衣 SOP；洁净区所用工作服的清洗和处理方式应能保证其不携带有污染物，应按相关 SOP 进行工作服的清洗、灭菌、传送、使用等，所有进入无菌生产洁净区的工作人员，必须经过更衣程序的确认。

（二）包材的清洗和准备

尽量缩短药包材的清洗、干燥和灭菌的间隔时间。

胶塞使用纯化水或注射用水配成的洗涤液进行清洗，淋洗温度在 70℃以上，灭菌方式有蒸汽灭菌、环氧乙烷灭菌、湿热灭菌等，必要时可用二甲硅油进行硅化。

玻璃容器清洗需关注微生物污染、内毒素、微粒、化学污染物，清洗及灭菌时间，水温及灭菌温度。塑料容器需除静电。

（三）药液的配制及灌装

最终灭菌药液物料的称量必须在洁净区内进行，无菌药物成分在 B 级背景环境下 A 级条件下的容器内进行称量，物料传输需注意潜在的交叉污染风险，配制过程要重点关注微生物污染、混合均匀性、避免粉尘飞扬，根据灭菌方法的效果确定灭菌前产品特别是大容量注射剂微生物污染水平的监控标准，并定期监测，对设备部件进行清洗和灭菌，盛药液容器应密闭。

对于非最终灭菌药液，重点关注已灭菌配件的包装完整性，除菌灭菌前宜进行过滤器完整性测试，中控微生物污染水平，可最终灭菌的产品不得以过滤除菌工艺替代最终灭菌工艺。对过滤器灭菌有辐射灭菌及蒸汽灭菌、灭菌釜灭菌、在线灭菌等，配制罐及管路系统要无死角、无残留，可进行就地清洗（CIP）及就地消毒（SIP）。其灌装必须在 B 级背景下的 A 级区进行，尽量采用自动化灌封系统，灌装管道、针头等使用前要用注射用水洗净并灭菌。

（四）压塞、轧盖及灭菌

非最终灭菌药液，其压塞、轧盖需在 B 级背景下行 A 级操作，最终灭菌产品可在 D 级环境下操作。轧盖过程会产生大量金属颗粒，轧盖机和灌机通常分置于两个房间，轧盖区域安装有抽风装置，对其外围环境为相对负压。

采用湿热灭菌方法进行最终灭菌的，Fo 值应大于 8 分钟。流通蒸汽处理不属于最终灭菌。最终灭菌产品中的微生物存活概率（即无菌保证水平，SAL）不得高于百万分之一。

干热灭菌柜内空气应保持循环和正压，并经高效过滤器过滤。环氧乙烷（EO）灭菌适用于对热敏感的产品或部件，多用于医疗器械灭菌，通常分预处理、灭菌、解析 3 个阶段，必须控制温度、湿度、浓度、时间 4 个参数。

（五）吹灌封技术（BFS）与限制进入隔离系统（RABS）

用于生产非最终灭菌产品的吹灌封设备，自身应装有 A 级空气风淋装置，至少应当安装在 C 级洁净区环境中，人员着装应当符合 A/B 级洁净区的要求；用于生产最终灭菌产品的 BFS 至少应当在 D 级环境中，具有洁净空气系统、塑坯壁厚控制系统、保证瓶壁均匀、SIP 和 CIP 系统，生产过程对关键工艺进行监控，如灌装量、渗漏、气压、微生物等。

RABS 系统是一条将操作人员与产品灌装过程进行有效物理隔离的生产线。操作人员使用手套箱、半身防护服在灌装过程中对内部区域进行干预操作。通常情况下，RABS 的背景环境要求至少为 C 级，且操作人员应穿着规定的洁净服；安装前应确认手套箱的手套是无菌的，手套安装后应能够定期消毒和检漏，以尽量降低污染风险；确认所有直接接触产品的部件均在每批产品生产前已进行灭菌；RABS 内与产品不直接接触的表面，在每批产品生产前应使用杀孢子剂彻底消毒。

（六）无菌工艺模拟试验

在灌封前和灌封过程中的操作会带来污染风险，应用培养基模拟灌装试验来验证无菌生产工艺。培养基模拟灌装试验的目标是零污染，应当遵循《无菌药品》第四十七条相关要求。首次验证，每班次应连续进行 3 次合格的试验，之后应按生产工艺每班次半年进行 1 次，每次至少一批；空气净化系统、设备、生产工艺及人员重大变更后，应重复进行培养基模拟灌装试验。模拟灌装试验应从无菌操作的第一步开始，直至无菌产品完全密封结束。对于全过程无菌生产的产品，模拟灌装试验还应涵盖原液配制、半成品配制等无菌操作过程。

九、从 GMP 谈 QC 检查

质量控制（QC）是确保所生产的药品适用于预定的用途、符合药品标准的重要因素之一。产品质量虽不是检验出来的，但 QC 系统是产品放行前的最后一道防线。建立、实施一个有效的 QC 体系，能有效支持企业整体质量管理体系的实施，持续稳定地生产出符合质量要求的产品。

GMP 第十一条规定，质量控制包括相应的组织机构、文件系统以及取样、检验等，确保物料或产品在放行前完成必要的检验，确认其质量符合要求。即从人、机、料、法、环五大方面进行控制，具体为实验室构造、取样与留样、检验、质量标准、试剂与试液管理、标准品及对照品管理、检验仪器和设备管理、分析方法的确认与验证、稳定性试验、OOS 及 OOT 调查、原始数据管理、微生物检验、制药用水、环境及制药用气的质量监测等。

（一）查检验人员的配置与培训

1.QC 负责人是否具有足够资质和实践经验。

2.检验人员数量、技术水平与检验工作是否匹配。

3. 培训的次数和内容是否与检验相关，培训效果和实际检验操作能力如何。

4. 负责中药材和中药饮片质量管理的人员是否具有中药学相关专业大专以上学历，或具有专职从事中药材和中药饮片鉴别工作 8 年以上的实际工作经验。

缺陷举例

1. 某企业现场检查中发现中药材检验人员的显微鉴别操作不熟练。

2. 高效液相岗位操作人员对操作相关要求不熟悉。

3. 中药饮片总灰分项目实际操作与电阻炉 SOP 规定不一致。

4. 负责可见异物检查的 QC 人员程某健康体检报告中缺少视力检查结果。

（二）查检验仪器和设备的符合性

1. 直接参与实验并出具数据的精密仪器和设备型号与技术指标范围是否相符。

2. 设备、仪器状态是否可正常运转，是否经相关计量部门检定或校准。

3. 精密仪器是否有专人保管，仪器的能力与本实验室承担的检品要求是否相符合。

4. 仪器室是否有防止静电、振动、潮湿或外界环境影响的控制设施。

缺陷举例

1. 高温室电热鼓风干燥箱中药用基准物质干燥与薄层板活化同一时间段使用，两者所需温度不一致。

2. 微生物灭菌室 LDZM-60KCS 立式压力蒸汽灭菌器仪器使用记录中，使用时间仅记录到达温度后的灭菌时间；企业的检测仪器使用记录无仪器名称和设备编号栏。

3. 对照品与猪四肢骨（原料）留样共用一个冰箱。

4. 鲜竹沥批检验记录中微生物限度检测项目未记录所使用的培养箱型号及编号。

5. 使用未校准的安捷伦 1260 Ⅱ 型高效液相色谱仪进行陈皮含量测定。

（三）查试剂、试液、标准品或对照品、培养基以及检定菌的管理

1. 对照品（对照药材）、标准品贮存条件是否符合贮存要求。

2. 滴定液、标准液的配制或标定是否符合检验操作规范要求。

3. 基准物质的恒重过程是否与其恒重要求相符合，并有恒重操作记录，标定记录数据是否完整，相对偏差是否符合规定。

4. 对照品、标准品是否来自中国食品药品检定研究院（可在国家药品标准物质查新），自制对照品和标准品，是否有制备、鉴别、检验、批准和贮存的操作规程，是否用法定对照品和标准品进行标化。

5. 检验原始记录中使用的滴定液、试液、对照品溶液是否在有效期内使用。

6. 实验用毒剧品、麻醉品等申购、来源、贮存是否符合国家规定，其发放数量是否与使用数量、剩余数量相平衡。

缺陷举例

1. 微生物培养室冷藏柜中检定菌大肠埃希菌标签上只标识了菌种名称、代数和日期，无菌种编号、传代操作人信息。

2. 分样室未见药包材收样、分样记录。

3. 高锰酸钾滴定液（0.02mol/L）配制、标定记录检验依据为 2010 版《中国药典》（应为 2020 版）。

4. 原辅料库中的聚乙二醇 4000 取样不规范，购进 1200 件，仅从 3 件中取样，取样标识不详；检验用对照品乙二醇未标注首次开启日期。

5. 甲硝唑口颊片稳定性考察样品数量不足。

6. 中心化验室留存半夏粉末作为对照药材，但不能提供标化记录。

7. 企业未建立自制的维生素 B_6 杂质 A 工作标准品的制备操作规程。

8. 试剂柜内散装的试剂七水硫酸镁未标注批号等信息。

（四）查质量标准、检验 SOP 及相关操作

1. 是否建立了正确的仪器使用和维护保养的标准工作程序（SOP），SOP 是否与现场的仪器类型型号相匹配。

2. 对常用精密仪器和常规检验的基本操作和基本原理是否正确理解，对检验所得数据或图谱是否能正确分析，检验结果的计算和判断是否准确，是否有使用登记记录和自校或复验、维护保养的记录。

3. 有毒有害（剧毒、易爆、强氧化、强腐蚀）试剂、试药、试液的存储、保管、使用是否符合相关规定。

4. 标准溶液标定是否由配制者和复标者在相同条件下各做 3 份平行试验，3 份平行试验结果的相对平均偏差是否小于 0.1%，结果是否按初标、复标平均值计算。

5. 各项检验是否按规定的 SOP 和药品标准进行操作，并进行详细记录；产品稳定性考察实验的管理与操作是否规范，产品稳定性考察留样，重点考察留样是否有足够的样品数量；稳定性重点考察的项目是否按药典的稳定性考察指导原则进行。

6. 出现 OOS 及 OOT 是否经过调查并采取 CAPA。

缺陷举例

1. 某企业针对竹茹、大蓟、净山楂、龙骨抽检结果不符合规定的情况仅进行了实验室成品检验情况的调查，但未调查与产品工艺、仓储条件、原药材等有关的原因。

2. 芒硝饮片质量标准中把法定标准中硫酸钠的含量写为 99.2%，实际为 99.0%。

3. 在小儿氨酚黄那敏颗粒的持续稳定性考察中，仅对含量进行了趋势分析，未对粒度进行趋势分析。

4. 仅对复方聚乙二醇电解质散（Ⅰ）含量进行了趋势分析，其他定量项目（如平均分子量等）未进行考察。

5. 板蓝根检验原始记录中含量测定项目未注明对照品的来源及批号。

6. 中药材黄芪检验报告书中未注明其他有机氯类农药残留量为委托检

验项目。

7. 企业未按《产品质量回顾分析管理规程》对 2019—2020 年度咳特灵胶囊、咳特灵片进行产品质量回顾分析。

（五）查实验室布局与环境

1. 实验室是否与生产区分开，无菌检查、微生物检查、抗生素微生物检定、放射性同位素检定和阳性对照实验室等是否彼此分开。

2. 实验条件不同且不相容的相邻区域是否有效隔离，以防止交叉污染及防止影响相邻区域实验结果的正确性。

3. 对实验环境有特殊要求的实验室如 IR 仪器室、水分测定室、滴定液标定、留样室等环境是否满足要求，易产生污染的实验室如阳性对照室操作间是否按规定与缓冲间保持相对负压。

4. 同时进行的检验操作是否会相互干扰而影响检验结果的准确性。

5. 标定室是否有温湿度记录，滴定管是否经过校准。

6. 有特殊贮存要求的滴定是否按规定贮存，如 EDTA 滴定液，置于棕色玻璃塞瓶中，避免与橡皮塞、橡皮管等接触；乙醇制氢氧化钾滴定液、甲醇制氢氧化钾滴定液，置于具橡皮塞的棕色玻瓶中密闭保存，使用前是否标定；四苯硼钠滴定液是否棕色瓶存放，使用前是否标定；甲醇钠滴定液，是否置于密闭的附有滴定装置的容器内，避免与空气中的二氧化碳及湿气接触，使用前是否标定；氢氧化钠滴定液，是否置于聚乙烯塑料瓶中密封保存，是否与钠石灰管相连；硫代硫酸钠滴定液是否在配制后一个月再进行标定。

7. 稳定性考察的留样环境是否符合要求，是否按该药品标准中规定的储藏条件进行留样考察。

⚙ 缺陷举例

1. 某企业天平室设置不合理，天平正对空调出风口，影响称量精度。

2. 2019 年 8 月 8 日、9 日红外检测室环境湿度超出标准规定，未记录采取措施。

3. 个别对照品与阳性菌菌种同存于一个冰箱中，且由不同人管理，存在管理风险。

4. 易制毒试剂三氯甲烷、高锰酸钾未加锁管理。

5. 企业 2020 年 12 月对直接口服饮片车间进行的洁净区尘埃粒子数监测记录中，缺少烘药间、灭菌间的监测数据。

6. 铜绿假单胞菌菌种存放在冰箱中（2~8℃），未按要求常温储存。

7. 药物稳定性实验箱湿度显示为 82.1%，超过长期稳定性考察方案规定的 60%±10% 湿度范围，设备未发出警报信息。

十、从 GMP 谈 OOS 调查

术语 OOS 是处理分析结果偏差中的概念。《药品 GMP 指南》中对 OOS 的定义是超出质量标准的实验结果，即 "out of specification"，结果超出设定质量标准，其中包括注册标准以及企业内控标准。如果对于产品有多个接受标准，结果的评判采用严格的标准执行。《药品生产质量管理规范》（2010 年修订版）第二百二十四条规定，质量控制实验室应当建立检验结果超标调查的操作规程。任何检验结果超标都必须按照操作规程进行完整的调查，并有相应的记录。本文结合平时的检查实践谈对 OOS 的理解。

一是未对所有产生的 OOS 进行记录。有的企业在检验购进的原辅料时，若检验结果超出质量标准，则直接进行退货处理，未记录该 OOS，未开展实验室调查；有的企业在某个项目的检验过程中产生了超标的个值，但采用了符合质量标准的平均值，而未对超标个值进行调查和记录。

二是未对产生 OOS 的根本原因进行充分调查。有企业在调查报告中直接复制 OOS 描述当成产生原因；有企业在进行实验室调查时，频繁出现"可能"一词，猜测产生 OOS 的原因，但缺乏证据来支持该可能的根本原因；有企业在调查后，止步于产生 OOS 的直接原因，未深入调查找到其根本原因；有的企业调查的重点放在人员上，偏离系统性的问题，无法消除体系的缺陷。

三是未制定有效的预防措施。有的企业在得出 OOS 调查结果后，往往只制定纠正措施，而未制定适当的预防措施。部分企业实行了完整的 CAPA，但也通常局限于重新培训化验员，一般未对设备等进行改进来提高耐用性、防止错误。

规范地开展 OOS 调查应遵循以下要求：

在文件方面，必须建立标准操作规程，以明确调查的目的、范围、方式、流程及参与者的职责；对 OOS 调查形成实验室调查报告，以记录所有的调查过程和结果，确认行动必须仔细、有效、公正地进行，并且在基于事实的基础上进行记录。

在时限方面，一旦出现任何超标的结果，必须立即报告相关责任人，迅速开展实验室调查，优先权高于其他工作，根据风险程度不同，确定不同的时限，尽快调查、尽快发现原因，以便及时进行纠正和预防。

在调查方面，调查的目的是找到引起 OOS 的根本原因。其一，必须进行充分调查，不能反复调查、反复实验以得到合格结果。其二，不能假设原因，必须对原因进行证明，调查得出的原因要符合逻辑。其三，流程和结果要规范，如除了实验方法和药典规定允许的情形外，所有的重复取样、复检都必须得到相关责任人的批准后才可进行；不能把超标的结果和其他结果平均得到一个符合标准的结果，任何超标个值都需要进行调查等。最后，经初步调查确认非实验室原因造成的 OOS 结果，应按照预先确定的程序进行全面调查，确定 OOS 结果是否为生产过程的偏差或取样等问题导致。调查应该由质量管理部门和所有其他相关部门完成，从而调查出其他的潜在问题。

调查结束后，应根据 OOS 调查结果，对评估最终的产品能否放行做出合适决定，还要基于调查的结果执行合适的纠正措施更正错误，以及应采取合理的预防措施，从而预防产生更多类似的 OOS 结果。

十一、从 GMP 谈药品记录与数据管理

《药品记录与数据管理要求（试行）》（以下简称《要求》），自 2020 年 12 月 1 日起正式实施。该要求对药品研制、生产、经营、使用活动的记录与数据管理提出原则性要求，强化证据链意识，强调"结果"，更关注"过程"，以保证药品全生命周期全过程信息真实、准确、完整和可追溯。

（一）完整和受控的纸质记录

目前大部分药品生产企业的记录依然是以纸质记录为主，检查员在检查过程中应予以重点关注。在 GMP 检查过程中，笔者曾发现过一些不符合要求的行为：有些批生产记录设计不合理，如某制剂企业盐酸奥洛他定滴眼液配制过程中，调节 pH 值时，加入计算量的盐酸后有搅拌 5 分钟的操作，但批记录的设计没有包含该操作的记录内容；有的记录未按要求领用和发放，如某企业在生产车间存放了一叠空白的批生产记录，车间工人随拿随写，写错了即更换一张；在档案室出现同一名称不同编号的文件等。《要求》对记录文件的设计与创建、审核与批准、印制与发放、记载与更改、收集与归档、存放与保存、使用与复制，直至最后的销毁，细化到具体的每一步操作，均有明确规定。

（二）便捷可追溯的电子记录

随着信息化程度的不断深入，一些计算机（化）系统所产生的数据与记录形式也越来越复杂，相比简单系统产生的静态数据（如图谱结果、天平称量结果等）而言，由复杂系统产生的大量动态数据（指能反映动态过程的记录）将很难单纯用纸质记录展现其真实情况，因此，电子记录显得更为便捷和可追溯。但实际中依然存在一些问题：如某企业质量部计算机权限审核表中内容与某岗位实际计算机权限不一致，有的勾选了"记住密码"登录，有的计算机时间修改未锁定，有的企业高效液相的电子图谱一年备份一次等。《要求》中对采用电子记录的计算机（化）系统的设施与配置、系统与业务功能、操作权限与用户登录、确认与验证等进行了明确规定，确保其符合所需，亦推动了部分企业在计算机（化）系统方面的工作落实，如保留系统操作日志，所有修改痕迹均自动保留，生成审计追踪报告并可打印，从而实现"真实、准确、完整和可追溯"；具备严格的用户权限设置与分配功能，能够对权限的修改进行跟踪与查询，以确保记录的安全性及有效性。

（三）清晰和可靠的原始数据

数据是指在药品研制、生产、经营、使用活动中产生的反映活动执行情况的信息，包括文字、数值、符号、图谱等，而数据的可归属性、清晰可辨性、原始性和可靠性是数据检查的重点。如检查发现某企业存在删除图谱现象，且未记录原因；用供试品溶液试进样，挑选 RSD 值接近的色谱图；更衣室压差计显示压差为 12Pa，开门后压差计不能归零等。《要求》根据数据的来源与用途，将数据分为基础信息数据、行为活动数据、计量器具数据、电子数据和其他类型数据，并针对相应特点，分别在管理规程、确认与复核、计量与校验管理、计算机系统等方面提出了不同要求。

《要求》是全面落实对药品研制、生产、经营、使用活动的记录与数据进行规范的重要原则性举措，对保证药企的持续合规及促进我国医药行业良性发展具有重要意义。

十二、从 GMP 谈偏差及 CAPA

《药品生产质量管理规范》（GMP）第二百五十二条明确，企业应当建立纠正措施和预防措施系统，对投诉、召回、偏差、自检或外部检查结果、工艺性能和质量监测趋势等进行调查并采取纠正和预防措施。调查的深度和形式应当与风险的级别相适应。纠正措施和预防措施系统应当能够增进对产品和工艺的理解，改进产品和工艺。

建立纠正措施和预防措施系统（CAPA）的意义，就是不仅要纠正某一个体性的缺陷，而且要找到导致缺陷的根本原因，采取预防措施，防止同类缺陷的重复发生。同时，要对各种途径发现的单一缺陷进行统计、分析评估、采取主动性预防措施、追踪管理等一系列管理活动，从而防止类似缺陷在其他方面、不同产品线重复出现。笔者在此结合检查实践，谈谈对 CAPA 检查的体会。

（一）纠正、纠正措施、预防措施的定义

1. 纠正

消除已发现的不合格。

2. 纠正措施

消除已发现的不合格或其他不期望情况的原因。如不符合法规、行业标准要求、公司文件要求等。

3. 预防措施

消除潜在不合格或其他潜在不期望情况的原因。如产品质量出现不良趋势，经风险评估识别的潜在影响等。

（二）偏差的发现及调查

偏差是指偏离生产工艺、物料平衡限度、质量标准、检验方法、操作规程，对产品质量、GMP 相关系统及法规存在着影响或潜在的影响。

偏差的产生多来源于生产操作与指令不符，如投料顺序的改变、操作步骤的改变、增加或减少步骤、操作失误等；生产工艺参数发生改变，如调节设备的温度、时间、频率等；生产过程出现异常，如设备突然停机、设备零件损坏、因水电气导致的中断等；洁净区环境不符合要求，如温度、湿度、压差等不符合要求；关键工序物料平衡、产品收率不符合规定；检验结果不合格；关键岗位如关键生产工序、关键质量把控点、检验岗位等人员变更。

根据偏差的性质、范围、对产品质量潜在影响的程度，可将偏差分为两种。

1. 重大偏差。即对产品的质量潜在较大实质影响的偏差，如投料错误、产品有异物、生产过程中关键参数不在规定范围、关键设备不在使用参数范围使用、工艺用水质量不符合标准、使用了未经质量部放行的物料等。

2. 次要偏差。即可能对产品质量产生影响的偏差，如生产环境（温湿度、压差）不在规定范围内，非关键设备故障，溶液、仪表设备超出有效期使用，配制后未经复核人复核的溶液试剂等。

针对偏差应做到如下几点：

1. 企业应建立偏差处理的操作规程，规定偏差的报告、记录、调查、处理以及所采取的纠正措施，并有相应记录。

2. 任何偏差都应当评估其对产品质量的潜在影响，对重大偏差的评估还应当考虑是否需要对产品进行额外检验以及对产品有效期的影响，必要时，应当对涉及重大偏差的产品进行稳定性考察。

3. 对于任何偏差均应当有记录，并立即报告部门主管人员，及时给出紧急措施以确保偏差能得到控制，立即报告质量部门，对偏差进行分类并展开调查。重大偏差应由质量管理部门会同其他部门进行彻底调查，并有调查报告。

4. 评估偏差对产品质量的影响。如能证明产品质量未受到影响，应作出解释和记录并及时关闭偏差；如不能确认产品质量是否受到影响，应展开针对根本原因的调查，对偏差的影响进行风险评估，启动纠正预防系统，并制定相应的纠正预防措施。

5. 完成纠偏行动和预防措施后应及时记录，并将记录汇总形成偏差报告交质量受权人批准，对纠偏和预防措施的执行情况进行确认，关闭偏差。

6. 质量管理部门负责偏差的分类、调查和处理，形成记录和报告并整理归档。

缺陷举例

1. 偏差处理台账记录的栀子金花丸密封性不合格偏差，该品种年度产品质量回顾中未对此次偏差进行回顾分析。

2. 氯硝西泮片批生产记录显示第二锅制粒时间为 9:55~10:20，历时 25 分钟，超过工艺规程规定的制粒参数（10 分钟），未启动相关偏差调查。

3. 偏差处理金银花的含量测定时峰面积偏低，偏差分析原因是供试品溶液制备过程与标准核对时发现超声处理时将超声仪功率设置为"功率 180W，频率 20kHz/30 分钟"，标准要求为超声处理"功率 250W，频率 35kHz/30 分钟"。在预防纠正措施中，未在批检验记录中对超声功率和频率参数进行核对。

（三）CAPA 的启动及实施

多数情况下，导致缺陷的根源不会是单一、孤立的，在偏差、投诉、召回、退货、OOS、自检、内外部审计检查的缺陷、质量监测趋势分析、产品质量回顾、风险评估等发生后，应考虑启动纠正与预防措施，其往往涉及对程序、培训、资源等要素的纠正和更新，即表现为较为广泛层面的行动，目标是质量体系的持续改进。

针对 CAPA 应做到如下几点：

1. 应建立实施纠正和预防措施的操作规程，内容至少包括：①对投诉、召回、偏差、自检或外部检查结果、工艺性能和质量监测趋势以及其他来源的质量数据进行分析，确定已有和潜在的质量问题，必要时应当采用适当的统计学方法；②调查与产品、工艺和质量保证系统有关的原因；③确定所需采取的纠正和预防措施，防止问题再次发生；④评估纠正和预防措施的合理性、有效性和充分性；⑤对实施纠正和预防措施过程中所有发生的变更应当予以记录；⑥确保相关信息已传递到质量受权人和预防问题再次发生的直接负责人；⑦确保相关信息及其纠正和预防措施已通过高层管理人员的评审。

2. 按期逐条落实批准的措施，涉及的变更及风险管理应按相应的规程实施并记录。CAPA 实施过程应有详细记录。

3. 完成实施后，及时评估实施的有效性、合理性和充分性，及时在《纠正和预防措施报告》中填写验收确认情况，确认该措施已执行完毕。

4. 所有措施执行完毕后，将完成好的《纠正和预防措施报告》流转至质量负责人（质量受权人）批准关闭。

5. 实施纠正和预防措施应当有文件记录，并由质量管理部门保存。

⚙ 缺陷举例

1. 车间无菌区尘埃粒子、沉降菌、人员进出的接触碟的检测结果，多次发生超警戒限、纠偏限或超标准情况，虽然部分进行了偏差记录，但未进行全面的调查分析和风险评估，缺乏有效的纠正预防措施。

2. 个别药材检验出现 OOS，未及时进行调查即进行复检，如：砂仁含量检测未进行系统适应性试验，第一次检测不合格，未进行调查处理即复检，复检合格后放行。

3. 针对成品检验和稳定性考察检验的电脑系统时间多次修改，企业采取的整改措施为不准修改、加强培训管理。企业对该缺陷发生的原因分析不到位，未对修改系统时间后检查的稳定性考察数据进行对比分析风险评估，根据风险评估结果，采取相应的纠正预防措施进行纠正。

4. 压片间内的压片机编码器损坏无法正常压片，纠正措施为购买新编码器进行更换，无预防措施，如未制定预防性维护保养计划、增加检查频次等。

十三、从 GMP 谈稳定性考察

药品的稳定性是指原料药及其制剂保持其物理、化学、生物学和微生物学性质的能力。稳定性试验的目的是考察原料药、中间产品或制剂的性质在温度、湿度、光线等条件的影响下随时间变化的规律，为药品的生产、包装、贮存、运输条件和有效期的确定提供科学依据，以保障临床用药的安全有效。

上市前稳定性试验，包括影响因素试验、加速试验与长期试验，按照原料药物与制剂稳定性试验指导原则进行。GMP 所指的持续稳定性考察是上市后持续稳定性考察（长期稳定性试验），本文讨论的是上市后稳定性考察。

（一）影响因素试验、加速试验、长期试验的区别

1. 影响因素试验

此项试验的目的是考察制剂处方的合理性与生产工艺及包装条件。

用供试品 1 批进行试验，将供试品除去外包装，并根据试验目的和产品特性考虑是否除去内包装，置适宜的开口容器中，进行高温试验、高湿试验与强光照射试验，试验条件、方法、取样时间、重点考察项目见《中国药典》2020版四部原料药物与制剂稳定性试验指导原则。

2. 加速试验

此项试验是在加速条件下进行，其目的是通过加速药物制剂的化学或物理变化，探讨药物制剂的稳定性，为处方设计、工艺改进、质量研究、包装改进、运输、贮存提供必要的资料。

供试品在温度 40℃ ±2℃、相对湿度 75% ±5% 的条件下放置 6 个月。在至少包括初始和末次等的 3 个时间点（如 0 个月、3 个月、6 个月）取样，按稳定性考察项目检测。

3. 长期试验（持续稳定性考察）

长期试验是在接近药品的实际贮存条件下进行，其目的是为制订药品的有效期提供依据。

供试品在温度 25℃ ± 2℃、相对湿度 60% ± 5% 的条件下放置 12 个月，或在温度 30℃ ± 2℃、相对湿度 65% ± 5% 的条件下放置 12 个月。

每 3 个月取样一次，分别于 0 个月、3 个月、6 个月、9 个月、12 个月取样，按稳定性重点考察项目进行检测。12 个月以后，仍需继续考察的，分别于 18 个月、24 个月、36 个月取样进行检测。

（二）持续稳定性考察的目的

持续稳定性考察的目的是在有效期内监控已上市药品的质量，以发现药品与生产相关的稳定性问题（如杂质含量或溶出度特性的变化），并确定药品能够在标示的贮存条件下，符合质量标准的各项要求。

（三）如何做好持续稳定性考察

1. 应有与留样室分开的单独稳定性考察样品的存放室，用于持续稳定性考察的设施或设备应当按照 GMP 第七章和第五章的要求进行确认和维护。

2. 应有持续稳定性考察方案，内容包括：

①每种规格、每种生产批量药品的考察批次。

②产品介绍，包括包装形式和现有有效期。

③相关的物理、化学、微生物和生物学检验方法。

④检验方法依据、合格标准、试验间隔时间、容器密封系统的描述。

⑤贮存条件、检验项目等。

3. 考察批次数和检验频次应当能够获得足够的数据，以供趋势分析。

①通常情况下每种规格、每种内包装形式的药品，至少每年应当考察一个批次，除非当年没有生产。

②某些情况下持续稳定性考察中应当额外增加批次数，如重大变更或生产和包装有重大偏差的药品应当列入稳定性考察。

③重新加工、返工或回收的批次也应当考虑列入考察，除非已经过验证和

稳定性考察。

④对返工或重新加工或回收合并后生产的成品，质量管理部门应当考虑需要进行额外相关项目的检验和稳定性考察。

4. 应有相关的文件。如标准操作规程、描述稳定性实验的程序和要求。稳定性实验方案，应涵盖药品有效期；稳定性试验计划，每年的年末准备下一年的"年度稳定性考察计划"；相关记录如取样记录，分析记录；稳定性考察报告，包含稳定性研究中收集的所有相关的数据，也包括对正在进行的或已完成的稳定性研究所得结果的科学的数据评估和结论；年度趋势分析与评估报告，其回顾期限内从事的所有稳定性研究均需加以描述和评估，以于复验期/有效期的支持结论必须明确定义；稳定性超标或超趋势调查处理，对 OOS/OOT 进行调查，对不符合质量标准的结果或重大不良趋势，考虑是否可能对已上市药品造成影响，必要时召回，调查结果及采取的措施应当报告当地药监部门。

5. 应当根据所获得的全部数据资料，包括考察的阶段性结论，撰写总结报告并保存。

缺陷举例

1. 正在进行持续稳定性考察的感冒清热颗粒未按时进行 6 个月的取样检验。

2. 企业外购的 7-ACT 用于头孢曲松钠原料药生产，变更时稳定性考察的批次数不足，未对验证 3 批的杂质做深入分析并与杂质档案进行比对，评估不充分。

3. 2020 年产品质量回顾分析仅选择 12 批次产品绘制趋势曲线，未包含年度所有生产批次。

4. 稳定性考察数据显示产品未到有效期就不符合质量标准时，未采取措施。

5. 无持续稳定性考察计划。

6. 稳定性试验的检验方法未经验证或确认。

7. 复方聚乙二醇电解质散（Ⅰ）（批号：20160101）仅对含量进行了趋势分析，未对其他定量项目（如平均分子量等）进行考察。

8.维格列汀稳定性试验方案中规定检验项目晶型 3、6、9 月及 IR 鉴别 3~48 个月不需要检测，未说明理由。

十四、从《药品生产监督管理办法》谈 MAH 的准入与监管

药品上市许可持有人（MAH）是指取得药品注册证书的企业或者药品研制机构等。《药品管理法》第三十二条规定，药品上市许可持有人可以自行生产药品，也可以委托药品生产企业生产。《药品生产监督管理办法》第七条明确，委托他人生产制剂的药品上市许可持有人，应当具备本办法第六条第一款第一项、第三项、第五项规定的条件，并与符合条件的药品生产企业签订委托协议和质量协议，将相关协议和实际生产场地申请资料合并提交至药品上市许可持有人所在地省、自治区、直辖市药品监督管理部门，按照本办法规定申请办理药品生产许可证。

针对委托他人生产的药品上市许可持有人情形，从以下几个方面讨论 MAH 的准入与监管。

（一）机构与人员

MAH 是否建立与药品生产相适应的管理机构，各部门职责规定是否清晰；法定代表人、企业负责人、生产负责人、质量负责人、质量受权人及其他相关人员是否符合《药品管理法》等规定的条件；是否设立独立的质量管理部门，配备专门人员独立负责药品质量管理，对受托药品生产企业的质量管理体系进行定期审核，监督其持续具备质量保证和控制能力；是否为直接接触药品的工作人员按规定进行健康检查。

（二）质量保证体系

MAH 是否建立了药品质量保证体系（变更、偏差、OOS、CAPA、物料放行、成品放行等），是否能与受托企业的质量保证体系有效衔接，对其上市销售的药品质量负责；是否建立了风险管理体系及程序，并开展了风险评估、

控制、沟通、审核、回顾等质量管理活动；是否建立了药品追溯体系与制度，按照规定向药品追溯协同服务平台提供完整、准确的数据；是否建立了年度报告制度，按照国家药品监督管理局规定每年向省、自治区、直辖市药品监督管理部门报告药品生产销售、上市后研究、风险管理等情况；是否建立了药物警戒体系，对药品不良反应进行有效的监测、搜集、调查、分析和研判，对质量安全风险及时进行处置，并履行了相关职责；是否参与受托方制定与委托生产产品有关验证总计划，确保受托方按照药品 GMP 进行受托药品的相关确认与验证工作，保证其持续验证状态；是否参与受托方多产品共线的风险评估，并出具受托生产的药品共线生产相应风险评估报告。

（三）质量体系文件

MAH 是否建立了文件管理的操作规程、质量标准及检验操作规程、生产工艺规程，制定了培训、变更控制，偏差处理，投诉，药品召回，退货等活动的操作规程；是否建立了药品上市放行规程，对药品生产企业出厂放行的药品检验结果和放行文件进行审核，经质量受权人签字后放行；是否建立并实施药品追溯制度，通过信息化手段实施药品追溯，及时准确记录、保存药品追溯数据，并向药品追溯协同服务平台提供追溯信息；是否向受托方转交了药品注册批件及技术资料，并有交接记录，是否与受托方共同制订了生产工艺规程、质量标准、批生产记录等文件。

实施 MAH 制度，使得持有人与药品生产企业责任更加明晰。持有人是药品上市许可的责任主体，必须有质量管理能力、风险防控能力、责任赔偿能力，承担药品全生命周期的安全性有效性保证义务，包括注册、生产、流通、监测和评价、质量追溯、信息公开等。实施 MAH 制度，使得药品上市后监督管理措施更加有力。即使持有人与生产企业所在地不在同一区域，可采取联合延伸监管模式。在监管措施上，引入约谈、告诫信、限期整改、修订说明书、限制使用、召回、撤销批准证明文件，暂停研制、生产、销售、使用等风险控制措施，并对持有人和生产企业追责，同时追究相关责任人责任。

十五、从《药品上市后变更管理办法》谈生产场地变更

国家药品监督管理局于 2021 年 1 月 13 日发布了《药品上市后变更管理办法（试行）》，并于同日施行。办法包含了药品持有人变更、生产场地变更、注册管理事项变更。其中，药品生产场地变更，是指药品的生产厂房（含制造、包装、检验、放行）和生产线等发生改变，包括生产地址的改变或新增，或同一生产地址内的生产场地的新建、改建、扩建。变更生产场地，由于新生产场地生产设备、生产环境，技术人员素质等与原生产场地情况很难完全一致，会对原料药、制剂的生产质量产生一定的影响，需要进行比较全面的研究验证。笔者根据日常工作实践和学习体会，从场地变更的相关法规、变更情形分类、变更研究验证等角度进行思考总结。

（一）涉及生产场地变更的法规

相关法规有《药品注册管理办法》《药品生产监督管理办法》《已上市化学药品药学变更研究技术指导原则》（试行）、《药品技术转让注册管理规定》。此外，《药品生产场地变更研究技术指导原则》（征求意见稿）、《药品生产场地变更简化注册审批管理规定》（征求意见稿）发布，但最终文件尚未出台。

（二）生产场地变更情形分类

药品生产场地变更一般不应改变药品上市许可持有人（MAH）、处方、工艺、注册标准。如变更生产场地的同时，药品生产工艺、处方、质量标准等其他注册管理事项一并发生变更的，MAH 应先行向省级药品监督管理部门提出《药品生产许可证》变更申请，获得批准后，由省级药品监督管理部门变更《药品生产许可证》信息，同时在备案系统更新药品批准证明文件上的药品生产场地变更信息；MAH 向国家药品监督管理局药审中心（CDE）提出变更药品生产工艺、处方、质量标准等其他注册管理事项的补充申请，获得批准后，及时报省药品监督管理部门。对于已在境内上市的境外生产药品转移至境内生产的，以仿制药注册分类申报，但同时可提交境外生产药品的原注册申报资

料，符合要求的可以申请成为参比制剂，也可在 2 年内继续按《药品技术转让注册管理规定》办理。

根据变更对最终产品可能产生的影响程度，药品生产场地变更情形分为微小变更、中度变更、重大变更三类，实行分类管理。按照生产场地变更对药品安全、有效和质量可控性可能产生影响的风险程度，分为报告类变更、备案类变更和审批类变更。

1. 微小变更

如变更口服固体制剂的印字工序、包装工序或贴签工序的场地，变更包装材料和容器的灭菌场地，变更检验场地、稳定性试验场地，在同一生产地址内变更非无菌制剂、中间体的生产和初级包装的场地；非无菌制剂、非无菌原料药的生产转移至同一生产场地内改建或重建的厂房内（不包括生物制品）；同一生产地址内变更非无菌生产场地，同时变更前后设备、SOP（标准作业程序）、环境、人员等一致。此类变更，MAH 应当在年度报告中报告。

2. 中等变更

如非无菌制剂（不包括生物制品）的不同生产场地的变更；同一生产地址内变更无菌原料药，发酵类、提取类、多肽类等原料药、特殊制剂等生产场地，或原料药变更生产地址。此类变更，MAH 应当在变更实施前，报所在地省、自治区、直辖市药品监督管理部门备案。

3. 重大变更

此类变更通常发生在不同生产场地，包括因药品的生产技术转让、异地新建、合同生产商改变引起的生产场地变更。如无菌工艺生产的无菌制剂、终端灭菌的无菌制剂和无菌原料药的生产转移至同一生产场地内改建或重建的厂房内，尤其是从未接受 GMP 检查的新场地，需通过一定的研究工作来考察和评估变更对产品安全性、有效性和质量可控性的影响。此类变更，MAH 应当以补充申请的方式申报，经批准后实施。

（三）生产场地变更研究验证

作为 MAH 或药品生产企业应充分做好设计和研究，充分考虑场地变更可能引发的关键工艺参数变化对药品关键质量属性的影响，对变更前后的工艺参数控制、物料控制等各个方面进行对比研究，确认工艺参数控制范围的合理性；对变更内容进行风险分析并根据风险分类开展相应的变更研究，对变更过程中影响产品质量的各个因素进行控制；考虑新场地的 GMP 符合性，新场地的技术人员、厂房、设施、设备等生产条件和能力以及质量检验机构、检测设备等质量保证体系能否满足药品生产和质量控制的需要，确保药品生产符合 GMP 的要求。

变更研究验证应客观评估生产场地变更对药品的安全性、有效性及质量可控性产生的影响。变更前后药品质量对比研究包含一系列质量分析比较试验，以化学药生产场地的变更研究验证为例。

1. 微小变更的研究验证工作

变更的具体情况和原因，新旧场地生产工艺的对比，变更后 1 批样品检验和首批样品长期稳定性考察等，并在年度报告中报告。

2. 中等变更的研究验证工作

变更的具体情况和原因，新旧场地生产工艺对比，变更后 1 批样品批生产记录，变更前后原料药质量对比，关键理化性质和杂质谱的一致性，变更后三批样品检验情况，对 1 批样品采取加速研究和不少于 3 个月的长期稳定性研究工作。

3. 重大变更的研究验证工作

变更的具体情况和原因，生产设备及生产工艺的验证，变更前后的药品质量对比研究，变更后一批样品批生产记录，变更前后原料药质量对比，关键理化性质和杂质谱的一致性，变更后连续三批样品的检验情况，变更后三批药品的加速及 3~6 个月长期稳定性研究工作。

指导原则中未另作规定的制剂、中间体的生产场地和初级包装场地的变更，需提供变更情况说明，新旧场地生产工艺情况比较；变更后一批样品批生产记录；变更前后原料药质量对比研究；关键理化性质和溶出曲线、杂质谱等均应保持一致，并符合指导原则要求；变更后应对 1~3 批样品进行检验和加速及 3~6 个月长期稳定性考察并保留研究资料，与变更前稳定性进行比较。

十六、《药品上市许可持有人检查要点（征求意见稿）》的几个关注点

2022 年 3 月 28 日，国家药品监督管理局发布了《药品上市许可持有人检查要点（征求意见稿）》，适用于对委托生产药品的境内持有人的监督检查。

对于药品上市许可持有人的监管，前文《从〈药品生产监督管理办法〉谈 MAH 的准入与监管》谈了对 MAH 监管的一些基本要求，本文结合监管实践，谈谈对药品上市许可持有人进行监督检查的几个要点。

（一）检查持有人是否满足以下 5 个基本要求

1. 持有人应当建立覆盖药品研制、生产、销售、使用全过程的质量保证体系，依法对其全过程的安全性、有效性、质量可控性负责。

2. 持有人负责药品的上市放行，对受托生产企业出厂放行的药品以及药品生产记录、检验记录、偏差调查等进行审核，并经质量受权人签字后方可放行上市。

3. 持有人应当与受托生产企业签订委托合同和质量协议，落实《药品管理法》规定的法律义务和药品生产质量管理规范等规定的各项质量管理要求。

4. 持有人应当建立药品追溯体系，落实药品追溯制度，按照规定提供追溯信息，实现药品全过程可追溯。

5. 持有人应当建立并完善药物警戒体系，确保落实药物警戒质量管理规范及相关法规要求。

（二）检查持有人是否落实了委托生产的主体责任

1. 持有人应当确认受托生产企业的厂房设施、设备等生产条件和能力，定

期对受托生产企业及共线生产风险控制措施的有效性进行审核。

2. 持有人应当对委托生产药品的生产过程进行指导和必要的监督，确认对受托产品的返工和回收经过书面批准，并有详细记录。

3. 持有人应当对受托生产企业的药品工艺验证及工艺确认、生产工艺规程、产品关键质量属性、关键工艺控制参数、中间产品和成品质量标准等质量体系文件等进行审核。

4. 持有人应当审核委托生产药品的储存管理情况，确保在储存过程中防止混淆、差错、污染和交叉污染的措施安全有效。

5. 疫苗上市许可持有人经国务院药品监督管理部门批准委托生产的，持有人也应当同时开展疫苗生产活动，不得停产。

（三）检查质量控制和质量保证情况

1. 持有人应当对受托生产企业的质量管理体系运行情况进行定期审核，确保其生产条件、技术水平和质量管理持续符合委托生产药品的质量要求和相关法规要求。

2. 持有人自行检验的，应当有符合 GMP 要求的质量控制实验室和检验人员。受托生产企业进行检验的，应当纳入受托生产企业的生产质量管理体系中。进行检验方法转移或确认的，持有人应当审核确认并批准相应的方案和报告。

3. 持有人应当明确药品留样和持续稳定性考察的内容，每年进行自检，评估对委托生产药品质量保证措施的有效性，建立偏差管理制度、纠正预防措施管理制度，全面评估变更与偏差的影响，实行分类分级管理。

4. 持有人应当审核受托生产企业出厂放行的产品的批生产记录、批包装记录、检验报告书和偏差处理等相关记录，经质量受权人批准后予以上市放行。

5. 持有人或受托生产企业应当每年按照品种开展产品质量回顾分析、记录，分析应当科学、客观，分析报告应经持有人审核批准。

（四）检查物料和产品放行管理是否规范

1. 持有人应当建立物料供应商管理制度，将合格供应商目录提供给受托生产企业，定期对供应商进行质量体系评估，并将质量评估报告纳入供应商管理档案。

2.持有人应当明确物料的质量标准，明确物料采购、验收、取样、留样、检验、放行、储存、运输等的责任方，确保物料的质量可控性和可追溯性。

3.持有人应当严格管理委托生产药品的剩余物料，对于委托生产药品的剩余物料的处理，应经持有人审核批准。

4.持有人委托销售的，应当对受托方的资质、储存、运输、管理等 GSP 符合性进行评估，并对受托方销售药品过程进行监督。

5.疫苗上市许可持有人在销售疫苗时，应当提供加盖其印章的批签发证明或进口药品通关单复印件或者电子文件。

（五）检查药品上市后的风险管理情况

1.持有人应当制定药品上市后风险管理计划，开展药品安全性和有效性研究，不断更新完善说明书和标签。

2.需持有人在药品上市后开展相关研究工作的，应当在规定时限内完成补充申请、备案或者报告。涉及变更的，持有人应当按照已上市药品变更研究技术指导原则，联合受托生产企业开展相关研究、评估和必要的验证。

3.持有人应当建立药品安全事件处置方案，并会同受托生产企业组织开展培训和必要的应急演练，形成培训和演练记录。

4.持有人应当建立与受托方的全面沟通机制，确保委托生产期间所有涉及委托生产药品质量的各类信息得到及时、充分地共享和研判，有效防控质量风险与合规风险。

5.持有人应当建立年度报告制度，每年将药品生产销售、上市后研究、风险管理等情况按照规定向省、自治区、直辖市人民政府药品监督管理部门报告。

十七、欧盟 GMP 附录《无菌药品的生产》重点关注点

2022 年 8 月 25 日，欧盟委员会颁布了 GMP 附录《无菌药品的生产》（以下简称欧盟附录），除 8.123 条款于 2024 年 8 月 25 日实施外（冻干机部分，为培训和实施留出足够的时间），其余条款将于 2023 年 8 月 25 日实施。欧盟

附录明确规定，无菌产品的生产，涵盖了多种无菌产品类型（活性物质，无菌辅料，内包装材料和制剂），包装规格（从单个单元到多个单元），工艺（从高度自动化系统到手动工艺）和技术（例如生物技术，小分子生产和隔离系统）。本版欧盟附录与 2017 年版相比，做了较大修改，内容总计 59 页，分为 11 个部分。本版欧盟附录重点是更加结构化的指南，包括最新的原则，例如质量风险管理和考虑新技术和创新过程。质量风险管理（QRM）包括根据关键程度对现有工艺进行的总体评估，以药物质量体系要求为基础，有助于确保将有效的质量风险管理整合到产品生命周期的所有领域，旨在最大限度地减少微生物污染并确保生产的无菌产品的质量。本文结合中国 GMP 附录无菌药品，谈谈对欧盟附录的重点关注点。

（一）欧盟附录与中国附录结构的比较

欧盟附录与中国附录结构的比较详见表 1-1。

表 1-1　欧盟附录与中国附录结构比较表

章节及条款数	欧盟 GMP	中国 GMP
第一章	范围（1 条）	范围（2 条）
第二章	原则（7 条）	原则（5 条）
第三章	药品质量体系（PQS）（2 条）	洁净度级别及监测（6 条）
第四章	厂房（36 条）	隔离操作技术（3 条）
第五章	设备（9 条）	吹灌封技术（2 条）
第六章	公共设施（22 条）	人员（8 条）
第七章	人员（18 条）	厂房（9 条）
第八章	生产和具体技术（139 条）	设备（7 条）
第九章	环境监测和工艺监测（49 条）	消毒（3 条）
第十章	质量控制（11 条）	生产管理（15 条）
第十一章	术语表（1 条）	灭菌工艺（9 条）
第十二章		灭菌方法（6 条）
第十三章		无菌药品的最终处理（4 条）
第十四章		质量控制（1 条）
第十五章		术语（1 条）
条款总数	295 条	81 条

从上表可以看出，欧盟附录相比中国附录增加药品质量体系（PQS）作为一个章节；把洁净室、RABS 系统及消毒纳入厂房管理；把水系统、灭菌用蒸汽、气体和液压系统纳入公共设施；把培养基模拟灌装纳入环境监测和工艺监测；把灭菌工艺、灭菌方法、FFS、BFS 技术等作为生产和具体技术一个重要章节，更细化、更具体、更具操作性。

（二）PQS 涵盖药品生产全过程

生产商应建立一个涵盖生产全过程并确保所有活动得到有效控制的药品质量体系（PQS），以减少无菌产品中的微生物、微粒和内毒素（热原）的污染风险。

1. 应有一个有效的产品的生命周期相结合的风险管理系统，以降低微生物污染，确保无菌生产的药品质量。

2. 生产者应具有足够的与产品生产有关的设备、生产相关的知识和经验。并对程序上、工艺或设备偏差的根本原因进行分析并实施恰当的 CAPA。

3. 实施污染和控制策略（CCS），以识别、评估、减少（排除）及控制污染风险。

4. 无菌产品的贮存和运输不应对无菌产品带来污染风险。

5. 负责无菌产品质量放行人员应能获得足够的生产及质量信息，并具备足够的无菌剂型生产和关键质量属性的知识和经验。

6. 应对不符合项如 OOS 或环境监控超标或与已既定规程存在偏差进行调查并予以记录。

（三）人员的培训及良好的行为规范

所有人员都应当接受无菌生产相关培训，需经培训上岗。养成个人卫生习惯，洁净服与生产操作的要求及操作区的洁净度级别相适应，更换及确认符合无菌更衣规程。洗涤、灭菌时无附加的颗粒物质，制定工作服清洗周期。

1. 所有人员，包括执行清洁、维护、监控以及进入洁净区的人员，均应定期接受无菌产品相关培训、更衣确认和评估。培训内容包括微生物学、卫生学等内容，特别关注洁净室实践、污染控制、无菌技术和无菌产品的保护。

2. 在 A 级区和 B 级区工作的人员应接受无菌更衣、无菌规范及气流可视化的培训。应评估和确认符合无菌更衣规程，至少每年定期再评估，并应包括目检和微生物评估（使用手、胳膊、胸部和额头等监测位置）。

3. 尽量减少进入无菌生产洁净区的人数和次数，进入无菌生产洁净区的人数应通过验证来确定。

4. 洁净区更衣和洗手应遵循相应书面规程，以最大限度地减少洁净服污染或减少污染物转移至洁净区。

5. 洁净区人员移动应缓慢、受控并有条不紊，以避免由于过度活动导致的微粒和微生物的过量散发。执行无菌操作的操作工应始终遵循无菌技术，以防低级别空气进入关键区域，限制关键区附近的移动。

（四）厂房及设备突出屏障技术

无菌产品的生产应在洁净区内进行，应通过更衣室进入洁净区。洁净区和更衣室应保持适当的洁净度标准，并向洁净区提供过滤的空气。欧盟附录增添了防止污染的屏障技术新内容，如限制进入屏障系统（RABS）和隔离器，以解决先前指南的模糊性，各种操作应在具备适当的技术性和操作性隔离措施的洁净区或设施中进行，以防止混淆和污染。

1. CCS 应考虑使用限制性进入隔离系统（RABS）和隔离器有利于确保所需的条件，并最大程度上减少与关键区直接人为干预措施相关的微生物污染。

2. 在洁净区，所有暴露的表面应光滑、无渗漏性且无裂缝，以尽量减少微粒或微生物的脱落或累积，并利于清洁、消毒剂和杀孢子剂的反复使用。

3. 洁净区使用的物料应尽可能减少颗粒的产生。应通过单向流将物料、设备和组分转移至无菌工艺区。物品尽可能通过双扉灭菌柜进行灭菌并传递至无菌工艺区。

4. 应设计并使用气锁，提供物理隔离并最大程度上减少不同区域的微生物和微粒污染，不同级别之间移动的物料和人员应设置气锁。物料和设备转移应通过气锁或传递窗转移到 A 级或 B 级洁净室。

5. 洁净室区气流模式应可视化，静态和动态（例如模拟操作员干预）都应进行气流模式研究，并保留气流模式的录像。

6. 应当设计允许从 A 级区和 B 级区外观察生产活动（如通过全方位查看这些区域和工艺过程的玻璃窗或远程摄像机）。

7. 用于无菌工艺的 RABS 或开放式隔离器的关键区域应满足 A 级要求和单向流，并保证从关键区到背景环境的正向气流。

8. 对于用于无菌工艺的 RABS，背景环境至少应达到 B 级。根据风险评估，开放式隔离器的背景环境应达到 C 级或 D 级。

9. 应按照规定的程序定期对洁净区和洁净空气设备进行再确认。对于 A 级区和 B 级区，再确认的最长时间间隔为 6 个月；对于 C 级区和 D 级区，再确认的最长时间间隔为 12 个月。

10. 粒子计数器，包括采样管，应经确认。管道长度不应大于 1m，弯道尽可能少，弯道半径应大于 15cm。

（五）公共设施控制程度与风险相适应

公共设施的设计、安装、操作、维护和监测方式应确保该公共设施按预期运行。高风险公共设施的关键参数和关键质量属性的结果应定期进行趋势分析，以确保系统性能保持适用。

1. 应保存公共设施系统的安装记录，包括管道流向、斜率、直径和长度；罐和容器的详细信息；阀、过滤器、排水设施、取样点和使用点等。

2. 水系统应经过设计、安装和维护，以最大程度降低微粒、微生物污染 / 增殖和热原的风险（例如倾斜管道以完全排水以及避免死角）并防止生物膜的形成，并注意这些过滤器的监测和维护。管道水流应保持湍流，以最大程度降低微生物黏附及随后生物膜形成的风险。

3. 注射用水（WFI）应由符合质量标准的水生产，并且以最大程度降低微生物生长风险的方式储存和分配（例如在 70°C 以上温度循环）。如果 WFI 是通过非蒸馏方法生产的，则应考虑进一步的技术（例如纳滤和超滤以及电去离子，EDI）结合反渗透（RO）膜。

4. 应对水系统定期进行化学和微生物监测。警戒水平应基于确认或持续监测数据的回顾。取样计划应反映 CCS 的要求，如对所有用水点定期获取有代表性的水样用于分析；潜在最差情况取样点；每天分配循环终末的用水点的取样。

5. 灭菌用蒸汽发生器的原水应适当净化。纯蒸汽发生器的设计、确认和操作方式应确保产生的蒸汽的质量符合规定的化学和内毒素水平。

6. 与产品 / 内包装容器表面直接接触的气体应符合化学、微粒和微生物质量要求；应规定所有相关参数，包括含油率和含水量、气体发生系统的设计符合相应的药典附录。无菌工艺中使用的气体应在使用时通过除菌过滤器（标称孔径最大为 0.22μm）过滤。

7. 液压、加热和冷却系统相关的设备如与吹灌封设备相关的部分，应尽可能位于灌装室外。对于真空和冷却系统，应按照 CCS 中的规定定期清洁 / 消毒。

8. 场地的环境监测和工艺监测计划构成整个 CCS 的一部分，以最大程度降低微生物和微粒污染的风险。监测内容通常有环境监测（非活性微粒）、环境和人员监测（活性微粒）、无菌工艺模拟，监测的结果应设置适当的警戒水平和行动限。

9. 培养基模拟灌装（ABS）用于无菌工艺中在线控制有效性的定期确认应包括使用无菌营养培养基或产品替代品的工艺模拟试验，应考虑在正常生产以及最差情况下已知的各种无菌操作和干预措施。

10. ABS 至少有 3 个连续批次及设备任何重大变更时后的模拟试验。通常，对于每个无菌工艺，每个灌装线和每个班次，工艺模拟试验（定期再验证）应每年重复 2 次（大约每 6 个月 1 次）。每个操作工应每年参与至少 1 次成功的 APS。

（六）生产和具体技术基于无菌过程控制及最终灭菌

最终灭菌产品选择合适的灭菌方法及灭菌工艺，根据灭菌方法的效果确定灭菌前产品特别是大容量注射剂微生物污染水平的监控标准，并定期监测，最终灭菌产品中的微生物存活概率（即无菌保证水平，SAL）不得高于百万分之一。无菌配置和工艺是在受控环境下对无菌产品、容器或器械的处理，受控环境是指送风、物料和人员受到管控以防止微生物、热原和微粒污染。

1. 最终灭菌产品的生产应至少在 D 级洁净区中进行，以降低微生物、热原和微粒污染的风险。当产品的微生物污染风险比较高或异常时，则应在 C 级环境中进行制备。软膏剂、霜剂、混悬剂和乳剂应在 C 级环境下进行制备，然后最终灭菌。

2. 最终灭菌产品的灌装应至少在 C 级环境中进行。待包装溶液的加工应包括在可能的情况下使用微生物截留过滤器的过滤步骤，以在灌装入最终产品容器之前降低生物负荷水平和微粒，并且配置和灌装之间应有最长允许时间。

3.应识别、评估并适当控制无菌工艺相关风险以及任何相关要求。CCS应明确界定这些控制的可接受标准、监测要求及其有效性的审核，应描述控制这些风险的方法和程序，并有记录。

4.在无菌环境下配置的过程中、所有工艺阶段（包括待包装产品灭菌之前和之后的阶段），以及直至产品封装入最终容器中，都应按照CCS采取预防措施以最大程度减少微生物、热原和微粒污染。应尽可能考虑使用如RABS、隔离器或其他系统之类的设备，以减少对A级区的关键干预措施，并将污染风险降至最低。

5.对于无法过滤的无菌产品，应考虑所有与产品和组件接触的设备在使用前进行灭菌；所有原料应灭菌，无菌添加或者随后过滤除菌；待包装药液应由经验证的工艺灭菌，如热灭菌、化学灭菌或过滤除菌；添加到无菌待包装产品中的所有物料应在加入前进行灭菌。

6.已灭菌设备、组件和辅助用品的开启、装配和准备以及无菌产品的制备和灌装（如软膏剂、霜剂、混悬剂和乳剂）且产品后续不会进行过滤（通过除菌过滤器）或最终灭菌时，应在具有B级背景下的A级区内执行。

7.应列出生产过程中允许发生的干预措施（固有的和纠正性的）的授权清单，并列出干预措施的类型以及如何执行这些干预的规程，如果需要进行未经授权的干预措施，应详细记录所执行的干预并根据生产商的PQS进行全面评估。

8.无菌产品的最终处理，敞口的内包装容器（包括部分加塞的西林瓶或预填充注射器）应置于B级背景的A级条件下（例如屏障技术），或置于A级条件下并与操作工物理隔离（例如UDAF车），直到完全加塞。

9.成品应使用经验证且受控的灭菌工艺进行最终灭菌，当产品不能最终灭菌时，应考虑使用最终生物负荷减低步骤，如热处理（如巴氏灭菌），结合无菌工艺，以提供更好的无菌保证。验证应考虑无菌保护屏障系统的完整性、灭菌前的最长放置时间以及被灭菌物品的最长货架期。

10.灭菌方法有加热灭菌、湿热灭菌、干热灭菌、辐射灭菌、环氧乙烷（EO）灭菌，每一种灭菌方式都有其特定的适用范围，灭菌工艺必须与注册批准的要求相一致，且应当经过验证。

11. 如果产品不能在最终容器中灭菌，溶液或液体应通过无菌除菌级过滤器（标称孔径 ≤ 0.22μm，经过适当验证能获得无菌滤液）进行灭菌，然后无菌灌装到预先灭菌的容器中。

12. 成型—灌装—密封（FFS）单元包括热塑性颗粒的吹塑和热塑性薄膜的热成型，通常分为吹灌封（BFS）和垂直成型—灌装—密封（VFFS）。VFFS工艺是一种自动灌装工艺，通常用于最终灭菌的产品，可用单网或双网系统将成卷的热塑性薄膜制成内包装容器，并同时对成型的软袋进行产品灌装，然后对灌装好的软袋进行密封，是一个连续的工艺过程。

13. 冻干设备及其工艺均应当设计以保证产品或物料的无菌性，防止在产品灌装到冻干完成之间的微生物或微粒污染。应在 CCS 中确定所有在线控制措施。

14. 密闭系统的使用可降低外来污染的风险，如邻近环境中微生物、微粒和化学物质等。密闭系统所处的背景应基于其设计和所采取的工艺。

15. 一次性系统（SUS）是指在无菌产品生产中运用、代替可重复使用设备的技术。SUS 可以是单独的组件，也可以由多个组件组成，如袋子、过滤器、管道、连接器、阀门、储瓶及传感器等。对于无菌 SUS，应进行无菌性确认，作为供应商资质确认的一部分，并在每个单元的接收和使用时都进行。

十八、中药饮片生产企业检查重点

中药饮片生产企业以中药材为原料炮制生产中药饮片，而中药材作为一类天然植物药、天然动物药或天然矿物药，具有来源易混淆、质量不稳定等特点。在监督检查中，如何根据企业特点进行有针对性的检查呢？

（一）检查是否存在外购中药饮片中间产品或成品，改批号、套批号的情况

现场检查内容：

1. 企业生产区的面积、仓库的面积是否与生产规模以及储存周期相适应；

是否有许可车间外的生产场地或仓库。

2. 企业设备的生产能力与实际生产规模是否匹配；企业人员数量与工作量是否匹配。

3. 企业是否配备满足需要的生产设备和检验仪器、对照品和对照药材。

4. 成品销售数量、生产数量以及与原辅料的购进数量是否匹配。

5. 批生产记录、批检验记录是否真实可追溯。

缺陷举例

1. 根据增值税发票及销售清单检查，发现企业无法提供炒莱菔子等 21 个品种的生产记录、检验记录及原药材、成品进出库记录。

2. 企业的批生产记录不真实，龙胆泻肝丸混合药粉批生产记录中，当归、甘草的实际操作过程及操作时间与记录不相符。如炒药机实际加工当归的能力为每次 70kg 左右，而记录的是一次加工完 104kg；实际加工甘草的能力为每次 80kg 左右，而记录的是一次加工完 105kg。

（二）检查是否存在原料掺杂使假情况

现场检查内容：

1. 是否建立健全供应商审计制度并按要求进行审计，评估购入中药材、中药饮片的质量，建立质量档案，并定期对供应商档案信息进行更新。

2. 是否按操作规程对物料进行验收和取样。

3. 原辅料检验结果是否符合相应的质量标准。

4. 物料是否按要求贮存、养护。

缺陷举例

1. 企业未建立有关中药材供应商的质量档案。

2. 茯苓、莱菔子等尾料存放于药材暂存间，标签仅标注"茯苓""莱菔子"品名，无批号、有效期等信息，未按《生产剩余物料、尾料管理规程》[SMP-SC-013（00）] 4.3 项要求管理尾料。

3. 原药材当归检验原始记录的显微鉴别项目未记录横切面特征，仅记录粉末的部分组织特征；二氧化硫残留量检查项目中未记录氢氧化钠滴定液的配制批号及浓度，且校正因子未引入计算。

4.常规饮片生产车间暂存间存放需阴凉保存的中药材如天山雪莲，但室内温度为21℃，未采取措施。

（三）检查是否存在人员履职能力不足的情况

现场检查内容：

1.检查企业的组织机构图，人员的职责权限是否明晰。

2.变更关键岗位人员是否及时备案，生产负责人、质量负责人（质量受权人）的资质是否符合要求；是否参与企业生产、质量管理，是否能履行实际职能。

3.QA和QC配置是否与产能相匹配，是否具备鉴别中药材真伪优劣的能力。

4.企业实施培训的内容是否与岗位的需要相适应，是否评估培训效果。

⚙ 缺陷举例

1.部分岗位人员培训不到位，如空调机组操作人员对初中效过滤器更换要求不了解；常规饮片生产车间主任对生产区域温湿度要求不熟悉；中药材验收人员对中药材验收相关知识不了解。

2.企业质量控制人员仅有3名，且其中1名操作员专业为市场营销，不熟悉中药材和中药饮片性状、显微鉴别试验。

（四）检查是否存在未按工艺规程组织生产的情况

现场检查内容：

1.结合企业申报时的平面布局图及设备台账，查看企业厂区内所有建筑物的用途，各功能间有无变更，生产设备有无减少。

2.中药饮片炮制过程中产热产汽的工序是否设置必要的通风、排湿、降温等设施；拣选、筛选、切制、粉碎等易产尘的工序是否采取有效措施以控制粉尘扩散，避免污染和交叉污染；直接口服饮片生产车间的粉碎、过筛、内包装等生产区域是否参考D级洁净区的要求设置；毒性中药材加工、炮制是否使用专用设施和设备，是否与其他饮片生产区严格分开。

3. 企业生产范围内的炮炙品种是否进行了工艺验证，工艺验证是否体现了关键的工艺参数。

4. 企业是否根据工艺验证结果制定每种中药饮片的生产工艺规程和操作规程，各关键工艺参数是否明确。

5. 中药饮片批生产记录是否根据工艺规程制定；生产活动是否有记录并可追溯。

⚙ 缺陷举例

1. 企业对炙红芪的工艺验证报告中未包含红芪饮片干燥工序敞开式烘箱铺料厚度的内容。

2. 炙甘草批生产记录中内包记录未包含封口工艺参数的内容。

3. 炙甘草批生产记录中炙炒生产记录中记录凉药时间为 20 分钟，但《炙甘草工艺规程》规定凉药时间为 1 小时。

除此之外，与其他类型企业共性的部分如实验室控制系统、文件管理系统等，仍需关注。

十九、关于委托生产 MAH 的监管要点

药品上市许可持有人（MAH）是指取得药品注册证书的企业或者药品研制机构等。《药品管理法》第三十二条规定，药品上市许可持有人可以自行生产药品，也可以委托药品生产企业生产。

《药品生产监督管理办法》第七条规定，委托他人生产制剂的药品上市许可持有人，应当具备本办法第六条第一款第一项、第三项、第五项规定的条件，并与符合条件的药品生产企业签订委托协议和质量协议，将相关协议和实际生产场地申请资料合并提交至药品上市许可持有人所在地省、自治区、直辖市药品监督管理部门，按照本办法规定申请办理药品生产许可证。

国家药品监督管理局针对性加强委托生产持有人监督管理，出台了《关于加强委托生产药品上市许可持有人监管工作的通知（征求意见稿）》及《委托生产药品上市许可持有人现场检查指南》，本文结合前文《从〈药品生产监督

管理办法〉谈 MAH 的准入与监管》，谈谈委托生产 MAH 的监管要点。

（一）B 证的许可程序

1. MAH 拟从事委托生产，需申请办理 B 证，MAH 所在地省级药品监督管理部门应严格审核申请材料，包括审核受托方（C 证）所在地省级药品监督管理部门出具的药品 GMP 符合性检查告知书以及同意受托生产的意见。

2. MAH 所在地省级药品监督管理部门对申请人开展现场检查，重点检查申请人关键岗位人员配备情况、质量管理体系建设情况和对受托生产的管理情况等内容，确认申请人具备履行药品质量安全主体责任的能力。

3. 拟申报注册的产品尚未取得上市许可的，MAH 在完成支持药品上市注册的药学、药理毒理学和药物临床试验等研究，确定质量标准，完成商业规模生产工艺验证，并做好接受药品注册核查检验的准备后，再提出药品生产许可证的核发申请或者增加生产范围的申请。

（二）药监部门对 MAH 的监管

1. 配备相应的机构和人员

MAH 是否建立与药品生产相适应的管理机构，各部门职责规定是否清晰；法定代表人、企业负责人、生产负责人、质量负责人、质量受权人及其他相关人员是否符合《药品管理法》及 GMP 等规定的条件；是否明确了非临床研究、临床试验、生产销售、上市后研究、不良反应监测及报告等人员岗位职责；是否建立药物警戒体系，药物警戒负责人是否符合 GVP 相关要求。

2. 建立全生命周期的质量管理体系

MAH 是否建立了全生命周期的药品质量保证体系（变更、偏差、OOS、CAPA、物料放行、成品放行等），能与受托方的质量保证体系有效衔接；是否建立了风险管理体系及程序，并开展了风险评估、控制、沟通、审核、回顾等质量管理活动。是否建立了药品追溯体系与制度，按照规定向药品追溯协同服务平台提供完整、准确的数据。是否建立了年度报告制度，按照规定报告药品生产销售、上市后研究、风险管理等情况；是否建立了药物警戒体系，对药品不良反应进行有效的监测、搜集、调查、分析和研判，对质量安全风险及时进行处置。是否建立有效的文件与记录管理程序，对药品质量管理体系相关文件、记录等进行控制，确保相关文件、记录得到有效识别和管理。

（三）MAH 对受托方的管理

1. 生产管理

是否确认受托方厂房设施和设备等生产条件和能力能满足委托生产需要，是否按计划对厂房设施和设备进行维护，是否确认受托方在完成必要的确认和验证，是否确认受托方厂房、生产设施和设备多产品共用的可行性。是否对委托生产的全过程进行指导和监督，对生物制品（疫苗、血液制品除外）、中药注射剂、多组分生化药的委托生产的，MAH 是否选派数量足够的人员入驻方进行现场指导和监督。

2. 质量管理

MAH 是否对关键物料、中间产品（原液）、成品开展定期抽样检验（生产 10 批次至少抽样检验 1 批次）；是否建立原辅包定期审核制度，并提供合格供应商给受托方；是否通过质量协议明确双方责任及检验报告书、物料放行、文件移交程序、质量回顾分析等；是否建立偏差管理制度，并对偏差进行处理；是否制定检验结果超标和检验结果超趋势的处理程序，并有 CAPA；是否对受托方的质量管理体系进行定期审核，监督其持续具备质量保证和控制能力。

二十、药品共线生产质量风险管理重点在污染

2023 年 3 月 6 日，CFDI 发布了《药品共线生产质量风险管理指南》（以下简称《指南》）的通告，该指南旨在为药品全生命周期内药品共线生产策略的设计、实施及改进提供分析和指导，帮助相关人员基于质量风险管理的理念理解药品共线生产的危害、暴露和风险的关系，分析产生污染和交叉污染的途

径，科学确定残留的可接受限度，采取降低污染和交叉污染措施，持续监控污染和交叉污染水平，确保污染和交叉污染风险得到有效控制，最大程度降低共线生产产品间的污染、交叉污染，保证药品安全、有效和质量可控。

（一）共线生产污染及交叉污染因素

1. 残留

残留指更换产品时直接接触产品的部分设备内表面未能清洁至残留限度以下，通过共用设备将一种产品残留带入到接续生产的产品中引起的污染和交叉污染。

2. 机械转移

机械转移指更换产品时非直接接触产品的设施、设备外表面未能清洁至目视合格，将产品通过操作人员衣服/手套等与设备外表面接触带入到另一产品中引起的污染和交叉污染。

3. 空气传播

空气传播指产品或物料以粒子或气溶胶的形式通过气流组织沉降到另一个产品中。

4. 混淆

混淆指生产过程中因物料、产品等的混淆（多为系统设计缺陷和人为失误），或标签错误导致物料或产品的混淆，而导致污染和交叉污染。

（二）禁止共线生产的情形

1.生产特殊性质的药品，如高致敏性药品（如青霉素类）或生物制品（如卡介苗、结核菌素或其他用活性微生物制备而成的药品），必须采用专用和独立的厂房、生产设施和设备。

2.生产β-内酰胺结构类药品、性激素类避孕药品必须使用专用设施（如独立的空气净化系统）和设备，并与其他药品生产区严格分开。

3. 凡采用半合成工艺生产碳青霉烯类原料药和采用此原料生产制剂的，均必须使用专用设备和独立的空气净化系统，并与其他类药品生产区域严格分开。

4. 炭疽杆菌、肉毒梭状芽孢杆菌和破伤风梭状芽孢杆菌制品必须在相应专用设施内生产。

5. 血液制品的生产厂房应当为独立建筑物，不得与其他药品共用，并使用专用的生产设施和设备。

6. 对于某些激素类、细胞毒类、高活性化学药品共线生产风险评估需考虑尽可能降低污染和交叉污染风险，如共线生产风险较高且风险不可控的，必须采用专用和独立的厂房、生产设施和设备。

（三）不建议共线生产的情形

1. 生产某些激素类、细胞毒性类、高活性化学药品应当使用专用设施（如独立的空气净化系统）和设备。

2. 对于药理毒理学数据不充分的早期临床试验用药品的生产宜使用专用或独立的生产设施设备（如一次性使用技术）；临床试验用药品共线生产不可避免时，根据产品的特性可采用阶段性生产和清洁确认相结合方式。

3. 毒性药材（如医疗用毒性药品管理办法规定的品种）的加工、炮制应当使用专用设施和设备，并与其他饮片生产区严格分开，生产的废弃物应当经过处理并符合要求。

处方中含有某些毒性较大饮片的中药注射剂，建议生产设备专用，提取溶媒回收利用不建议用于其他产品或用途，应当经评估确定回收利用的次数。

含有某些毒性较大饮片的口服制剂，建议尽可能使用专用设备，如不能专用的应当采取阶段性生产等方式降低交叉污染风险，提取溶媒回收利用不建议用于其他产品或用途，应当经评估确定回收利用的次数。

4. 不建议生物制品与化学药品共线生产。

某些情况下根据产品的特性，如与某些化学药品（如多肽类）在制剂阶段共线生产，要特别注意化学药品的毒理药理等特性对于生物制品的影响，避免生物制品被化学药品污染后发生变性，同时也要关注病原微生物类生物制品对化学药品产生的影响。

5. 在病毒载体类产品和细菌载体类产品的生产过程中，由于部分病毒和细菌具有传播和复制的可能，建议尽可能避免多种病毒和细菌共线生产，在每种病毒或细菌生产结束后需要对生产线进行灭活和清洁，然后再进行其他病毒类或细菌类产品的生产。

6. 不建议最终灭菌产品和非最终灭菌产品共线。

特殊情况下，如果拟采用最终灭菌工艺和无菌生产工艺生产的两类产品共线生产，应当充分考虑二者不同的无菌工艺控制点，特别是最终灭菌产品生产过程不应当对非最终灭菌产品的生产操作人员、设施设备、生产环境、生产质量管理等带来不利影响。

7. 不建议高毒高活产品与其他非高毒高活的产品共线生产。

特殊情况下（如采用特殊工艺和设备、市场需求量小、罕见病用药等），如经过充分的风险评估，采取相应的控制措施并经过必要的验证，则可通过阶段性生产方式共用同一生产设施和设备，但应采取相应的控制措施（如使用一次性技术、每批生产后进行清洁确认）。

8. 细胞治疗产品和各类载体产品的共线生产总体策略如下。

（1）由于有可能存在的交叉污染风险，以下三类产品应当分别在各自独立的生产区域进行生产，并配备独立的空调净化系统。

①直接用于细胞产品生产的基因修饰病毒载体。

②细胞治疗产品。

③其他赋予其特定功能的材料（如质粒、RNA、抗原肽、抗原蛋白、蛋白质–RNA 复合物等）。

（2）对于不同载体或材料类产品不建议共线生产，对于相同类别的载体或材料类产品如采用共线生产应当采取合理的预防和控制措施，避免产品之间的污染和交叉污染。

（四）目前共线生产存在的问题

1. 对风险管理认知不足，风险评估流于形式

药品共线生产风险评估不充分、清洁验证不合理、未引入清洁验证生命周期理念，即清洁工艺设计和开发、清洁工艺验证、持续清洁工艺确认 3 个

阶段。

2. 生产人员没能很好理解执行 GMP 及操作规程

生产人员卫生要求培训不到位，工作服与生产操作的要求及操作区的洁净度级别不相适应；未采取在分隔的区域或阶段性生产方式生产不同品种的药品；生产前没有对设备和工作场所进行确认，生产结束后未及时清场。

3. 厂房、设施设计不合理、不科学

与药品直接接触的生产设备表面不平整、光洁、不易清洗或消毒；设备存在"跑""冒""滴""漏"现象。

4. 验证不充分，过度依赖验证，用验证结论代替质量控制措施

没有根据所涉及的物料，合理地确定活性物质残留、清洁剂和微生物污染的限度标准；不能证明某种清洁方法能够去除污染物或将污染降低至可接受的水平；取样部位、取样方法、检测方法不合理。

（五）共线生产检查重点关注点

在日常监督检查、有因检查中，加大共线生产监督检查力度，尤其关注中药提取共线生产，中药化药共线生产，高风险产品共线生产，含特殊药品共线生产，多个原料药共线生产，中试产品、临床试验用样品与商业化产品共线生产等。

1. 中药共线。中药产品组分复杂，清洁难度较高，共线品种多。对含有毒性、麻醉等特殊药材或饮片时，应进行重点分析和控制。对含有挥发性成分的中药产品应重点考虑挥发对中药有效性的影响，同时考虑挥发性成分油溶特性，评估清洁溶剂适用性、设备内表面残留等引起的交叉污染。对检测指标成分含量较低，检测方法灵敏度低，当无法直接检测残留物的限度时，可以选择其他具有代表性的参数进行测试，制定相应的限度标准，并对检验方法进行确认和验证。

2. 残留是交叉污染的主要途径，残留物包括清洁后的设备内表面残留的物料、产品、降解产物、清洁剂等。

设备的设计应便于清洁和清洁确认，辅助设备和材料在不同功能间和不同区域之间的移动应当得到充分控制，管道设计需考虑坡度设计和排空设计，对于开放式或敞口操作的设备，需要安装捕尘装置或采取适合的防护措施，降低粉尘扩散，设备状态应当清晰、明确、易读。

3. 加强对被污染器具、设备的管理和控制，转换产品时彻底清场，不同品种同时生产时，对人员操作、物料转运、物料储存等过程也应当加强管理。

人员进入和离开生产区域的更衣、退更过程应当尽可能避免交叉污染，尽可能减少多个产品物料、工艺、人员交叉和共用区域。操作规程应当具体，包括具体操作步骤及关键步骤操作要求，并具有可操作性。使用后的洁净服、一次性物品（如口罩、手套和过滤器）、剩余的物料、生产过程产生的废弃物等得到合理的处置。分析和评估更换品种时需更换的零部件（如压片机冲头）的拆卸、清洁、运输和存储程序的合理性。

4. 尽可能使用密闭工艺系统。气流模型的设计应当考虑排风、真空传输系统和开门操作对气流的影响，防止产品泄漏进入天花板或墙板、设备空隙，使用正压或负压缓冲间减少粉尘在不同功能间之间的转移。合理设计洁净区分级及对应的空调系统、压差梯度和气流，选择合适的过滤器以确保去除空气中的污染物，暴露工序和产品应当尽量远离房间送风口、回风口和排风口，多个房间或区域共用空调系统生产不同品种时，应对每个产品特定危害进行评估以确定提供足够的保护。可采取多种方式对已有的控制措施和清洁工艺执行情况进行评估，持续考察清洁工艺的执行情况和清洁工艺稳定性、重现性。

二十一、从 GMP 谈机构与人员

《药品生产质量管理规范》第三章"机构与人员"共有 22 条，涉及机构设置与职责、人员配置与培训、人员健康与卫生，从条文字面理解，技术层面不高，操作也不难。但在实际检查中发现，有的企业还没有从深层把握这部分内容，或多或少存在一些理解及操作上的问题。

（一）机构设置与职责

机构是企业为实现共同目标而设置的互相协作的团体，而质量目标是企业建立组织机构需要考虑的最重要的目标之一，机构是企业进行质量管理的基本单位。企业管理者负责建立适合的组织架构，赋予质量管理体系发挥职能的领导权，明确相应的人员职责和授权，为生产出合格产品所需的生产质量管理提供保障。

企业建立的组织架构必须保证质量管理部门能够独立地履行质量管理的职责，并避免任何对质量管理工作的干扰。

1. 组织机构设置的原则

组织机构的设置没有固定的模式，企业可根据自身的特点，如企业规模、质量目标、职责分配等，建立合适的组织机构，以确保质量体系的有效运行。组织架构包括各级职能机构、机构间的隶属和工作报告关系，组织架构一般由生产、质量、设备工程、技术研发、销售等机构组成。

（1）与企业规模、人员素质、经营和管理方式相适应。

（2）根据品种、规模、资源等因素建立质量管理体系，明确各级管理职责，加以实施和保持，并持续改进其有效性。

（3）功能和职责要能覆盖企业的所有常规活动，以保证事有人干、人有活干。

（4）层次要清楚，称谓要统一。

（5）必须设置生产管理部和质量管理部（要分设），质量管理部一定要直属企业负责人领导，并下设 QA 和 QC 两个部门。

（6）应将组织架构形成书面文件，一般列出组织机构示意图。组织机构图要分级制定，有公司级和部门级。

2. 职责必须清晰明确

管理者应制定部门和员工的职责，确保各级部门和人员明确在质量管理体系内相互之间的关系，保证质量管理体系在企业组织的各个层面得以实施，制定职责时需注意以下几点。

（1）避免不同岗位间的职责重叠，或者相关领域的职责空缺。

（2）避免因为人员不足和职责太多而造成的职责不能充分履行，从而导致质量风险。

（3）职责描述应采用书面形式，表述应清晰明确，便于员工准确理解。

（4）职责描述可以针对某部门、某功能或某职位的职责进行详细描述，如生产部负责制订生产计划，下达生产指令，对生产投料、物料、设备及清场、环境、人员流动、文件执行等进行监督管理，负责工艺技术文件制定及管理，协助车间解决生产中问题；质量部负责供应商审计，生产过程监控，原辅包、中间品及成品检验，产品放行，验证，自检，投诉、ADR，制定、修订标准，工艺申报及变更等。

⚙ 缺陷举例

质量管理部门不是明确的独立机构，缺乏真正的决定权，有证据表明质量管理部门的决定常被生产部门或管理层否决。

（二）人员配置与培训

人员是组成 GMP 的第一要素，是软件和硬件系统的制定者和执行者，软件靠人来制定、实行，硬件靠人来设计、使用。药品是特殊商品，其质量取决于过程质量，过程质量取决于工作质量，而工作质量取决于人的素质，高素质的人员及合理的机构设置才能保证 GMP 的有效实施，最终保证药品质量。

出于对药品质量负责的需要，GMP 对关键人员的资质和经历有明确的规定，对其他人员只提出企业除应根据其工作内容和职责自行规定相应的个人学历和工作经验外，必须接受必要的培训。

1. 人员配置原则

企业应当配备足够数量并具有适当资质（含学历、培训和实践经验）的管理和操作人员，应当明确规定每个部门和每个岗位的职责。岗位职责不得遗漏，交叉的职责应当有明确规定。每个人所承担的职责不应当过多。

（1）岗位设置合理，职责明确，人员配置足够。

（2）生产负责人与质量负责人不得相互兼任，质量负责人与质量受权人可以兼任。

（3）有岗位职位说明书。

（4）职责通常不得委托给他人，确需委托的，需委托给具有相当资质的指定人员。

2. 关键人员

关键人员是指对企业的生产质量管理起关键作用、承担主要责任的人员，应当为企业的全职人员，至少应当包括企业负责人、生产管理负责人、质量管理负责人和质量受权人。其主要职责及其相互关系在《药品管理法》《药品生产监督管理办法》和 GMP 中也有明确规定。企业可以在这些法规基本要求的基础上，根据企业的实际架构和工作范围对关键人员的职责加以扩展并具体化。

（1）企业负责人是指《药品生产许可证》上载明的企业负责人，是企业的最高管理者，是药品质量的主要责任人，全面负责企业日常管理。为确保企业实现质量目标并按照本规范要求生产药品，企业负责人应当负责提供必要的资源，合理计划、组织和协调，保证质量管理部门独立履行其职责。

（2）生产管理负责人应当至少具有药学或相关专业本科学历（或中级专业技术职称或执业药师资格），具有至少 3 年从事药品生产和质量管理的实践经验，其中至少有 1 年的药品生产管理经验，接受过与所生产产品相关的专业知识培训。

（3）质量管理负责人应当至少具有药学或相关专业本科学历（或中级专业技术职称或执业药师资格），具有至少 5 年从事药品生产和质量管理的实践经验，其中至少 1 年的药品质量管理经验，接受过与所生产产品相关的专业知识培训。

（4）质量受权人应当至少具有药学或相关专业本科学历（或中级专业技术职称或执业药师资格），具有至少 5 年从事药品生产和质量管理的实践经验，从事过药品生产过程控制和质量检验工作。质量受权人由企业法定代表人确定，并与授权人签订授权书。

3. 其他人员

企业为完成日常生产、质量管理工作，除关键人员外，还需配备足够数量的一般人员，GMP 对其资质无严格限定，只提出企业除应根据其工作内容和职责自行规定相应的个人学历和工作经验外，必须接受必要的培训。其他特殊人员，如中药材、中药饮片验收人员应经相关知识培训，有 3 年以上相关经验和中药鉴别技能；从事 QC 人员应具中专或高中以上学历并经培训；特殊工种人员需有上岗证，如电工、锅炉工、电梯工、叉车工等。

4. 持续培训

为确保稳定生产出符合质量标准和预期用途的药品，制药企业要基于岗位职责所需的培训内容有组织、有计划地对员工进行培训。

GMP 要求所有人员应明确并理解自己的职责，熟悉与其职责相关的要求，并接受必要的培训，包括上岗前培训和继续培训。

员工要接受上岗前培训，意味着员工必须通过培训才可以获得上岗或独立操作的资格；员工要接受继续培训，意味着企业对员工的培训应该是长期的和有计划的工作，而不是一次性或临时性的工作。

（1）培训原则

培训要做到业务教育与德育教育并举，理论学习与实践运用并重，培训数量不是目的，培训质量是根本，最终的培训结果十分重要。

①系统性原则：在制订培训计划时要分清主次先后、轻重缓急，根据培训对象不同选择不同的内容和方式。

②制度化原则：把培训工作例行化、制度化，保证培训工作的贯彻落实。

③实用性原则：企业需要什么，员工缺什么，就要针对性地培训什么。

④分级原则：药品生产需要不同层次的人员组成团队，在培训时就要针对不同层次的人员进行分级培训。

⑤战略原则：企业必须以战略眼光从长远发展考虑 GMP 的实施，为企业发展注入新活力。

（2）培训内容及类型

培训内容分基础性培训和针对性培训。

基础性培训是一般性的 GMP 要求、法律法规和企业自身的基本要求，是制药企业员工应知应会的基础知识，适用于企业所有员工，培训内容可以由熟悉 GMP、法律法规和企业情况的培训师来进行培训；针对性培训是具体的专业操作、专业知识和特殊工种的资质培训，适用于进行相关操作的员工培训，需要由相关方面的专家（包括来自企业内部和外部的专家）或有资质的培训机构来进行培训。培训类型如下。

①入职培训：主要内容有公司概况、企业文化、员工手册、岗位职责、卫生知识、环境控制、着装、清洁程序等方面培训。

②常规培训：全体员工每年至少进行一次常规培训，内容有相关法律法规、GMP、SOP、安全生产、微生物等方面知识。

③特殊培训：如化验员、有毒有害、高温高压、精密仪器等。

④临时培训：如工艺、操作程序的变更，换岗、设备更新、新产品投入、偏差纠正等

（3）培训方法

为了保证培训的效果，制药企业可以根据培训的内容，采取不同的培训方式来实施培训，培训方法如下。

①课堂学习：培训者讲解，被培训者学习的培训形式。适用于一般性的 GMP 培训。

②岗位实际操作学习：培训者讲解、演示，被培训者模仿、完成操作的培训形式。适用于需要深度学习的专业操作和技能。

③团队学习：以小组讨论的形式来完成培训。适用于对新法规、新动态的团队谈论形式的学习和交流。

④自学：员工自行完成相应的培训内容。适用于简单的培训内容和有自学能力的员工。

⑤专业机构的专项培训：外部专业公司或培训公司组织的培训。对于有法规规定的特种作业，如电工、焊接、压力容器的操作等，必须经有资质的培训机构的培训并获得相应的资质证书。

⑥其他形式：例如通过 GMP 培训软件，网站会员等形式，使员工以有趣、互动的形式学习 GMP 相关的知识，或者通过视频教材来学习有关操作的内容。

（4）效果评估

GMP 规定应定期评估培训的实际效果。培训的评估可以通过每次培训时的提问或测验来评估员工对培训内容的掌握情况，或者通过组织全员性的考试，来评估企业员工的 GMP 素质。评估可以划分相应的级别，可以分为通过或不合格，也可以采用具体的分值制。无论采取何种评估方式，都需要明确员工是否达到了相应的培训效果，是否需要再次培训。

针对员工的培训情况需要每年进行总结。总结应至少包括培训完成情况和培训结果的评估情况。以确定员工是否按照培训计划完成了相应的培训，并且是否所有的培训均达到了相应的效果。

缺陷举例

1. 高风险产品生产企业的质量管理负责人无药学或相关专业本科学历（或中级专业技术职称或执业药师资格），且对其负责的工作缺乏足够的实践经验。

2. 企业的生产管理负责人无药学或相关专业本科学历（或中级专业技术职称或执业药师资格），且对其负责的工作缺乏足够的实践经验。

3. 质检中心中药材检验人员的显微鉴别操作不熟练，调阅电脑中显微鉴别记录图片，少数图片不能明显反映相应药材的显微特征。

4. 部分岗位员工培训效果不佳，如固体制剂车间（A 线）的制水操作工不熟悉纯化水系统的消毒操作规程。

5. 部分岗位人员操作培训不到位，如 QC 检验人员在进行包材铝塑组合盖（批号：NB04001–202005001）检测时，将铝塑组合盖的高度数据记录为重量数据。

6. 部分人员 GMP 岗位培训效果不佳，如合成五车间管理人员对进入洁净区的人员控制数不熟悉；合成二车间精烘包粉碎岗位操作工对气流粉碎机清洁操作不熟练。

7. QC 部分岗位人员培训不到位，高温室电热鼓风干燥箱（设备编号：204159），药用基准物质干燥与薄层板活化同一时间段使用，两者所需温度不一致。

（三）人员健康与卫生

污染是影响药品质量安全的最重要因素，人是药品生产中最大的污染源和最主要的传播媒介，在药品生产过程中，生产人员总是直接或间接地与药物接触，对药品质量发生影响。一方面是人员的身体状况产生的，另一方面是由个人卫生习惯造成的，因此必须加强人员的卫生管理和监督，为保证药品质量提供必要条件。

1. 人员健康管理

人员的健康状况对药品质量、安全存在隐患。因此药品生产企业在招收员工时，要对他们进行健康检查，要确保新员工不患有急慢性传染病，还要根据员工安排的具体岗位性质再确定其他具体体检项目。

任何患有传染病或传染病的健康带菌者，均不得从事药品生产；任何有外部伤口的人员不得从事处理暴露的原料、中间体和散装成品的工作。如发现职工患皮肤病、传染病或有外伤，应马上调离与药品直接接触的生产岗位。

因病暂时离开岗位的人员，康复以后必须持盖有医院印章的医生开具的合格证明，方可考虑重新上岗。

如人员身体不适，应主动报告，经核实不符合工作要求后，调离岗位。

2. 人员卫生管理

人员卫生这一概念涵盖的内容包括：人员从事生产操作时所穿的服装、个人卫生、行为准则、手部的清洗和消毒、人员健康要求以及相关培训。

（1）手的卫生控制

手是工作所使用的最重要的工具之一。从事药品生产过程中必须勤洗手、勤剪指甲，保持手的清洁。生产人员在进入不同级别的洁净室前，应使用流动水和液体皂洗手，皂应放在洗手池上方专用的装置里。手在洗涤后要消毒，应规定消毒剂的有效期。手消毒后，不再接触与生产无关的物品，并避免裸手直接药品。

（2）身体其他部位的卫生控制

人的体表经常排出很多物质，如汗液、鼻屎、耳内分泌物、眼泪等，会间接污染药品。因此药品生产人员必须定期洗澡、勤理发、不留胡须。

药品生产过程中还必须对身体尤其是口、鼻、头发进行覆盖，在敞口产品附近不可讲话，不打喷嚏、不咳嗽，防止对药品产生污染。

（3）个人在工作场所的卫生管理

任何人员进入生产区必须按规定更衣和着装，当生产人员离开工作场所（如吃饭、上厕所）时，也必须更衣。

进入洁净生产区的人员不得化妆、佩戴饰物和手表，工作时不携带个人物品进入生产区，应当事先对个人卫生、更衣等事项进行指导。人员的现场数量要按经验证的人数限度进行控制。

（4）工作服管理

①选材：工作服的材质要发尘量少，不脱落纤维和颗粒性物质，不起球、不断丝、不黏附粒子，质地光滑，洗涤后平整、柔软、穿着舒适；洁净室的工作服材质还需要具有良好的过滤性，保证人体和内衣的尘粒不透过，同时耐腐蚀，对洗涤和清毒处理及蒸汽加热灭菌有耐久性，可使用优质100%涤纶长丝＋导电纤维且通过相应密度的织造。

②式样和颜色：工作服的式样及颜色企业可自定，应线条简洁、色彩淡雅；各区域的工作服装式样、颜色分明，易于区分不同的生产和洁净级别区域，并有编号；不同空气洁净级别的工作服不能混用。洁净服不设口袋，接缝处无外露纤维，领口、袖口、裤口等要加松紧口，不应有纽扣；生产人员与非生产人员、维修人员与操作人员，参观人员的服装式样和颜色应有所区别。

③穿戴：根据各生产区域的规定穿戴工作服装，并遵守净化程序。穿戴工作服装后要对着镜子检查穿戴工作服装的情况，要求帽子要包盖全部头发、口罩要罩住口鼻、衣服要拉好、鞋子要提好等。离开生产场地时，必须脱掉所有工作服。

④清洗：药品生产企业的工作服清洗应根据不同洁净区要求制定规程。一般生产区的工作服及工作鞋需要定期清洗，以保证工作服及工作鞋的洁净。如在D级空气洁净度级别的洁净区工作，至少每天洗1次洁净衣、裤、帽和口罩；更换品种时，必须换洗工作服；工作鞋每周至少洗2次。洁净工作服装清洗后的存放周期，应经过验证，清洗干燥后的工作服要逐套装入衣物袋内存放。

缺陷举例

某企业洁净区内更衣间未配备整衣镜。

二十二、浅析无菌药品生产污染控制重点

2024 年 2 月 27 日，中国医药设备工程协会无菌药品先进制造专业委员会组织编写了《无菌药品生产污染控制策略技术指南》，该指南分为 9 大章，包括总则、污染控制策略 (以下简称 CCS) 的制定、质量体系在污染控制策略中的作用、污染控制策略的基础、污染控制策略的控制要素、污染控制策略的监控和有效性分析、术语、附录，参考法规、指南和文献。CCS 适用于无菌药品的微生物、热原 / 内毒素和微粒的污染控制实践，不涉及交叉污染的相关要求。该指南虽不具有强制性，但作为药品生产企业防污染的技术参考，对于药品监管人员加强对污染控制的理解很有指导意义。CCS 也是药品 GMP 的核心目的之一，目的是最大程度降低药品生产过程中引入污染的风险，保证药品质量和患者用药安全。

（一）如何制定 CCS

CCS 是基于对产品和工艺的理解而建立的一套针对微生物、热原 / 内毒素和微粒的计划性控制措施。

1. 需要有详细的技术和工艺知识

制定 CCS 需依赖于详细的技术和工艺知识，从整体角度出发，融入风险防控意识，考虑涵盖厂房设施、设备、人员、公用系统、物料、产品和工艺、环境监测等与生产过程密切相关的所有污染防控要素，并建立各要素之间的相互联系，实现全面且主动的污染控制。

2.CCS 文件有措施

CCS 文件应将所有控制措施一起列出，包括其控制原理和支持性规程和报告，以便整体确认和评估这些措施。

3. CCS 持续更新

CCS 的制定不是一次性的行为，应在质量体系中持续更新，还应定期对污染控制措施进行回顾，从而推动企业对 CCS 进行持续改进。如质量变更控制、文件修订、参数监控调整、再验证周期调整、质量改进计划等。

4. 按产品类型或生产线分别制定 CCS

对于有多条生产线和多个产品品种的企业，可以按产品分别书写污染控制策略文件；也可以在企业"主污染控制策略文件"的框架下，相同类型的生产线或产品书写一份"子污染控制策略文件"，以实现体系化管理。

（二）质量体系在 CCS 如何体现

指南要求 CCS 纳入到企业的质量体系中，以进一步完善并加强质量体系的持续稳定运行。CCS 的制定、维护及有效性检查等整个生命周期均需以强有力的质量体系为支撑。

1. 质量风险理念贯穿 CCS 全程

在 CCS 开发和维护过程中，均需要使用质量风险管理理念，包括识别、评估、降低和控制污染风险。当开发 CCS 时，企业需通过风险评估审阅目前各控制要素相关的风险有哪些，如何控制，采取哪些措施。

2. 评估所有可能产生污染的变更

任何对产品和工艺、厂房设施、设备、物料等各控制要素的变更，均需评估所可能产生的微生物、热原/内毒素和微粒的污染，并有可能触发整个 CCS 的临时审阅和更新。

3. 调查生产全程的不良事件

CCS 相关的调查可能来自多个方面，如生产过程控制、物料及产品检验、环境监测、不良趋势、工艺验证、清洁验证及产品投诉等，调查是检验污染控制策略有效性的重要手段，以确保 CCS 各要素的持续改进和完善。

4. 实施 CAPA（纠正措施和预防措施体系）提升控制污染水平

通过实施 CAPA，可使污染控制水平不断提升，及时解决 CCS 中存在的问题。在建立和执行 CAPA 过程中，不仅要考虑 CAPA 直接针对的控制要素，还要考虑对其他 CCS 控制要素的间接影响。

5. 利用趋势分析及时发现污染隐患

利用趋势分析可以评估一个特定时间段内各控制要素指标的运行情况，及时发现污染隐患。任何不良趋势，都是 CCS 需要重点关注和评估的内容，如温湿度、环境监测、各类报警、过滤器 / 隔离手套完整性测试等的不良趋势，都需要经过全面和详尽的调查和分析。

6. 供应商管理纳入 CCS

供应商资质确认和审计，均需要将 CCS 纳入评估和检查范畴。考虑到物料相关的控制要素，在供应商管理中，企业需要从该物料在企业的用途和洁净级别等角度，考虑物料包装形式、生产环境等因素，以降低物料使用中的污染风险。

7. QC（质量控制）作为污染监控重要手段

QC 包括对原料、产品、验证样品等的检验，它是监测和监控污染控制要素的重要手段。质量标准应考虑包括微生物、热原 / 内毒素及微粒相应标准的设定。质量控制实验室需保证检验数据的完整性和可靠性，减少实验室错误结果的产生。

（三）CCS 要求的知识点

1. 生产系统的认知

对生产系统的认知是污染控制策略制定和实施的基础之一，如洁净区级别划分、人流及物流的设计 HVAC、水系统、人员更衣、环境监测、人员控制、物料控制。

2. 产品和工艺知识

要了解产品的特性及产品受到污染的可能性，掌握产品在生产工艺的每个环节，在兼顾风险与收益的同时，保障尽可能少的污染引入，及有效的污染去除。

3. 微生物、热原／内毒素及微粒知识

应对污染物的性质、来源及去除的方法和原理等有较深刻的认知，以便在分析污染和制定措施时能作出正确判断。如微生物的生长及行为特性，细菌内毒素的产生和去除方法，微粒的来源及分类等。

4. 质量意识及人员素质

企业制定的 CCS 是否可以有效落地实施，人员的质量意识及素质起重要作用，如高层管理者在污染控制管理中的角色及作用、是否有具备相关专业知识和能力的操作人员等。

（四）CCS 控制要素

1. 厂房设施

要对厂房设施进行全生命周期的整体考量，如洁净级别、空调系统、物理隔离、人流／物流通道、清洁消毒、虫害控制、建筑装修材料等都应该在厂房设施设计时充分考虑。厂房设施的日常压差控制是最有效防污染的手段之一，要确保来自人员的微生物和微粒污染不会对产品和洁净室产生影响。无菌药品的灭菌方式应尽可能采用湿热灭菌方式进行最终灭菌，对热不稳定的产品，可采用无菌生产操作或过滤除菌的替代方法。

2. 设备

设备设计、使用、维护与维修、定期回顾等都是 CCS 重点和关注点。设备的设计需避免设备材质产生颗粒污染风险，能耐受所用清洁剂和消毒剂，设备表面光滑无缝隙、无死角，易于清洁和消毒，最大程度减少在无菌区的设备

组装操作，尽可能在无菌区外完成常规的设备维护维修，RABS（限制进出屏障系统）或隔离器内部的设备构造和人员操作避免隔离手套的过度拉伸。应规定设备的拆装顺序标准化、设备生产结束至清洁前所允许的最长间隔时限，确保已清洁、消毒或灭菌设备免受污染，确保标识和物理隔离本身不会带来污染风险。

3. 人员

无菌药品生产人员已完成相关培训并通过考核，参观人员必须由受过培训的人员陪同，良好的穿衣程序通过洁净室性能确认，基于风险和验证确定洁净服的清洁／灭菌频次，规定清洁／灭菌条件及清洁／灭菌后的储存期限、可耐受的清洁／灭菌次数。

进入 A/B 级区域的无菌过滤和灌装人员，进入之前必须洗手，更换 B 级护目镜和 B 级袜子，穿上无菌连体服、靴子、口罩和无菌手套。进入 A/B 级区域工作的员工还需通过特殊的培训和更衣资质的认证。更衣资质认证分为理论培训、实际操练、洁净服取样和过程确认。每一个房间都通过环境监测（EM）性能确认对最大人数进行确认。对于 A 级无菌生产房间，最大人数还需要通过无菌工艺模拟中进行确认。

4. 最终灭菌工艺要求

最终灭菌工艺是将融封／密封的产品进行终端灭菌，工艺核心在于终端灭菌工艺的控制，灌装和密封在 C 级背景下的局部 A 级中进行，常用湿热灭菌法进行灭菌，适宜于大容量和小容量注射剂。最终灭菌工艺有可能污染产品的过程，包括配料、溶液配制和减菌过滤、容器的清洗和消毒／灭菌、容器的准备、容器密封件的准备、灌封、直接接触产品部件的清洁和消毒／灭菌、产品的灭菌、最终处理、已灭菌产品的贮存和转运。

5. 非最终灭菌工艺要求

相对于最终灭菌工艺，非最终灭菌工艺的无菌风险要大很多，要求对操作的每个环节和步骤进行无菌控制，强调对生产工艺每个环节的把控。非最终灭菌制剂工艺主要由配液、除菌过滤、无菌灌装、压塞、冻干（如有）、轧盖、灯检、包装等工序组成。配制工序宜封闭操作，如为非密闭操作，至少在 A 级送风环境下进行。

除菌过滤的污染风险主要来自滤芯本身的污染风险和无效的除菌过滤带来的风险。日常除菌过滤过程中的工艺监控，应结合除菌过滤工艺验证的参数进行监控并记录，一旦任何验证的参数发生变化，应进行评估，确定是否需要重新进行除菌过滤系统的工艺验证。除菌过滤器，使用前后应进行完整性测试，并建立相应的操作规程。

6. BFS 工艺

吹、灌、封（Blow/Fill/Seal）"三合一"无菌灌装工艺（以下简称 BFS 工艺）下，BFS 设备可在计算机程序控制下完成所有物料管线的 CIP/SIP（在线清洗/在线灭菌），使制瓶、灌装、封口三种工艺过程均在 A 级风淋或洁净空气保护下的同一无菌环境中完成。

7. FFS 工艺

制袋灌封法 (form–fill–seal,FFS) 是集制袋、灌装、封口三位一体的全自动大输液软袋产品生产设备。整个生产过程实现了全自动、无人为操作、密闭灌装，产品质量稳定可控，整个过程在 C 级背景下 A 级送风条件下进行。

（五）CCS 各控制要素的相互联系

建立和执行 CCS，需要考虑各要素间的相互联系，以便实现更加全面的污染控制，提高污染控制的有效性。GMP 中的每个要素要求都是 CCS 体系的一部分，包括厂房设施的设计、物料管理、人员培训等。单一要素的执行，并不能保证 CCS 一定成功；但 CCS 的成功必然是通过整体性管控，所有要素共同作用的结果。

（六）CCS 的监控和有效性分析

CCS 的总体有效性应每年进行评估，以监测与工艺、产品、人员和设施、公用系统相关的污染控制的有效性。通过对这一年度重要的变化，包括变更控制、验证活动、关键工艺参数进行回顾，确定是否对污染控制有一定影响，现有的 CCS 文件是否包含了这些变化；通过对质量数据以及趋势分析，确定是否有异常或者不良影响，以确定现有污染控制手段是否有效。

二十三、从《药品召回管理办法》谈药品召回

新修订的《药品召回管理办法》(以下简称《办法》)自 2022 年 11 月 1 日起施行,《办法》第三条规定:"本办法所称药品召回,是指药品上市许可持有人(以下称持有人)按照规定的程序收回已上市的存在质量问题或者其他安全隐患药品,并采取相应措施,及时控制风险、消除隐患的活动。"自 2007 年《药品召回管理办法》实施以来,笔者在实际工作中发现,有些持有人或生产企业责任意识不够强,对药品召回还存在顾虑,认为召回会造成经济损失和负面影响,还要承受公众和媒体的"误解",甚至可能导致企业遭到信任危机。

因此,个别持有人或生产企业存在主动召回不够积极、启动召回不够迅速、召回药品不够彻底、对产品召回系统的有效评估不足等问题。

(一)召回的法规要求

1.《药品管理法》第八十二条规定

药品存在质量问题或者其他安全隐患的,药品上市许可持有人应当立即停止销售,告知相关药品经营企业和医疗机构停止销售和使用,召回已销售的药品,及时公开召回信息,必要时应当立即停止生产,并将药品召回和处理情况向省、自治区、直辖市人民政府药品监督管理部门和卫生健康主管部门报告。

药品生产企业、药品经营企业和医疗机构应当配合。药品上市许可持有人依法应当召回药品而未召回的,省、自治区、直辖市人民政府药品监督管理部门应当责令其召回。

2.GMP 第二百九十三条规定

企业应当建立产品召回系统,必要时可迅速、有效地从市场召回任何一批

存在安全隐患的产品。第三百零五条又规定，应当定期对产品召回系统的有效性进行评估。

3. 新修订《办法》强调

持有人是控制药品风险和消除隐患的责任主体，主动召回是持有人履行药品全生命周期管理义务的重要组成部分。

持有人应当树立药品质量安全主体意识，对存在危害性和风险隐患的药品，积极主动消除隐患、实施召回、降低危害，保障用药安全。

（二）MAH 主体责任

1. 召回的主体责任人

《办法》第五条规定，持有人是控制风险和消除隐患的责任主体，应当建立并完善药品召回制度，收集药品质量和安全的相关信息，对可能存在的质量问题或者其他安全隐患进行调查、评估，及时召回存在质量问题或者其他安全隐患的药品。

2. 信息公开义务

《办法》第九条规定，持有人应当制定药品召回信息公开制度，依法主动公布药品召回信息。

3.MAH 应当收集与召回有关的信息

《办法》第十条规定，持有人应当主动收集、记录药品的质量问题、药品不良反应 / 事件、其他安全风险信息，对可能存在的质量问题或者其他安全隐患进行调查和评估。

4. 上市公司信息披露义务

《公开发行证券的公司信息披露编报规则第 25 号—从事药品及医疗器械业务的公司招股说明书内容与格式指引》第十三条规定，发行人应披露报告期内下列与公司经营资质及业务合规性有关的信息：报告期内是否发生产品召回、导致医疗事故或医疗纠纷及其他质量和安全性事项，是否受到行政处罚，并披露具体情况。

（三）召回的基本要求

1. 药品产、供、用单位的报告义务

《办法》第六条规定，药品生产企业、药品经营企业、药品使用单位发现其生产、销售或者使用的药品可能存在质量问题或者其他安全隐患的，应当及时通知持有人，必要时应当暂停生产、放行、销售、使用，并向所在地省、自治区、直辖市人民政府药品监督管理部门报告，通知和报告的信息应当真实。

2. 药品产、供、用单位的配合义务

《办法》第五条规定，药品生产企业、药品经营企业、药品使用单位应当积极协助持有人对可能存在质量问题或者其他安全隐患的药品进行调查、评估，主动配合持有人履行召回义务，按照召回计划及时传达、反馈药品召回信息，控制和收回存在质量问题或者其他安全隐患的药品。

3. 质量问题或者其他安全隐患的定义

《办法》第四条规定，本办法所称质量问题或者其他安全隐患，是指由于研制、生产、储运、标识等原因导致药品不符合法定要求，或者其他可能使药品具有的危及人体健康和生命安全的不合理危险。

对于质量问题或者其他安全隐患，NMPA 在政策解读中进一步指出，药品召回是指持有人按照规定的程序收回已上市存在质量问题或者其他安全隐患的药品，并采取相应措施，及时控制风险、消除隐患的活动。包括药品研制、生产、储运、标识等原因，不符合 GMP、GSP 等要求，以及标签说明书不完善等导致的质量问题或者其他安全隐患。

对有证据证明可能危害人体健康，而被药品监督管理部门根据《药品管理法》的规定依法查封、扣押的药品，不属于本《办法》召回范围。

4. 召回药品的范围

当前我国在西药、中成药、疫苗、药械组合中已经实施药品上市持有人制度，前述药品符合《药品管理法》中的定义。

根据《办法》第三十二条规定，中药饮片、中药配方颗粒的召回，其生产企业按照本办法实施。前述药品被解除查封、扣押后仍应按照有关召回规定予以处理。

5. 召回的分级

根据药品质量问题或者其他安全隐患的严重程度，药品召回分为一级召回、二级召回、三级召回。

一级召回：使用该药品可能或者已经引起严重健康危害的。

二级召回：使用该药品可能或者已经引起暂时或者可逆的健康危害的。

三级召回：使用该药品一般不会引起健康危害，但由于其他原因需要收回的。

6. 质量事件情形及分组

药品质量事件包括：

（1）药品留样观察或稳定性考察发现不合格。

（2）用户（患者、医生、经销商）投诉药品质量情况，经调查属实的。

（3）国家食品药品监督管理部门或其他有关部门抽检通报有质量问题的药品。

（4）药品包装标签说明书内容或者设计印制存在缺陷，影响用药安全的。

（5）其他执行国家有关的药品召回规定的。

药品质量事件分级：

（1）一级召回出现差错的产品（标签和内容物不一致）；规格有误的产品，且会导致严重医疗后果；受到污染的产品将会导致严重医疗后果；产品活性成分出现错误导致严重医疗后果。

（2）二级召回标签出现错误，如错误或遗漏文字、数据可能引起误用；导致医疗后果的微生物污染的产品；化学或物理污染（严重杂质、交叉污染、颗粒物）；不符合质量标准、如含量、稳定性、装量或其他。

（3）三级召回生产批号或者有效期有误或遗漏；包装不完整；产品在有效期内稳定性考察或留样超出法定质量标准；药品包装标签说明书内容或者设计印制存在缺陷，影响用药安全的。

7. 召回的分类

分为主动召回和责令召回。

（1）主动召回

持有人经调查评估后，确定药品存在质量问题或者其他安全隐患的，应当立即决定并实施召回，同时通过企业官方网站或者药品相关行业媒体向社会发布召回信息。实施一级、二级召回的，持有人还应当申请在所在地省、自治区、直辖市人民政府药品监督管理部门网站依法发布召回信息。

（2）责令召回

有如下情形之一的，省、自治区、直辖市人民政府药品监督管理部门应当责令持有人召回药品。药品监督管理部门经过调查评估，认为持有人应当召回药品而未召回的；药品监督管理部门经对持有人主动召回结果审查，认为持有人召回药品不彻底的。

（四）药品召回体系的搭建

1. 成立召回领导小组

企业高级管理层（质量管理负责人或质量受权人）做出召回决策后，应立即成立召回领导小组，准备具体的召回计划和执行召回行动。召回领导小组成员由 QA、生产部、财务部、销售部、QC、储运部等负责人或相关技术人员组成；并对领导小组成员明确职责及责任分工。

2. 召回启动

持有人作出药品召回决定的，一级召回在 1 日内，二级召回在 3 日内，三级召回在 7 日内，应当发出召回通知，通知到药品生产企业、药品经营企业、药品使用单位等，同时向所在地省、自治区、直辖市人民政府药品监督管理部门备案调查评估报告、召回计划和召回通知。

3. 报告召回进展

持有人在实施召回过程中，一级召回每日，二级召回每3日，三级召回每7日，向所在地省、自治区、直辖市人民政府药品监督管理部门报告药品召回进展情况。召回过程中，持有人应当及时评估召回效果，发现召回不彻底的，应当变更召回计划，扩大召回范围或者重新召回。

4. 召回药品管理

持有人应当明确召回药品的标识及存放要求，召回药品的外包装标识、隔离存放措施等，应当与正常药品明显区别，防止差错、混淆。召回药品需要销毁的，应当在持有人、药品生产企业或者储存召回药品所在地县级以上人民政府药品监督管理部门或者公证机构监督下销毁（即持有人可以根据自身实际，选择在经营或使用所在地药品监督管理部门或者公证机构监督下销毁，不必将全国范围流通的药品统一收回到持有人所在地销毁，以减轻不必要的储运成本等）。

5. 召回产品评估与处理

召回领导小组应及时组织有关人员，必要时组织有关专家进行评估。
评估的主要内容：
（1）药品引发危害的可能性，以及是否已经对人体健康造成了危害。
（2）对主要使用人群的危害影响。
（3）对特殊人群，尤其是高危人群的影响，如老年人、儿童、孕妇、肝功能不全者、外科病人等。
（4）危害的严重性及紧急程度。
（5）危害导致的后果，调查评估结束应形成调查评估报告。

6. 总结报告及CAPA

召回完成后，召回工作小组应提出完整的召回总结报告，包括售出产品及召回产品之间的数量平衡计算；如有差额，应有合理的解释和/或必要的处理措施；对召回活动、召回效果、召回产品的处理情况等做出评价，经召回领导小组长批准后，在召回完成后 10 个工作日内，将药品召回和处理情况向企业所在地省级药品监督管理局和省级卫生健康主管部门报告。在启动召回的同时，就应针对引发药品召回原因启动 CAPA 程序；在召回实施过程中，也可能针对召回系统本身启动 CAPA 程序，执行"纠正和预防措施管理规程"。

7. 记录文件保存

所有进行召回的相关记录、文件要进行归档，记录应当保存 5 年且不得少于药品有效期后 1 年。

8. 民事赔偿

持有人应当具备法律要求的责任赔偿能力，建立责任赔偿的相关管理程序和制度，实行赔偿首负责任制。责任赔偿能力应当与产品的风险程度、市场规模和侵权损害人身伤残赔偿标准等因素相匹配。持有人应当具有责任赔偿能力相关证明或者相应的保险购买意向书、商业保险购买合同等。

赔偿费用包括：

（1）药品购入费用。

（2）运费、保管费。

（3）处理销毁已召回药品的费用。

（4）诉讼费用。

9. 召回系统有效性评估

为了使召回行动在必要时能够及时有效启动，应当定期对召回系统进行评估，确保其有效性。评估可以通过模拟召回的方式进行演练，演练的过程和结果应进行记录，评估要点如下。

（1）模拟召回一般每年 1 次（或根据企业实际及文件规定 2~3 年 1 次），如此期间有真正的召回发生，可以不进行模拟召回。

（2）各项行动时间、进展情况记录及时报告给召回负责人。

（3）建议设置药监角色。

（4）在规定时限内找到所有相关批次和产品的使用信息。

（5）在规定时限内通知到所有的相关方，包括客户和药监部门。

（6）每年模拟选择不同品种、不同市场。

（7）针对覆盖范围最广产品进行。

（8）针对主流产品进行。

（9）选择最难情景组织实施，通常选择一级召回进行模拟。

召回管理的有效性评估不足，可能导致企业难以发现召回系统的漏洞，难以对召回系统进行改进，在必要时甚至无法及时有效的启动召回。

⚙ 缺陷举例

1. 未制定召回操作规程，召回程序不规范。

2. 模拟召回无模拟上报环节。

3. 召回的产品缺少相应标识，未隔离单独存放。

4. 产品召回记录不详细，缺少召回药品的品种规格信息，召回数量与发运数量不平衡。

5. 企业产品模拟召回报告中，未体现经销商的反馈结果，不能证明召回系统的有效性。

6. 企业未按照《产品召回管理规程》（编号：SMP-FY-003-00）"应当每年一次对产品召回系统的有效性进行评估"的规定开展年度模拟召回

7. 多次模拟召回采用相同召回原因。

8. 企业召回演练后，未对系统的有效性进行评估。

9. 企业未向社会发布召回信息，未建立召回信息公开制度。

10. 企业未对召回药品进行分级，召回产品的过程记录不完善。

11. 召回的产品未在每一个包装容器上都挂有清晰醒目的标志。

12. 对召回药品擅自进行了销毁，未报告所在地药品监管部门，销毁过程缺少相关记录。

13. 在未真正发生过召回的情况下，没有开展过模拟召回。

14. 模拟召回涵盖的召回步骤不全，遗漏了部分步骤。

15. 模拟召回流于形式，有记录，但是实际没有开展过。

第二章　设施设备

一、从 GMP 谈设备生命周期管理

《药品生产质量管理规范》（GMP）第七十一条规定，设备的设计、选型、安装、改造和维护必须符合预定用途，应当尽可能降低产生污染、交叉污染、混淆和差错的风险，便于操作、清洁、维护，以及必要时进行的消毒或灭菌。药品生产企业现在基本采用自动化或半自动化设备量化生产模式，药品的质量、产量、成本多依赖于设备的运行状态及运行效率，建立有效、规范的"设备管理"体系，确保所有生产设备自设计、选型、安装、改造、使用直至报废的设备生命周期全过程均处于有效控制中，并持续保持设备的此种状态，是当前药品生产企业设备管理的主要目标。

（一）设备的 URS 和设计

URS 是用户需求标准，是对设备、厂房、硬件设施等根据使用目的、环境、用途提出的使用要求标准。简单说，就是用户对设备厂家提出的有关配置与制造标准等的要求，内容涉及材料选择（如对接触药品多用 316L 超低碳不锈钢，不接触药品的重要部位多选用 304 不锈钢）、工艺要求（满足工艺流程和工艺参数）、设备结构（便于操作）、生产计划、设备操作、产品工艺、质量控制、EHS（环境、健康与安全管理体系）、生产效率、设备维修、清洗要求等，URS 一般由用户自己编写，也可联合设备生产商共同编写，经用户验证人员、质量部门共同审批，通常是工艺图（表）配以文字、参数等形式的技术文件。URS 是设备生产商设计、制造设备的依据，良好的 UPS 不仅要考虑工艺要求，而且要考虑与 GMP 的符合性及验证要求。

（二）设备的验证和验收

设备验证和验收包括制药设备的工厂测试、现场测试、4Q（设计确认DQ、安装确认IQ、运行确认OQ、性能确认PQ）和验证状态维护，以确保药品生产设备能够满足药品生产的需求。

验证是通过文件证明所需验证的系统达到预期的标准和操作一致性，包括所有影响质量的操作。URS、试运行文件（FAT、SAT）对设备确认、验证起重要支持作用。DQ是确认设计与GMP及使用用途的符合性，一般针对定制系统进行，DQ应包含用户需求标准、设计标准、供应商评估等；IQ是整体安装情况评价及按GMP要求，对校准、维护、证明和资料的检查；OQ是动态确认，证明设备能一致、连续地符合用户要求的功能标准；PQ是通过文件证明在其设定的参数下进行生产时能够连续、一致地达到预设定的标准。

验证状态的维护包括变更控制、回顾性验证、再验证，其对设备始终处于"验证的"和"受控的"状态非常关键，也是GMP所要求的。应定期对生产设备进行回顾性验证，并且在生产设备更新、重新启用、重大维修或技术改造后，重新组织验证。

（三）设备的使用和清洁

主要生产和检验设备都应当有明确的操作规程，生产设备应在确认的参数范围内使用。生产设备应有明显的状态标识，标明设备编号和内容物（如名称、规格、批号）；没有内容物的应当标明清洁状态。不合格的设备如有可能应当搬出生产和质量控制区，未搬出前，应当有醒目的状态标识。

生产设备清洁的操作规程应当规定具体而完整的清洁方法、清洁用设备或工具、清洁剂的名称和配制方法、去除前一批次标识的方法、保护已清洁设备在使用前免受污染的方法、已清洁设备最长的保存时限、使用前检查设备清洁状况的方法，使操作者能以可重现的、有效的方式对各类设备进行清洁。如需拆装设备，还应当规定设备拆装的顺序和方法；如需对设备消毒或灭菌，还应当规定消毒或灭菌的具体方法、消毒剂的名称和配制方法，必要时，还应当规定设备生产结束至清洁前所允许的最长间隔时限。

（四）设备的维护和维修

设备维护管理分为预防性维护和故障维修。

预防性维护，即通过一定的技术手段，对设备各部位进行状态监测，提前发现设备故障的发生趋势，在设备故障还未发生时采取措施，排除故障隐患。企业应当制定设备的预防性维护计划和操作规程，设备的维护和维修应当有相应的记录。根据设备运行记录和设备状况，每年年初制定合理的年度设备大、中修计划，并根据维修计划提前做好设备备件购置和加工工作，确保设备大、中修计划顺利实施。制药设备润滑管理是设备管理的重要组成部分，也是生产管理的组成部分，应根据润滑 SOP 及润滑部位，合理选择符合标准的润滑剂。所用的润滑剂、冷却剂等不得对药品或容器造成污染，应当尽可能使用食用级或级别相当的润滑剂。

故障维修，即维修工作在设备发生故障后才实施，设备故障可分为设计故障、运行故障两类。设计故障是设备在设计、选材、制造、装配等方面的不当造成设备固有缺陷引起的故障，是设备前期管理所带来的故障。运行故障则是由于设备安装调试、运行操作、日常保养、维修检修以及自然磨损等因素所造成的故障，是设备在运行管理中所带来的故障，按发生故障部位、发生的原因、报警显示方式、性质、干扰等来分类判断故障原因，进而提高维修效率。关键设备发生故障时，应该按照偏差管理上报 QA，同时要求对设备进行维修并制定相应的 CAPA。如瓶装生产线上数粒机不准，属于重大偏差，应先查找原因，并对之前使用该设备分装的产品进行追踪，考察是否存在每瓶数量不符的情况，找到故障原因后及时进行维修，完成后再次对数粒机的性能进行确认，并在以后的 PA 中增加对该关键部件的测试与检查。

（五）设备的资料管理及校准

建立一套有效、规范、切实可行的设备技术资料管理模式，保证设备资料的编写、修订、存档、发放及收回工作安全、可靠、有序，使生产、维修活动得以正常进行。技术资料包括购买合同、技术要求、用户需求、使用说明书、维修手册、设计、制造、安装施工记录及竣工图纸等，一般不少于两套，一套交资料室存档，另一套用于生产、维修。

应当按照操作规程和校准计划定期对生产和检验用衡器、量具、仪表、记录和控制设备以及仪器进行校准和检查，并保存相关记录。校准记录应当标明所用计量标准器具的名称、编号、校准有效期和计量合格证明编号，确保记录的可追溯性。应建立计量管理规程、校准台账计划、校准 SOP、校准记录表、偏差处理和变更控制流程等。校准分为周期性校准和日常校准检查，如用于物料称量的电子天平，在每天使用前使用标准砝码对电子天平进行校准检查，对QC 实验室常用的一些检验仪器，如 UV、IR 等，除了执行一年一度的强检之外，还应进行半年一次的校准检查。在生产、包装、仓储过程中使用自动或电子设备的，应当按照操作规程定期进行校准和检查，确保其操作功能正常。

二、制药用水系统检查要点及常见缺陷举例

制药用水是指制药工艺过程中用到的各种质量标准的水。水系统指水处理设备及其输送系统，其设计、安装、运行和维护应当确保制药用水达到设定的质量标准。

在 GMP 符合性检查中，个别企业制水系统的管理流于形式，如存在水系统设计不科学，日常运行维护不规范，周期消毒、灭菌不符合要求，制水岗位人员培训不到位等问题，针对水系统检查什么，如何检查，笔者结合工作实践谈谈个人体会。

（一）查原水标准及制药用水用途

在《中国药典》2020 年版四部中，制药用水有饮用水、纯化水、注射用水、灭菌注射用水。GMP 第九十六条规定，制药用水应当适合其用途，并符合《中华人民共和国药典》的质量标准及相关要求。制药用原水至少应当为管网饮用水或企业自制的达到饮用水标准的水。

1.原水是否符合饮用水标准，是否定期对原水进行质量检验并出具检测报告。

2.是否依据《中国药典》及 GMP 建立了"制药用水管理规程"，规程中规定选用的制药用水是否符合《中国药典》及产品工艺要求。

3. 是否在制水岗位配备必要的检验用试剂、仪器、器具用于电导率、酸碱度的监测，并有监测记录。

⚙ 缺陷举例

1. 没有对饮用水进行监测且取水点选择不合理，不具有代表性。

2. 纯化水系统Ⅲ制水间电导率仪（DDS-307A）未校准。

3. 制水间测定 pH 值用的缓冲液标签上的名称（邻苯二甲酸盐标准缓冲液）未按现行版《中国药典》规定标准名称（苯二甲酸盐标准缓冲液）进行标识。

（二）查水系统设备设计及运行合理性

水处理设备及其输送系统的设计、安装、运行和维护应当确保制药用水达到设定的质量标准，水处理设备的运行不得超出其设计能力。

1. 水系统结构设计是否简单、可靠、拆装简便，是否符合生产工艺要求，设备内外壁表面是否光滑平整、无死角，容易清洗、灭菌。

2. 是否通过系统的 IQ、OQ 三个周期的监测以及系统运行一年后监测数据的回顾分析，确认系统运行的稳定可靠。

3. 是否制定水系统生产、维护操作规程，内容是否包括关键质量项目和运行参数监控计划、定期清洁、消毒、灭菌计划等。

4. 是否有制水和分配系统的示意图，是否与实际情况相符。

5. 水系统中温度表、压力表、电导率表是否在规定的校验周期内。

6. 是否有设备运行及维护保养记录，记录是否完整。

7. 储罐是否有不易清洁的部位，储罐顶部或底部是否圆弧形状，罐体是否平整，内表面是否存在凸凹不平的情况。

8. 储罐排水阀是否有阻回流装置。

9. 使用的过滤器是否按规定进行更换。

⚙ 缺陷举例

1. 水系统日常运行控制参数，超出了系统验证时的控制参数范围。

2. 水系统在完成维修、改造后，没有根据实际情况及时对水质情况进行分析确认。

3. 日常监测取样点设计不合理，如取样点数量不够、布局不符合要求、取样点不易取样等。

4. 纯化水系统采用饮用水＋预处理系统＋一级 RO 的配置方式，未能确保产水质量达到纯化水的标准。

（三）查管道材料及安装

纯化水、注射用水储罐和输送管道所用材料应当无毒、耐腐蚀；储罐的通气口应当安装不脱落纤维的疏水性除菌滤器；管道的设计和安装应当避免死角、盲管。

1. 是否采用循环管路输送，管路、储罐是否存在死角、盲管，是否为不锈钢材质，使用前是否经过钝化。

2. 管路内容物名称、流向是否有标识。

3. 储罐顶部是否安装呼吸器，是否规定呼吸器检漏、更换周期，是否对呼吸器进行定期灭菌。

4. 总送水管是否设置在储罐底部最低点，贮罐内的水是否处于循环状态。

5. 储罐液位指示装置设计是否合理，是否可以避免微生物滋生。

6. 储罐顶部是否设置喷淋球、喷淋球位置是否合适，注射用水阀门是否使用隔膜阀、膜片，是否符合药用要求。

⚙ **缺陷举例**

1. 纯化水储罐呼吸器未设置过滤器。

2. 使用点 U 型弯较长，有超过管径 6 倍的死水盲管。

3. 水系统储罐、管道选材所用材质查无档案。

4. 水系统管道使用的 304L 不锈钢材质，未实施酸洗钝化。

（四）查水的贮存与分配

纯化水、注射用水的制备、贮存和分配应当能够防止微生物的滋生。纯化水可采用循环，注射用水可采用 70℃以上保温循环。

1. 制水间的操作环境是否整洁、干净、无积水。

2. 制水设备、储罐等外观是否整洁、干净，无污迹、锈迹。

3. 储罐的内表面是否进行抛光处理，光洁度是否可以避免微生物滋生。

4. 是否采取排水、冲洗和消毒等有效措施避免微生物污染、滋生，是否采取消毒剂、热处理或臭氧等消毒方式。

5. 是否根据有效的验证数据和连续监测的数据制定水系运行规程，运行方式是否与规程规定一致。

6. 取样方法、取样点、取样检测频次、检验报告是否符合要求。

缺陷举例

1. 制水间有蜘蛛网，地面有积水。

2. 纯化水的分配系统无臭氧等消毒设施。

3. 纯化水储存未开启循环或无循环。

（五）查水质监测记录

应当对制药用水及原水的水质进行定期监测，并有相应的记录。

1. 是否按照《生活饮用水卫生标准》（GB 5749-2006）对原水进行定期监测。

2. 总回水、总送水、储罐、各使用点是否设置取样口。

3. 制水岗位操作人员是否按照规程规定对储罐、总送、总回进行监测。

4. 是否按照规程对用水点进行部分或全项检验，检验内容是否符合质量标准要求，规程规定的周期与验证报告中确定的周期是否一致。

5. 是否每年对水系统进行年度质量回顾分析。

缺陷举例

1. 未对原水进行定期监测和记录。

2. 未按规程对纯化进行定期监测。

3. 未建立纯化水微生物限度检测的警戒线和纠偏限。

4. 水系统年度质量回顾分析报告未对微生物情况进行趋势分析。

（六）查管道清洗消毒记录

应当按照操作规程对纯化水、注射用水管道进行清洗消毒，并有相关记录。发现制药用水微生物污染达到警戒限度、纠偏限度时应当按照操作规程处理。

1.是否对初始安装和改动之后的工艺用水系统的不锈钢管道进行清洗、钝化、消毒处理。

2.水系统清洁、消毒、灭菌管理规程是否对清洁、消毒、灭菌方法、灭菌周期做出明确规定，实际操作与规程规定是否一致。

3.水系统预处理设施如活性炭、机械过滤器是否具备反冲洗、消毒装置。

4.是否依据水系统趋势分析结果修订警戒限度、纠偏限度，并遵照执行。

⚙ 缺陷举例

1.操作人员不熟悉水系统清洗消毒周期和操作方式。

2.未设置警戒限度和纠偏限度，无纠偏记录。

3.操作规程中未明确规定纯化水微生物污染达到警戒限度和纠偏限度后，如何进行处理的内容。

4.水系统日常监测过程中，发现微生物超过纠偏限时，未按规定进行偏差分析和采取纠正预防措施。

三、HVAC 系统检查要点及缺陷举例

GMP 第四十八条规定，应当根据药品品种、生产操作要求及外部环境状况等配置空调净化系统（HVAC），使生产区有效通风，并有温度、湿度控制和空气净化过滤，保证药品的生产环境符合要求。HVAC 是药品生产企业的一个关键系统，主要通过对药品生产环境的空气温度、湿度、悬浮粒子、微生物等的控制和监测，确保环境参数符合药品质量要求，防止药品生产过程污染和交叉污染的发生，同时为操作人员提供舒适的环境。实际工作中，无论是企业还是检查员对 HVAC 的认识及重视程度还不到位，笔者结合检查实践，谈谈对 HVAC 的检查体会。

（一）HVAC 系统的检查

HVAC 系统设计的目标是提供一个符合 GMP 的系统，确保其满足产品和工艺的需求以及良好工程规范（GEP）。系统主要包括空调主机、空气处理机组和空气过滤系统。空调主机总负荷，应充分考虑生产工艺特点结合当地气象参数值进行计算，其制冷方式可分为水冷螺杆式和风冷涡旋式。空气处理机组用于调节净化区域室内空气温湿度和洁净度，有空气加热器、空气冷却器、空气加湿器，空气过滤器等。空气过滤系统主要通过初、中、过滤器对进入洁净区域的空气进行过滤，其性能包括过滤器效率、过滤器阻力、过滤器容尘量、过滤器的面速和滤速。空气过滤器安装后，应确认过滤器的完整性，进行检漏以确认空气过滤器无泄漏或微量泄漏，微量泄漏是在规范允许的范围之内。

企业应对空气净化系统进行验证，包括安装确认（IQ）、运行确认（OQ）、性能确认（PQ）。运行确认和性能确认的检测项目应包括相应净化等级规定的所有项目参数，在每个周期内按验证方案规定频次对有关参数进行监测，性能确认应包括静态和动态情况下的系统运行状况。企业应对空气净化系统的再验证作出规定，一般应每年进行一次再验证。

1. 机组状态标识及初、中效压差表读数是否准确。

2. 无特殊要求的洁净室温度、湿度是否在 18~26℃、45%~65%（A、B 级 20~24℃、45%~60%）。

3. 新风、回风、送风管道是否标明了内容物名称及流向。

4. 操作规程是否规定了过滤器清洗周期及更换时的压差或风速要求，并有更换记录。

5. 消毒操作程序是否规定了消毒剂种类（一般为臭氧）、消毒周期、消毒剂浓度、消毒时长，并有消毒记录。

6. 温度、湿度、压差超标，是否有偏差记录，并查找出原因和有纠正预防措施。

缺陷举例

1. 小容量注射剂车间净化空调系统再验证报告未对设定的回风温湿度、监测到的回风温湿度进行比对分析。

2. 空气净化系统回风与新风管直接相连，无防止空气倒灌、避免污染和交叉污染的有效措施。

3. 空气净化系统清洁、维修、保养记录内容不全。

4. 净化空调系统回风无温湿度传感器，不便于洁净区温湿度的有效控制。

5. 无空调机组的相应清洁保养操作规程，初中效端滤布未按规定及时清洗更换。

6. 未发现臭氧发生器使用记录。

（二）洁净区的检查

洁净区的设计必须符合相应的洁净度要求，包括达到"静态"和"动态"的标准。厂房、生产设施和设备应当根据所生产药品的特性、工艺流程及相应洁净度级别要求合理设计、布局和使用，应当综合考虑药品的特性、工艺和预定用途等因素，如厂房、生产设施和设备多产品共用，应有相应的可行性评估报告。

1. 洁净区内表面应平整光滑、无裂缝、接口严密、无颗粒物脱落，无积尘、便于清洁和消毒。

2. 应当有单独的物料取样区，其空气洁净度应当与生产要求一致。

3. 洁净区与非洁净区之间、不同级别洁净区之间的压差应当不低于10Pa。相同洁净度级别的不同功能区域之间也应当保持适当的压差梯度，一般在5Pa。

4. 产尘操作间（如干燥物料或产品的取样、称量、混合、包装等操作间）应当保持相对负压或采取专门的措施，防止粉尘扩散、避免交叉污染。

5. 洁净区需对悬浮粒子及微生物进行动态监测，并制定适当的悬浮粒子和微生物监测警戒限度和纠偏限度，操作规程中应当详细说明结果超标时需采取的纠偏措施。

6. A、B级洁净区应当用单向风流，其流向需经烟雾试验来验证，且均匀送风，用风速测量仪来验证其风速为0.36~0.54m/s；按照质量风险管理的原则对C、D级洁净区进行动态监测。

7. 生产特殊性质的药品，如高致敏性药品（如青霉素类）或生物制品（如卡介苗或其他用活性微生物制备而成的药品），必须采用专用和独立的厂房、生产设施和设备；青霉素类药品产尘量大的操作区域应当保持相对负压，排至室外的废气应当经过净化处理并符合要求，排风口应当远离其他空气净化系统的进风口；生产 β–内酰胺结构类药品、性激素类避孕药品必须使用专用设施（如独立的空气净化系统）和设备，并与其他药品生产区严格分开；生产某些激素类、细胞毒性类、高活性化学药品应当使用专用设施（如独立的空气净化系统）和设备。

8. 洁净区域送、排风口应安装电动闸门，该电动闸门应与空调送风机组联动，以防止外部气体对洁净区域内部环境造成污染。

9. 无菌生产的 A/B 级洁净区内禁止设置水池和地漏。在其他洁净区内，水池或地漏应当有适当的设计、布局和维护，并安装易于清洁且带有空气阻断功能的装置以防倒灌。

10. 应当按照气锁方式设计更衣室，使更衣的不同阶段分开，更衣室后段的静态级别应当与其相应洁净区的级别相同。洗手设施只能安装在更衣的第一阶段。

11. 无菌药品应当设置单独的轧盖区域并设置适当的抽风装置。

12. 除传送带本身需连续灭菌（如隧道式灭菌设备）外，传送带不得在 A/B 级洁净区与低级别洁净区之间穿越。

缺陷举例

1. 某车间内包间自循环除尘柜顶部的中效段和高效过滤器之间缺少排风装置，不能有效保证开启时形成负压，防止称量内包时粉尘扩散。

2. 制剂车间洁净区洗衣间地漏不密封，有异味。

3. 洁净区维护不到位，如前处理提取车间洁净区 T1–28 门框生锈，口服固体制剂车间消毒液配制存放间门口的地面破损，手消毒间顶部高效过滤器外罩出现白色斑点。

4. 制剂车间手消毒间的压差指针在未开启净化空调的情况下，指示为"–9"，不能归零。

5. 企业自检发现部分车间 HVAC 系统验证时未对 B 级送风进行烟雾模型流向测试，启动了 CAPA，但企业只跟踪了整改措施的制定（在

HVAC 系统再验证时进行）就进行了关闭，未对整改措施的落实情况进行跟踪，实际尚有 2 个车间未进行 B 级的烟雾模型流向测试。

（三）相关文件的检查

与空调系统设计、操作、维护及洁净区有关的每项活动应当有相关程序文件和记录，以保证药品生产、质量控制和质量保证等活动可以追溯。

1. 设计文件：区域分类图、压力或气流方向图、空气处理机组分区图、带控制点空气流程图、房间条件表。

2. 安装调试文件：过滤器测试数据、操作顺序、设备提交图纸、竣工通风管道、管路和设备平面图。

3. 鉴定文件：过滤器完整性及检漏试验、空气平衡、流速测试、房间压差或泄漏空气流速、空气中悬浮微粒测试、空气中微生物测试、报警测试。

4. 空调系统岗位操作规程及记录（含使用、维护保养、清洁、消毒规程、停电故障等）。

5. 悬浮粒子、浮游菌、沉降菌检测规程及检测报告。

6. 热球风速仪操作规程。

7. 培养基制备、灭菌、贮存、发放、传递、采样、回收、培养规程。

8. 洁净区环境监测规程（监测项目、频率、区域）。

⚙ **缺陷举例**

1. 102F 车间《空调系统性能确认方案》[编号:LC 股 C-WJ-01（7）-04]中，未评估 A 级区浮游菌采样点的位置。

2. 青霉素原料药车间空调岗位操作人员将空调（编号 AHU102-6102）初效及中效的初始压差及实际压差记录错误。

3. 固体制剂车间空调机组设备运行记录未记录设备型号及编号。

第三章 确认与验证

一、从 GMP 谈工艺验证

工艺验证是为证明工艺在设定参数范围内能有效稳定地运行并生产出符合预定质量标准和质量特性药品的验证活动，也即 GMP 第一百四十条规定，工艺验证应当证明一个生产工艺按照规定的工艺参数能够持续生产出符合预定用途和注册要求的产品。本文中的工艺验证是指商业化生产阶段的工艺验证，不包含研发阶段的工艺验证。

（一）工艺验证的目的

能够始终生产出符合预定用途和注册要求的产品，能够有效控制关键操作，能够证明一批产品内部和批与批之间是均质的。产品质量、安全性、有效性是设计出来的，中间控制和成品检查不足以保证产品质量，对每一生产工艺进行控制，以确保成品符合设计特性与质量特性，符合质量标准在内的所有参数，工艺验证对保证产品质量至关重要，质量保证的基本原则是药物生产应符合其预期的使用目的。

（二）工艺验证的要求

一是文件化，企业应当有书面文件确定产品的关键质量属性、关键工艺参数、常规生产和工艺控制中的关键工艺参数范围，并根据对产品和工艺知识的理解进行更新。二是标准化，必须根据注册文件制定生产工艺，设置参数和标准，并进行验证，证明工艺在所建立的参数范围内能有效和重复生产出符合预期标准和质量属性的产品。三是重现性，持续生产出符合预定用途和注册要求的产品。规定的工艺能始终如一地生产出符合预期标准和质量属性的产品，3个连续批号的产品验证证明其重现性，生产工艺的关键因素和参数能得到有效控制，使成品最大限度地符合设定的质量标准。

（三）对工艺验证的体会

1. 组建良好的工艺验证团队

GMP 第二十四条规定，确保完成生产工艺验证是生产管理负责人和质量管理负责人共同的职责。验证是一项跨部门的工作，与多个部门有关，需要相关部门的密切合作。验证工作一定要有团队意识，这是做好验证工作的必要条件，因此团队组成应至少有生产部、OA、QC、设备部、物料部等。

2. 制定详细的验证总计划及验证方案

验证总计划应当至少包含如下信息：验证的基本原则，验证活动的组织机构及职责，待验证项目的概述，验证方案、报告的基本要求，总体计划和日程安排，验证中偏差处理和变更控制的管理，保持持续验证状态的策略，包括必要的再确认和再验证，所引用的文件、文献。

验证方案应当至少包括如下内容：工艺的简短描述（包括批量等），关键质量属性的概述及可接受限度，关键工艺参数的概述及其范围，应当进行验证的其他质量属性和工艺参数的概述，所要使用的主要设备、设施清单以及它们的校准状态，成品放行的质量标准，相应的检验方法清单，中间控制参数及其范围，拟进行的额外试验，以及测试项目的可接受标准和已验证的用于测试的分析方法，取样方法及计划，记录和评估结果的方法（包括偏差处理），职能部门和职责，建议的时间进度表。验证方案应当经过审核和批准。

3. 工艺验证批次及批量问题

一般工艺可进行 3 批验证，工艺比较复杂的建议大于 3 批。如一条制剂及灌装生产线，两个相同冻干机，工艺验证批次应为 3+1，即三批在冻干机 A，一批在冻干机 B。工艺验证批量应当可能对工艺充分展示，不一定是最大批量，每种药品的生产批量均有经企业批准的工艺规程，工艺规程的制定应当以注册批准的工艺为依据，也就是生产规模批，即工艺验证批的批量应当与预定的商业批的批量一致。

4. 工艺验证和清洁验证等先后问题

建议清洁验证在先，工艺验证在后，考虑成本问题也可同时进行，但需合理考虑批次安排，但不能工艺验证在前，清洁验证在后。在工艺验证前还应至少完成厂房、设施、设备经过确认并符合要求，分析方法经过验证或确认，日常生产操作人员应当参与工艺验证批次生产，并经过适当培训，用于工艺验证批次生产的关键物料应当由批准的供应商提供，否则需评估可能存在的风险。

5. 工艺验证工艺参数及稳定性试验问题

只需在参数范围内进行验证，不需要对工艺参数边界及分段进行验证，如配液罐搅拌时间为 30 分钟，只需在搅拌时间为 30 分钟后，在配液罐顶部、中部、底部采样，不需在第 5、10、20、30 分钟时采样。一般工艺验证都需进行稳定性试验，主要有加速及长期稳定性试验，如仅仅是定期再验证，无明显变化，可不进行加速试验，只进行长期稳定性试验。工艺验证批记录和日常生产批记录可能不一样，可能包含更多的取样操作和监控操作，工艺验证批记录及稳定性试验数据需单独长期保存。

6. 无菌药品工艺验证问题

无菌生产工艺的验证应当包括培养基模拟灌装试验。培养基模拟灌装试验的首次验证，每班次应当连续进行 3 次合格试验。培养基模拟灌装试验通常应当按照生产工艺每班次半年进行 1 次，每次至少 1 批。培养基灌装容器的数量应当足以保证评价的有效性。培养基模拟灌装试验的目标是零污染，应当遵循无菌药品附录要求。每一种灭菌方式都有其特定的适用范围，灭菌工艺必须与注册批准的要求相一致，且应当经过验证，定期对灭菌工艺的有效性进行再验证（每年至少 1 次）。

7. 工艺验证产品销售问题

如属重大变更的工艺验证产品不能销售，如属定期再验证、无明显变更的，可以销售。对于患者急需、市场需求量小、无法连续完成三批验证批次生产的产品，可以在每生产完一个验证批次后，对验证批次结果进行总结，放行产品，每个验证批次做稳定性研究，加强对已上市批次产品监控。

8. 工艺验证报告及验证结论

工艺验证报告应包含实际处方、物料、设备、工艺、取样符合验证方案，工艺评估和工艺验证数据分析，工艺总结和关键工艺参数分析，中控结果和验证数据总结分析，批内差异及批间差异统计学分析，偏差对验证有效性评估及产品影响的评估，工艺能力评估，工艺和关键工艺参数是否可控，中间品和成品是否符合可接受标准，最后对整个验证进行总结和评价形成验证结论。验证结束后，注意做好日常关键工艺参数及质量指标的统计分析；出现变更情况需评估是否进行再验证。

二、从 GMP 谈清洁验证

清洁验证是指有文件和记录证明所批准的清洁规程能有效清洁设备，使之符合药品生产的要求。GMP 第一百四十三条规定，清洁方法应当经过验证，证实其清洁的效果，以有效防止污染和交叉污染。清洁验证应当综合考虑设备使用情况、所使用的清洁剂和消毒剂、取样方法和位置以及相应的取样回收率、残留物的性质和限度、残留物检验方法的灵敏度等因素。清洁验证针对的是生产设备的清洁工艺。

（一）清洁验证的依据和目的

清洁验证除按照 GMP 及《确认与验证》附录（以下简称附录）外，还可参照《ISPE 清洁验证指南》《WHO 清洁验证指南》《ASTM-HBEL 指南》《FDA 清洁工艺验证检查指南》《制药机械（设备）在位清洗、灭菌通用技术要求》等。

附录第三十八条规定，为确认与产品直接接触设备的清洁操作规程的有效性，应当进行清洁验证。应当根据所涉及的物料，合理地确定活性物质残留、清洁剂和微生物污染的限度标准。清洁验证的目的是证明设备对产品、洗涤剂和微生物残留物的清洗一致并达到可接受的水平，以防止可能的污染和交叉污染。

（二）清洁验证的原则

1. 证明该方法能够去除污染物或将污染降低至可接受的水平。即物料残留量低且不会对人造成影响，所用的清洁剂被去除限度是可达到的，并能通过检验方法验证的。

2. 只要引进一种新产品，就应该研究设备的使用和潜在污染物的特性，以评估其是否对清洁验证提出了挑战性研究。

3. 直接接触物料的生产设备必须进行清洁验证，同一产品批次间的清洁方法不需要进行清洁验证，只需达到目视清洁即可。

4. 至少进行连续 3 批的验证。

5. 采用经过验证的分析方法。

（三）清洁验证的内容

附录第四十一条规定，验证应当考虑清洁方法的自动化程度。当采用自动化清洁方法时，应当对所用清洁设备设定的正常操作范围进行验证；当使用人工清洁程序时，应当评估影响清洁效果的各种因素，如操作人员、清洁规程详细程度（如淋洗时间等），对于人工操作而言，如果明确了可变因素，在清洁验证过程中应当考虑相应的最差条件。

清洗与灭菌规程验证。通过验证，检查清洗、灭菌规程能否达到彻底清洁设备和灭菌的目的。即清洗程序和参数的验证，灭菌程序和参数的验证，生产结束至开始清洗时间的验证，清洁后设备存放时间及存储条件的验证。

在清洁验证过程中对潜在的微生物污染进行评价。如需要，还应当评价细菌内毒素污染。

当采用阶段性生产组织方式时，应当综合考虑阶段性生产的最长时间和最大批次数量，以作为清洁验证的评价依据。

当采用最差条件产品的方法进行清洁验证模式时，应当对最差条件产品的选择依据进行评价，每个使用的清洁方法都应当进行最差条件验证。

（四）清洁验证的程序

一是制定验证方案。GMP 第一百四十七条规定，应当根据确认或验证的对象制定确认或验证方案，并经审核、批准。确认或验证方案应当明确职责，并至少有质量部、设备部、生产部等部门参与验证。

二是选取取样部位。附录第四十六条规定，清洁验证方案应当详细描述取样的位置、所选取的取样位置的理由以及可接受标准。设备及部件的易拆卸程度和清洗的自动化程度决定了设备清洗方式的同时亦决定了取样部位。例如各种难以清洗到的部位以及自动清洗的排放口等位置。

三是决定取样方法。设备的结构在决定清洗方法（浸泡、淋洗、擦拭等）的同时亦决定了取样方法，如最终淋洗液取样或擦拭取样。淋洗取样适用于不宜接触到的表面、不便拆卸的设备，尤其适用于设备表面平坦，管道多且长的液体制剂和生产设备。擦拭取样能对难清洁部位直接取样，通过选择适当的擦拭溶剂、擦拭工具和擦拭方法，可将清洗过程中未溶解的、已干结的或溶解度很小的物质擦拭下来，将擦拭好的棉签放置于盛有纯化水（或其他溶剂）的烧杯中，在超声振荡器上洗脱一定时间后，配制成一定浓度作为样品溶液。

四是回收率试验。回收率试验不是直接在生产设备上来进行，而是将残留物的标准溶液涂布在设备相同材质的板材或管道中。使用规定的取样工具和取样溶剂，按照取样要求的方法进行擦拭或者淋洗取样。样品按照要求进行处理以后，使用适合的检测工具进行检测，计算出回收率。

五是确定残留物限量标准（MACO）。残留限度是由产品的残留量和共用的生产设备共同决定的。附录第三十八条规定，应当根据所涉及的物料，合理地确定活性物质残留、清洁剂和微生物污染的限度标准。FDA 在其《清洁工艺验证检查指南》中指出："FDA 不打算为清洁验证设立一个通用方法或限量标准，那是不切实际的，因为原料药或制剂药企所用设备和生产的产品千差万别，确立残留物限量不仅必须对所有有关物质有足够的了解，而且所定的限度必须是现实的、能达到和可验证的。"如使用清洁剂，其去除方法及残留量应该进行确认，其产品成分应该清晰、明确。微生物限度可作为清洗后消毒剂消毒效果的确认，和清洁剂的要求一样，当使用的消毒剂会产生残留时，也需要对消毒剂的残留进行去除和确认。所以设备消毒使用的消毒剂最好选择没有残留的，比如 75% 酒精。

六是限度标准确定原则。具体如下：根据分析方法客观能达到的能力，如浓度限度为 1/100000（10mg/kg）；依据生物活性数据，如最低日治疗剂量（MTDD）的 1/1000；以目检为依据限度，如不得有可见的残留物。特殊情况下的限度制定，考虑活性成分生成其他物质或转化成杂质，活性物质残留限度标准应当基于毒理试验数据或毒理学文献资料的评估建立。

七是选择检测方法。残留物限度应按 2020 年版《中国药典》规定的"UV 法、HPLC 法"及 TOC 法；微生物限度应按 2020 年版《中国药典》规定的"微生物限度检查法"检查；细菌内毒素应按 2020 年版《中国药典》规定的"细菌内毒素检查法"检查。

八是优选 TOC 法。TOC 法与 HPLC 法和 UV 法不同，属于非专属性方法，是检测所有含碳化合物，包括活性组分、辅料和清洁剂的理想方法。对于 TOC 法来说，无论其来源是产品、清洁剂、化学品、溶剂，还是副产物及微生物污染，无须设置其他参数，灵敏度高（1ppb C），已经逐渐被制药行业所接受，为制药企业节省了时间和人力成本。测定结果的单位用 ppb（ug 碳/L）和 ppm（mg 碳/L）来表示。

九是确定设备清洗形式。如人工清洗、CIP 还是混合清洗，清洗方式方法、清洁剂、清洁工艺按照《制药机械（设备）在位清洗、灭菌通用技术要求》执行。

三、从 GMP 谈检验方法验证

检验方法验证是确保某检验方法得出的结果可以持续准确地反映所测产品特性的书面证明。《药品生产质量管理规范》（GMP）第十二条规定，检验方法应当经过验证或确认；第一百三十九条规定，应当采用经过验证的生产工艺、操作规程和检验方法进行生产、操作和检验，并保持持续的验证状态。

（一）哪些情形下，检验方法需要验证或确认

根据 GMP 第一百四十二条，当影响产品质量的主要因素，如原辅料、与

药品直接接触的包装材料、生产设备、生产环境（或厂房）、生产工艺、检验方法等发生变更时，应当进行确认或验证。另根据相关法规，需进行检验方法验证的情形有：采用新的检验方法；检验方法需变更的；采用《中华人民共和国药典》及其他法定标准未收载的检验方法；法规规定的其他需要验证的检验方法；在批准放行前，确认主要生产工艺和检验方法经过验证。

对不需验证的检验方法（如《中国药典》方法和其他法定方法），应当对检验方法进行确认，以确保检验数据准确、可靠。化学药品的微生物方法及生物制品分析方法验证不在本文讨论之列。

（二）需要验证的检验项目

检验项目是为控制药品质量，保证药品安全有效的最后一道关卡而设定的，通常需要验证的检验项目有鉴别试验、杂质的限度检查、杂质的定量测定、有效成分的含量、溶出度与释放度以及含量均匀度等。

对于仅需按照日常操作即可完成的检验项目不需要进行验证，如外观、崩解时限、重量、装量、pH 值、密度、水分、总灰分及酸不溶性灰分等。验证内容有准确度、精密度、专属性、回收率、检测限、定量限、线性（检测结果与被测物浓度成正比关系）、耐用性（测定条件有小的变动时，结果受影响程度）等。

（三）如何做好检验方法验证

按照 GMP 附录确认与验证及《中国药典》附录 9101 药品质量标准分析方法验证指导原则要求，验证程序为起草验证方案、批准验证方案、进行方法验证、评估验证结果、起草验证报告、批准验证报告。以下逐一介绍各项验证内容的检验方法。

1. 专属性

专属性指在其他成分（如杂质、降解产物、辅料等）可能存在的情况下，采用的分析方法能正确测定出被测物的能力。

（1）鉴别反应：含被测成分的供试品呈正反应，不含被测成分的供试品，以及结构相似或组分中的有关化合物，应均呈阴性反应。

（2）含量测定和杂质测定：在杂质可获得的情况下，在试样中加入一定量的杂质，考察杂质能否分离和检出。在杂质不能获得的情况下，可将含有杂质的试样进行测定，与另一个已经验证的方法或药典方法进行比较。含量测定方法应比对两种方法的结果，杂质检查应比对检出的杂质个数，必要时可采用光二极管阵列检测和质谱检测，进行峰纯度检查。

2. 准确度

准确度指用该方法测定的结果与真实值或参比值接近的程度，一般用回收率（%）表示。

（1）化学药含量测定方法的准确度：用含已知量的对照品或供试品进行测定，或用测定结果与已知准确度的另一个方法测定的结果进行比较。按标示量的 80%、100%、120% 配制 3 种浓度的溶液，每个浓度分别制备 3 份供试品溶液进行测定。

（2）中药化学成分测定方法的准确度：可用已知量的对照品进行加样回收率测定，即向已知被测成分含量的供试品中再精密加入一定量的已知量的被测成分对照品，依法测定。用实测值与供试品中含有量之差，除以加入对照品量计算回收率。

3. 精密度

精密度指在规定的测定条件下，同一份均匀供试品，经多次取样测定所得结果之间的接近程度。精密度一般用偏差、标准偏差或相对标准偏差表示。

（1）重复性：在相同条件下，由同一个分析人员测定所得结果的精密度称为重复性。在规定范围内，设计 3 种不同浓度，每种浓度分别制备 3 份供试品溶液进行测定，采用至少 9 份样品的测定结果进行评价。或取相当于 100% 浓度水平的供试品，用至少测定 6 份的测定结果进行评价。

（2）中间精密度：在同一个实验室，不同时间由不同分析人员用不同设备测定结果之间的精密度，称为中间精密度。

（3）重现性：在不同实验室由不同分析人员测定结果之间的精密度，称为重现性。在不同实验室之间进行的检验方法转移时，应进行重现性试验。

4. 检测限

检测限指试样中被测物能被检测出的最低量。药品的鉴别试验和杂质检查方法，均应确定方法的检测限。

（1）直观法：用已知浓度的被测物，试验出能被检测出的最低量。

（2）信噪比法：把已知低浓度试样测出的信号与空白样品测出的信号进行比较，计算出检测的被测物的最低量。

5. 定量限

定量限指试样中被测物能被定量测定的最低量，其测定结果应符合准确度和精密度要求。方法同检测限。

6. 线性

线性指在设计的范围内，检测结果与试样中被测物的浓度直接成比例关系的程度。

可用同一对照品贮备液经精密稀释，或分别精密称取对照品，至少制备5份不同浓度的供试样品。以测得的响应信号作为被测物浓度的函数作图，观察其是否呈线性，用最小二乘法进行线性回归。

7. 耐用性

耐用性指在测定条件有小的变动时，测定结果不受影响的承受程度。典型的变动因素包括被测溶液的稳定性、样品的提取次数、时间等。色谱法中流动相的组成和pH值、不同品牌或不同批号的色谱柱、柱温、流速、固定相、载气流速、柱温、进样口和检测器温度等。

8. 范围

范围指分析方法能达到一定精密度、准确度和线性要求时的高低限浓度或量的区间。范围应根据分析方法的具体应用及其线性、准确度、精密度结果和要求确定。

四、从 GMP 谈计算机化系统验证

计算机化系统验证（Computerized System Validation，CSV）是通过执行必要的生命周期活动及实施必要的操作控制来证明计算机化系统达到并维持符合法规要求以及预定目的的状态。GMP 正文章节虽未提及计算机化系统验证，但在附录计算机化系统第六条规定，计算机化系统验证包括应用程序的验证和基础架构的确认，其范围与程度应当基于科学的风险评估。风险评估应当充分考虑计算机化系统的使用范围和用途，应当在计算机化系统生命周期中保持其验证状态。

CSV 已成为企业自动化和信息化发展的较大阻力，多数企业未能进行该项验证，检查员在检查过程中也多未涉及。

（一）计算机系统与计算机化系统的区别

计算机系统包括软件和硬件两部分；计算机化系统除计算机系统本身外，还包括受控的功能和过程，系统的运行环境，连接到计算机系统上的设备和仪器，同时还包含了操作系统的人员，标准操作规程（SOP）和系统使用者手册。

CSV 包括以下内容。

1. 硬件

标准硬件如个人计算机、打印机、条码扫描仪、程序控制系统（SCADA 系统）、服务器、网络硬件、温度传感器等。定制硬件如网路、电路、气路、配电柜及元器件等。

2. 软件

软件按自动化指南（GAMP5）分为 5 类。

第 1 类：操作系统或网络软件。如 Windows 系统、电子制表软件。

第 2 类：现不常用，由非用户可编程的固件控制的标准仪器、微控制器或

智能仪器。如分析天平、条形码扫描器等，此类软件不需要单独验证，只需确认设备的运行即可。

第3类：标准软件包，也称COTS包。如基于中间件的应用程序、COTS软件、仪表仪器。

第4类：可配置的软件包及订制系统。如仓储和配送系统（ERP）、生产管理系统（PCS）、生产设备（PLC）、实验室管理系统（LIMS）、实验室仪器（HPLC、GC、UV）、水系统自控系统、空调系统自控系统、企业资源信息管理软件（ERP）、质量管理系统（QMS），文档管理系统（DMS）。

第5类：定制软件包括内部和外部开发的IT应用程序、内部和外部开发的流程控制应用软件、定制梯级逻辑软件、定制固件、电子制表软件。

（二）如何进行CSV

附录规定，企业应当建立包含药品生产质量管理过程中涉及的所有计算机化系统清单，标明与药品生产质量管理相关的功能。应当指定专人对通用的商业化计算机软件进行审核，确认其满足用户需求。在对定制的计算机化系统进行验证时，企业应当建立相应的操作规程，确保在生命周期内评估系统的质量和性能。数据转换格式或迁移时，应当确认数据的数值及含义没有改变。

验证应该从制定可执行的验证计划（VP）开始，定义可被测试的用户需求（URS），并根据客户自身对风险的评估结果（RA），选择合适的供应商，进行测试（FAT/SAT），最终确保所有的测试项被严格确认且符合先前定义的接受范围（IQ、OQ、PQ、VSR）。

按照GAMP5对计算机化系统的用户需求及其设计、安装、运行的正确性稳定性以及工艺适应性的测试和评估，以证实该计算机控制系统能达到设计要求及规定的技术指标，且能够长期稳定工作；计算机系统的运行是否完全符合功能设计和法规的规范，计算机系统内的数据是否能够防止无授权调用、变更和非正常的损毁。

1. 组建验证团队

验证人员包括用户企业和供应商两部分，主要有：业务流程负责人，负责确保计算机系统所控制的程序符合要求，拥有对系统中流程相关数据的所有权，负责系统的释放；计算机系统负责人，负责系统的正常运行、提供技术支持、维护系统的验证状态、系统数据安全等，从计算机化系统项目的计划阶段就应该参与其中，尤其在系统测试方面起主导作用，这些工作包括验证策略的制定、测试方法、接收标准的制定，以及测试结果的审核等；QA 负责整个验证过程的监督和控制。

2. 硬件确认

对标准硬件进行安装确认（IQ），系统设计文件一般由供应商制订，但必须经过用户审核及认可后方可实施控制系统配置图设计，包括系统管路及仪表布置图（PID）、输入 / 输出（I/O）接线图、控制器件排列图等；定制硬件进行设计确认（DQ）、实施风险评估、供应商审核，最后 IQ。

3. 软件确认或验证

针对 1 类软件一般不需要进行验证。进行用户需求（URS）和 IQ 即可；3 类、4 类和 5 类软件均需执行必要的生命周期活动，系统对于用药安全、产品质量及数据完整性的影响（风险评估），系统的复杂程度和创新程度（系统的结构和类别），供应商评估的结果（供应商能力），实施必要的操作控制，系统生命周期过程中通过应用相关的管理规程保证系统处于一种受控的状态。即进行 URS 和 DQ、实施风险评估、开发测试，最后进行 IQ、运行确认（OQ）、性能确认（PQ）。

4. 定义 URS

用户需求（URS）由使用部门和工程部人员制定，详细说明计算机控制系统的基本业务需求、期望及性能指标，用来确定系统的设计标准。包括系统要做什么，各单元之间如何连接及相互作用关系，控制方式（如互锁控制、报警控制、温度控制、压力控制、时间控制、计数和其他多极控制），执行的过程，操作人员对接口的要求及安全性要求等；硬件文件标准如图纸、流程图、手册、部件清单等；软件文件标准如程序编号及修订号、输出程序及详细解释、复制件的提供及贮存条件、系统框图及配置清单；系统开发过程中所要求进行的测试项目及记录，包括单独模块测试及集成测试等。

5. DQ、IQ、OQ、PQ

DQ 系统设计文件一般由供应商制订，但必须经过用户审核及认可后方可实施控制系统配置图设计，包括系统 PID、I/O 接线图、控制器件排列图等；硬件设计，包括所有的 I/O 接口模板及型号、选择 CPU、人机界面控制器、打印机、辅助电源等；软件设计，包括系统软件、应用软件、数据。

IQ 具体确认内容有：文件确认，包括用户技术指南、标准操作规程、培训计划、售后服务协议、安全程序、设备清单、预防维修程序等；安装过程确认，确认整个安装过程符合 PID 图及操作手册的要求；环境和公用系统确认，确认并记录系统安装的环境，包括清洁度、射频 / 电磁干扰、振动、温湿度、噪声、照明等；系统测试及确认，确认工厂接受试验（FAT）测试报告项目齐全，且符合设计标准的要求。

OQ 内容有：系统安全性测试，挑战所有逻辑系统，如各工作层面的使用权限；过程控制功能测试，对系统各功能和各决断通路进行测试，测试应在最高特定条件下进行（如最高通讯负载，大型数据文件的处理等）；报警、互锁功能测试，系统提供报警或互锁的条件检测相应程序的有效性；数据处理、存储功能测试，确认系统具有准确的采集、贮存和检索数据的功能，自动将数据存盘并保存至指定文件夹；断电 / 恢复功能测试，测试后备供电、不间断供电和动力调节器、发电机功能恢复是否正常。

PQ 是为了确认系统在正常生产环境下，其运行过程的有效性和稳定性。若系统是生产、实验设备或公用设施的一部分时，PQ 应与设备（设施）的性能确认结合在一起完成。对于生产设备，应对生产出的产品质量特性进行检验，以确定其各种过程控制功能的有效性，如含量检验等。对于连续过程处理的设备，如空气净化系统，应在一定时期内对尘埃粒子、微生物、温湿度、空气流向、压差、换气次数等指标进行监测。

6. 风险评估

风险评估是检查员和企业高度重视的工作之一，是企业落实 GMP 的重要因素。风险评估不只用于 SOP、偏差管理、纠正预防措施（CAPA）、变更控制等流程，风险评估要落实到验证的流程中，以确认系统对用药安全、产品质量、数据完整性有影响的功能，实施功能性影响评估并识别控制措施、实施并核实合适的控制措施、审核风险与监控控制措施。

7. 计算机化系统再验证

对于下列情况应考虑进行再验证以确保系统处于受控状态：当发生变更并且变更可能影响系统功能时；当系统反复出现异常情况而对验证状态产生怀疑时（应先进行调查，确认原因并改正之后再进行再验证）；定期对系统进行再验证以确定系统的验证状态，这种再验证可以以回顾评估的方式进行。

第四章 药物警戒

一、GVP 的几个关注点

《药物警戒质量管理规范》（GVP）自 2021 年 12 月 1 日起正式施行，适用于药品上市许可持有人（以下简称持有人）和获准开展药物临床试验的药品注册申请人（以下简称申办者）开展药物警戒活动。药物警戒活动是指对药品不良反应及其他与用药有关的有害反应的监测、识别、评估和控制的所有活动。药物警戒是致力于保护患者和公众健康的活动，其基本目标是防止上市药品使用或职业暴露所致不良反应的危害，通过向患者、医疗专业人士和公众提供及时的药品安全信息，促进药品使用的安全性和有效性。

（一）理解"药物警戒"不同于"药品不良反应"的内涵

药物警戒与药品不良反应监测都是为了提高临床合理用药水平，保障用药安全，但药品不良反应监测涉及上市后质量合格的药品，是一种相对被动的手段，而药物警戒还包括处于研发、临床试验阶段的药物、药物与化合物或食物的相互作用，如药物滥用与误用、无疗效的报告、急慢性中毒、药物相关死亡率等，是积极主动地开展工作。

（二）体现全生命周期的药物警戒理念

随着药物警戒学术理念的发展，人们对药物警戒的认知已经从药品上市后发展到全生命周期，GVP 将药物警戒定位为贯穿于药品全生命周期的实践活动，既包括了对持有人开展上市后药物警戒的要求，也涵盖了申办者临床试验期间开展药物警戒的要求。

（三）设置两个各司其职的质量保证机构

一个是负责重大风险研判、重大或紧急药品安全性事件处置、风险控制决策以及其他与药物警戒有关的药品安全委员会；另一个是开展药物警戒活动的药物警戒部门。药物警戒负责人应是具备一定职务的高级管理人员，应当具有医学、药学、流行病学、生物医学工程或者相关专业背景，本科及以上学历或者中级以上专业技术职称，三年以上从事药物警戒相关工作经历，熟悉我国药物警戒相关法律法规和技术指导原则，具备管理药物警戒工作的知识和技能。

（四）建立一个统筹联动的药物警戒体系

持有人和申办者应当建立包括与药物警戒活动相关的机构、人员、制度、资源等，并建立与持有人类型、规模、品种数量及安全性特征等相适应的药物警戒体系，通过体系的有效运行和维护，监测、识别、评估和控制药品不良反应及其他与用药有关的有害反应。明确了药品上市许可持有人和临床试验申办者依法承担药物警戒的主体责任，厘清了持有人和申办者开展药物警戒活动的关键内容和流程，体现了能动治理和统筹联动的理念。规定了定期或者在药物警戒体系出现重大变化时开展内审，并有方案、有记录、有纠正和预防措施。

（五）创建一个内容齐全的系统主文件

药物警戒系统主文件是药品生产企业上市申请时需要提交的关于药物警戒系统描述的文件。持有人应当创建并维护药物警戒体系主文件，用以描述药物警戒体系及活动情况，包含组织机构、药物警戒负责人的基本信息、专职人员配备情况、药品不良反应信息来源、信息化工具或系统、管理制度和操作规程、药物警戒体系运行情况、质量管理等内容。

（六）构建一个社会共治的风险管理机制

《药品管理法》规定持有人应制定上市后药品风险管理计划，包括药物警戒计划制定的情形、内容要求、提交要求等。GVP 征求意见稿重点突出了风险沟通的要求，明确了风险沟通的对象、原则、方式和内容，提出了医务人员、患者、公众新沟通方式，从风险信息的收集到风险的识别、评估，综合考虑药品风险特征、药品的可替代性、社会经济因素等，采取适宜的风险控制措施，促进上市药品更安全，疗效更可靠，使用更合理，更好地为公众健康服务。

二、MAH 应如何开展 PV 相关工作

药物警戒（PV）是药品上市许可持有人（MAH）的法定义务并必须承担相应的责任。

药物警戒是指对药品不良反应及其他与用药有关的有害反应的监测、识别、评估和控制，是致力于保护患者和公众健康的活动，其基本目标是防止上市药品使用或职业暴露所致不良反应的危害，通过向患者、医疗专业人士和公众提供及时的药品安全信息，促进药品使用的安全性和有效性。

《药品管理法》第十二条规定，国家建立药物警戒制度，对药品不良反应及其他与用药有关的有害反应进行监测、识别、评估和控制；第三十条规定，MAH 应当依照本法规定，对药品的非临床研究、临床试验、生产经营、上市后研究、不良反应监测及报告与处理等承担责任。《药品生产监督管理办法》第四十一条规定，MAH 应当建立药物警戒体系，按照国家药品监督管理局制定的药物警戒质量管理规范开展药物警戒工作；MAH、药品生产企业应当经常考察本单位的药品质量、疗效和不良反应，发现疑似不良反应的，应当及时按照要求报告。而《药品上市许可持有人制度》核心之一在于改变了药品管理和责任承担机制，MAH 将承担药品全生命周期的质量与风险管理责任，药品的监管将围绕 MAH 展开，由 MAH 一个主体对药品全生命周期的各个环节进行统一管理并承担责任。

（一）必须了解自己的工作内容

作为 MAH，开展 PV 必须从用药者安全出发，发现、评估、预防药品不良反应，要求有疑点就上报，不论药品的质量、用法、用量正常与否，更多地重视以综合分析方法探讨因果关系。主要内容有：早期发现未知药品的不良反应及其相互作用；发现已知药品的不良反应的增长趋势；分析药品不良反应的

风险因素和可能的机制；对风险／效益评价进行定量分析，发布相关信息，促进药品监督管理和指导临床用药。

（二）必须有相应的组织机构和人员

必须建立药品安全委员会，负责重大风险研判、重大或紧急药品安全性事件处置、风险控制决策以及其他与药物警戒有关的事情，药品安全委员会每年至少组织 2 次药物警戒工作会议；还应建立独立于药品质量管理部门、专门开展药物警戒活动的药物警戒部门，负责制定培训工作计划，并对药物警戒和其他相关部门（质量部、销售部、医学部等）人员进行专业培训。药物警戒负责人应是具备一定职务的高级管理人员，应当具有医学、药学、流行病学、生物医学工程或者相关专业背景，本科及以上学历或者中级以上专业技术职称，三年以上从事药物警戒相关工作经历，熟悉我国药物警戒相关法律法规和技术指导原则，具备管理药物警戒工作的知识和技能。

（三）必须建立药物警戒系统主文件及相关 SOP

药物警戒系统主文件是药品生产企业提交药品上市申请时需要提交的关于药物警戒系统描述的文件。持有人应当创建并维护药物警戒体系主文件，用以描述药物警戒体系及活动情况，包含组织机构、药物警戒负责人的基本信息、专职人员配备情况、药品不良反应信息来源、信息化工具或系统、管理制度和操作规程、药物警戒体系运行情况、质量管理等内容，并有相关规章制度及SOP，如不良反应或事件收集、随访、录入、评估、递交 SOP；药物警戒相关文件的撰写、递交流程；风险的评估、确认、沟通、风险管控措施的制定、实施、跟踪制度；培训内容、频率，培训材料的撰写 SOP；建立和保存药品不良反应监测档案的制度与档案；开展药品不良反应或者群体不良事件报告、调查、评价、处理的制度和记录；委托其他企业开展药物警戒相关活动的，是否签署了符合要求的药物警戒委托协议内容等。

（四）必须熟悉自己的法定义务与责任

《药品管理法》第八十二条规定，药品存在质量问题或者其他安全隐患的，MAH 应当立即停止销售，告知相关药品经营企业和医疗机构停止销售和使用，召回已销售的药品，及时公开召回信息，必要时应当立即停止生产，并将药品召回和处理情况向省、自治区、直辖市人民政府药品监督管理部门和卫生健康主管部门报告。药品生产企业、药品经营企业和医疗机构应当配合。药品上市许可持有人依法应当召回药品而未召回的，省、自治区、直辖市人民政府药品监督管理部门应当责令其召回。《药品管理法》第八十三条规定，MAH应当对已上市药品的安全性、有效性和质量可控性定期开展上市后评价。

（五）MAH 如何开展 PV 相关工作

1. 制定药物警戒相关工作制度和工作程序，内容包括个例药品不良反应、药品群体不良事件、定期安全性更新报告（PSUR）、药品重点监测、评价及控制、开展质量管理体系内部审核或外部审核、严重不良反应赔偿、信息化追溯体系建设等。

2. 主动收集个例药品不良反应信息并按规定上报，保证主动收集的不良反应信息同国家监测的数据一致，对药品群体不良事件及时报告药监部门，并立即开展调查，按时向药监部门提交 PSUR 报告。

3. 对血液制品、生物制品、多组分生化药、注射剂、通过一致性评价药品和 2 年内新批准上市药品等高风险药品主动开展重点监测，并对重点监测数据进行汇总、分析、评价和报告。

4. 定期对收到的病例报告及其他与用药有关的有害反应信号开展调查、分析和研判。对已确认发生严重不良反应的药品，应将药品不良反应、合理用药信息及时告知医务人员、患者和公众，并采取修改标签和说明书，暂停生产、销售、使用和召回等有效措施控制安全风险。

5. 将药物警戒相关工作纳入年度报告制度管理。对已识别的风险（严重药品不良反应）采取调查等有效措施并予以赔偿。

6. 畅通药品不良反应收集渠道，在药品包装标签、说明书、网站主动公开 MAH 的联系方式。

三、从 GVP 谈风险识别与评估

《药物警戒质量管理规范》（以下简称 GVP）将于 2021 年 12 月 1 日起施行。GVP 第六十二条规定，持有人应当及时对新的药品安全风险开展评估，分析影响因素，描述风险特征，判定风险类型，评估是否需要采取风险控制措施等。风险识别与评估是药物警戒的关键组成部分，也是我国现行法规和技术指南中比较薄弱的一个环节。

（一）风险识别是风险管理的基础

风险识别是指识别药品不良临床结果的风险，并且有足够的科学证据表明它们是由药物引起的。对药品风险的识别或特征描述，即风险名称、发生机制、证据来源和科学依据，风险特征如频率、绝对风险、相对风险、严重程度、可逆性、长期结果、对生活质量的影响，风险因素和风险组（包括患者因素、剂量、危险期、相加或协同因素），对患者或公众健康的影响范围，可预测性即是否识别出可以通过常规或额外的风险最小化活动将风险因素降至最低，最终的目的是保证药物的获益大于风险，最终保护患者用药安全。

（二）信号检测是风险识别的手段

GVP 第五十五条规定，持有人应当对各种途径收集的疑似药品不良反应信息开展信号检测，及时发现新的药品安全风险。本规范为提高持有人风险识别的能力，首次提出了信号检测的概念，并对信号检测方法、信号检测频率、信号检测优先级判定及相关要求进行了原则性规定，为持有人做好药物警戒工作提供了依据，也为今后出台相关技术指导原则奠定了基础。

要做好信号检测必须完善信息收集途径，全面有效地收集疑似药品不良反应的信息，来源有自发报告、上市后相关研究及其他有组织的数据收集项目、学术文献和相关网站等涉及的信息。可通过药品说明书、包装标签、门户网站公布的联系电话或邮箱等途径收集患者和其他个人报告的疑似药品不良反应信息，定期对学术文献进行检索，制定合理的检索策略，根据品种安全性特征等确定检索频率，检索的时间范围应当具有连续性。

信号检测频率应当根据药品上市时间、药品特点、风险特征等相关因素合理确定。并重点关注药品说明书中未提及的药品不良反应，特别是严重的药品不良反应及药品说明书中已提及的药品不良反应，但发生频率、严重程度等明显增加的。

持有人应当对信号进行优先级判定。对于其中可能会影响产品的获益—风险平衡，或对公众健康产生影响的信号予以优先评价。获知或发现同一批号（或相邻批号）的同一药品在短期内集中出现多例临床表现相似的疑似不良反应，呈现聚集性特点的，应当及时开展病例分析和情况调查。

（三）风险评估是药品的获益与风险之间的平衡

风险评估是对风险识别所获取的风险因素、风险程度、风险性质等数据、运用概率论及数理统计等方法对风险进行描述、估计，为风险管理提供决策依据。

风险评估的原则是确保特定药品的利益超过最大可实现利润的风险。如果一种药品打算用于育龄妇女，则应明确提及生殖或发育毒性的数据，并评估在这一人群中使用的影响。对于特殊人群如孕妇、哺乳期妇女、肾功能损害患者、肝功能损害或心脏损害患者、相关基因多态性人群、免疫缺陷患者的人群，应详细说明肾脏，肝脏或心脏受损的程度，以及遗传多态性的类型。

风险评估的方法是运用科学的统计学工具，结合医学专业知识，深入分析研究的一个评价过程。如在信号检测时发现一个异常的信号，就需要做信号验证，确认异常信号是否为安全信号，然后，再经过分析确认安全信号是否可以界定为风险。怎么做信号验证，就需要从不良事件数据中，剔除一些混杂因素如疾病本身的特性、合并用药、其他伴随疾病的影响等，将剩下的有价值的数据，从医学专业角度去分析这些信号，最终确定事件之间的关联性，进而确认安全信号是否为风险。比如某药物可能会引起患者出现头晕或视物模糊，但这个药物服用要求都是晚上睡前服用，那这个头晕和视物模糊相对来说就不算是风险。

常用的风险评估工具如下：

1. 一般的常用统计工具

用于收集或组织数据、构建项目管理等，包括流程图、图形分析、鱼骨图、检查列表等。

2. 风险排列和过滤

将风险因素进行排列和比较，对每种风险因素做多重的定量和定性的评价，权重因素并确定风险得分。风险评价可以使用"低 / 中 / 高"或"1/2/3"的分类和简单的矩阵。3.失败模式效果分析（FMEA）评估潜在的失败模式和因此对产品性能或结果产生的影响。一旦失败模式被确定，可应用风险降低来消除、减少或控制潜在的失败。

3. 大数据分析

通过一些数据库，利用计算机发现目标药物产生的信号。此类方法目前比较常用的是比例失衡法。其中包括频数法和贝叶斯法，频数法也即四格表法包括比例报告比（PRR）和报告比值比（ROR），数值越大表示信号越强，即目标药物与目标不良反应之间联系越强。

对于已识别并评估的安全风险，持有人应当综合考虑药品风险特征、药品的可替代性、社会经济因素等，采取适宜的风险控制措施。常规风险控制措施包括修订药品说明书、标签、包装，改变药品包装规格，改变药品管理状态等。特殊风险控制措施包括开展医务人员和患者的沟通和教育、药品使用环节的限制、患者登记等。需要紧急控制的，可采取暂停药品生产、销售及召回产品等措施。

四、对企业执行 GVP 几个共性问题的理解

《药物警戒质量管理规范》（以下简称 GVP）自 2021 年 12 月 1 日起正式施行。2022 年 4 月 11 日，国家药品监督管理局发布了《药物警戒检查指导原则》，该指导原则有助于药监部门对 MAH 开展药物警戒活动进行的检查及

MAH 从被检查对象的视角检视并完善其药物警戒体系。

（一）药品安全委员会如何建立，由哪些人组成

药品安全委员会应用文件形式固定组织机构，包括委员会相关人员姓名、职位信息，有相关职责、工作机制、工作程序，有工作记录如会议纪要、决策文件等。药品安全委员会一般由 MAH 的法定代表人或主要负责人、药物警戒负责人、药物警戒部门及相关部门负责人等组成。

（二）药物警戒部门和质量部能否"两块牌子，一班人马"

药物警戒部门应当是独立于药品质量管理部门的专门部门，负责制定培训工作计划，并对药物警戒和其他相关部门（质量部、销售部、医学部等）人员进行专业培训。

（三）能否由其他部门人员兼职药物警戒工作

从事药物警戒活动必须有与企业规模相适应的一定数量的专门人员，并具备开展药物警戒活动所需专业背景、知识和技能，接受过药物警戒的相关培训。

（四）药物警戒体系主文件是什么

药物警戒体系主文件用以描述药物警戒体系及活动情况，包含组织机构、药物警戒负责人的基本信息、专职人员配备情况、药品不良反应信息来源、信息化工具或系统、管理制度和操作规程、药物警戒体系运行情况、质量管理等内容，并有相关规章制度及 SOP。如不良反应或事件收集、随访、录入、评估、递交 SOP；药物警戒相关文件的撰写、递交流程；风险的评估、确认、沟通，风险管控措施的制定、实施、跟踪制度；培训内容、频率，培训材料的撰写 SOP；建立和保存药品不良反应监测档案的制度与档案；开展药品不良反应或者群体不良事件报告、调查、评价、处理的制度和记录；委托其他企业开展药物警戒相关活动的，是否签署了符合要求的药物警戒委托协议内容等。

（五）如何收集及报告药物警戒信息

必须建立自主的疑似不良反应信息收集途径，包括医疗机构、药品生产企业、药品经营企业。可通过电话、电子邮件、文献、持有人相关网站等方式收集。对个例药品不良反应信息按规定上报，保证主动收集的不良反应信息同国家监测的数据一致；对药品群体不良事件及时报告药监部门，并立即开展调查，按时向药监部门提交 PSUR 报告。对血液制品、生物制品、多组分生化药、注射剂、通过一致性评价药品和 2 年内新批准上市药品等高风险药品，主动开展重点监测，并对重点监测数据进行汇总、分析、评价和报告。

（六）如何进行风险评估与控制

对各种途径收集的疑似不良反应信息开展信号检测与评价，评估是否有新的药品安全风险，并提出合理的评估意见，根据风险评估结果，对已识别风险、潜在风险综合考虑药品风险特征、药品的可替代性、社会经济因素等，采取适宜的风险控制措施，促进上市药品更安全，疗效更可靠，使用更合理，更好地为公众健康服务。

（七）对出现的缺陷如何判定及整改

根据检查发现的严重缺陷、主要缺陷、一般缺陷数综合评定为不符合要求、基本符合要求、符合要求。

综合评定结论为不符合要求的，药品监督管理部门应当第一时间采取暂停生产、销售、使用、进口等风险控制措施，消除安全隐患。

综合评定结论为基本符合要求的，企业应在 20 个工作日内针对缺陷项目进行整改；无法按期完成整改的，应当制定切实可行的整改计划，并作为对应缺陷的整改完成情况列入整改报告。整改报告应当至少包含缺陷描述、缺陷调查分析、风险评估、风险控制、整改审核、整改效果评价等内容，针对缺陷成因及风险评估情况，逐项描述风险控制措施及实施结果。

五、药物警戒检查，如何查，查什么

2022 年 4 月 11 日，国家药品监督管理局发布了《药物警戒检查指导原则》，该指导原则适用于省级及以上药品监督管理部门对持有人自行开展及其委托开展的药物警戒活动进行的检查工作。

对于企业执行 GVP，前文《对企业执行 GVP 几个共性问题的理解》谈了企业的一些共性问题。但对药品监管人员来说也同样存在一些问题：如何检查企业执行 GVP 的情况？该检查哪些项目？在 GVP 检查员进行培训及实操之前，本文结合《药物警戒检查指导原则（征求意见稿）》，谈谈对 GVP 检查的理解和思考。

（一）查机构及人员

1. 是否建立了药品安全委员会。职责是否清晰、合理，组成是否符合要求；是否有合理的工作机制和程序，并按程序开展工作。

2. 是否设置了专门的药物警戒部门。岗位职责是否全面、清晰、合理；是否由该负责人负责本企业药物警戒体系的运行和维护；是否在国家药品不良反应监测系统中进行登记；该负责人是否对药物警戒相关法律、法规、规范、指南等熟悉。

3. 药物警戒负责人是否具有医学、药学、流行病学、生物医学工程或者相关专业背景，本科及以上学历或者中级以上专业技术职称，3 年以上从事药物警戒相关工作经历，具备管理药物警戒工作的知识和技能。

（二）查体系文件及相关记录

1. 药物警戒系统主文件是否符合要求。内容是否包含组织机构、药物警戒负责人的基本信息、专职人员配备情况；药品不良反应信息来源、信息化工具或系统；管理制度和操作规程，药物警戒体系运行情况，质量管理等内容，并有相关规章制度及 SOP。

2. 是否定期对药物警戒体系及活动开展内审。查审查组成员情况；查看药物警戒体系主文件中是否有关药物警戒内审的描述；查看内审计划、内审方案、内审记录、内审报告等；查看纠正和预防措施计划，了解跟踪、评估情况。

3. 关键的药物警戒活动是否有记录。查看有关记录和数据管理的相关规程、质量管理体系文件和台账记录、产品移交记录、人员交接记录等；个例不良事件报告记录、收载是否翔实全面；医学评估过程是否符合相关规程；预期性的判断是否有证据支持；定期不良事件报告的记录是否涵盖了当期所收集和报告的所有不良事件；结合检查项目审查各类记录是否符合要求。

（三）查药物警戒信息的收集及报告

1. 是否建立了自主的疑似不良反应信息收集途径。查信息自主收集的途径和方法，验证相关报告途径和方法的有效性；查看药物警戒体系主文件中是否有关疑似不良反应信息来源的描述。

2. 是否对各种途径收集的疑似不良反应信息开展了信号检测。查纳入信号检测品种的覆盖范围；查信号检测的方法、频率、程序；查信号判定的原则和标准；检查信号检测工作执行情况，查看信号检测记录；查看有无检出的信号和重点关注信号。

（四）查风险评估与控制

1. 是否对收集的疑似不良反应信息开展信号检测与评价。查看信号评价记录或报告，了解评价过程、结果及建议；评估是否有新的药品安全风险，并提出合理的评估意见。

2. 是否根据省级及以上药品监管部门要求开展药品上市后安全性研究。抽查上市后安全性研究案例，包括研究方案、研究报告，向监督管理部门报告的信息等。

3. 是否根据风险评估结果，对已识别风险、潜在风险采取适当的风险管理措施。查采取风险管理措施的相关情况，如风险控制措施、上市后研究、加强药品上市后监测等；查看采取风险管理措施的相关资料和证据，如药物警戒体系主文件的更新、药品说明书修订或备案申请、药物警戒计划、上市后研究和加强监测方案、报告等。

4. 是否及时对药品不良反应聚集性事件进行了调查处置。是否发现或获知药品不良反应聚集性事件；查聚集性事件调查处置经过；查看调查报告、跟踪报告、总结报告；查看开展相关风险控制措施的文件或记录。

（五）GVP 检查重点考虑的因素

1. 药品安全性特性及药品本身存在的固有风险。

2. 药品不良反应监测数据及药品不良反应聚集性事件发生情况。

3. 销售量大或替代药品有限的药品。

4. 批准上市时有附加安全性条件的药品。

5. 社会关注度较高的药品。

6. 持有品种较多、销售量大的持有人。

7. 未接受过药物警戒检查的持有人。

8. 首次在中国境内获得药品批准证书的持有人。

9. 组织结构变更、企业发生并购等导致药物警戒体系发生重大变化或对药物警戒组织结构有重大影响的持有人。

10. 委托生产的持有人。

11. 委托开展药物警戒活动的持有人。

12. 对疑似药品不良反应信息迟报、瞒报、漏报，报告质量差，报告信息不准确的。

13. 药品不良反应监测提示可能存在质量安全风险的。

14. 未能及时发现、评估、控制或沟通相关风险的。

15. 采取暂停生产、销售、使用和产品召回，未按规定告知药品监管部门的。

16. 未按照规定或者药品监管部门要求开展药品上市后安全性研究、制定并实施药物警戒计划，且未提供说明的。

17. 未按照药品监管部门的要求提供药物警戒相关资料，或提供的资料不符合要求的。

18. 延迟实施或没有充分实施整改措施的。

19. 既往药物警戒检查或其他检查情况。

20. 药品监管部门认为需要开展检查的其他情况。

第五章 药品稽查

一、药品监管部门是判定假劣药的合法主体

新修订《药品管理法》（以下简称新法）于 2019 年 12 月 1 日正式实施。当前，各级药品监督管理部门正在扎实开展新法学习活动。基层监管人员对于执法中常见的典型问题仍存有一些争议。如何判定假劣药的合法主体是谁？如何判定假劣药？

（一）由谁判定假劣药

行政机关行使公权力必须遵循依法行政原则，即"法无授权不可为"。新法第十一条规定，药品监督管理部门设置或者指定的药品专业技术机构，承担依法实施药品监督管理所需的审评、检验、核查、监测与评价等工作。由此可见，在新法相关规定中，药品检验机构不具有判定假劣药的职权。

此外，目前我国药品检验机构在履行药检职责时，主要执行《药品检验所实验室质量管理规范（试行）》（以下简称《规范》）相关规定。《规范》明确，药品检验机构应在"检验结果"项下填写实测数值和实况描述。其中，检验报告书结论用语应使用"本品按 ×× 检验，结果（不）符合规定"（全项检验）或"本品按 ×× 检验上述项目，结果（不）符合规定"（非全项检验）书写模板。也就是说，药品检验机构的具体工作内容是依据国家药品标准，对被检药品质量进行测定并对检测结果是否符合标准作出判断，但对于被检药品性质不作直接判定。

根据《药品管理法》第八条相关规定，地方各级药品监管部门是本辖区内《药品管理法》的执法主体，除法律另有规定外，行使《药品管理法》规定的

各项职权，其中包括执行对假劣药品作出判断的职权。

综上，笔者认为，各级药品监管部门是判定假劣药的唯一合法主体。

（二）如何判定假劣药

《药品管理法》第九十八条规定，禁止生产（包括配制，下同）、销售、使用假药、劣药。其中"假药"包括4种情形：①药品所含成分与国家药品标准规定的成分不符；②以非药品冒充药品或者以他种药品冒充此种药品；③变质的药品；④药品所标明的适应证或者功能主治超出规定范围。"劣药"包括药品成分的含量不符合国家药品标准；被污染的药品等7种情形。

药品监督管理人员在判定假劣药时，不仅要参考检验报告书总结论，同时还需要进一步分析检验报告书中不合格项目的原因，最终作出合理的综合判定。

1. 如何认定药品所含成分与国家药品标准规定的成分不符

一般来说，药品所含成分分为已知成分和未知成分。前者主要集中在化药类，而后者则多为中药类。新法规定，药品所含成分必须与国家药品标准规定的成分相符，否则即为假药。换言之，药品标准规定的成分必须是明确特指的，而非未知的情形。

中药检测中，鉴别项测定如果出现不合格的情形，检验人员还须再结合中药性状鉴别，最终判定被检中药是否为假劣药。在化药检测中，若含量测定项为0，则可直接判定为假药。

2. 如何认定以非药品冒充药品或者以他种药品冒充此种药品

限于检验技术和其他因素等影响，通过药检报告来认定以非药品冒充药品或者以他种药品冒充此种药品的情形比较少见。

笔者建议，依据国家药品标准对被检药品进行鉴定，并在检验报告的结论或备注栏上注明冒充物质是何种物质。而对于中药材或中药饮片而言，性状鉴别是此种假药情形的一种有效鉴别方法。

3. 如何认定变质的药品

药品变质是指药品受到各种影响而发生的内在化学反应，最终会部分或完全降解，并生成其他新的物质。新法明确规定，变质的药品即为假药。

笔者认为，判定被检药品是否变质，首先，要检测药品样品是否含有国家药品标准规定予以限制的相关物质；其次，要核实被检出的予以限制的物质是否超出规定限度。综合以上两点意见，方可判定药品性质。

4. 如何认定被污染的药品

被污染是指药品受到外界因素的影响而被动带入了受控的相关物质，而该物质的引入并非出于物品自身因素的变化。

笔者认为，可重点关注微生物限度检查、无菌检查、热原检查、细菌内毒素检查和残留溶剂检查等项目，如检查结果不符合规定，或药品外观可直接观察发现被污染，则可判定被检药品属劣药。

二、按照地方炮制规范生产的中药饮片能否跨区域销售

某省某药企生产销售中药饮片劣药案，引起业内人士广泛关注。按照地方炮制规范生产的中药饮片能否跨区域销售，一直困扰着药品生产企业及药品监管人员。

新修订《药品管理法》第四十四条第二款规定，中药饮片应当按照国家药品标准炮制；国家药品标准没有规定的，应当按照省、自治区、直辖市人民政府药品监督管理部门制定的炮制规范炮制。省、自治区、直辖市人民政府药品监督管理部门制定的炮制规范应当报国务院药品监督管理部门备案。不符合国家药品标准或者不按照省、自治区、直辖市人民政府药品监督管理部门制定的炮制规范炮制的，不得出厂、销售。"2010 年，原国家食品药品监督管理局药品注册司在回复原浙江省食品药品监督管理局《关于中药饮片炮制规范适用范围的复函》中提出："各省、自治区、直辖市药品监管部门制定、颁布的中药饮片炮制规范仅适用于本辖区内中药饮片的生产、销售和检验等。

根据上述法律及文件相关规定，可以认为，各省（区、市）制定的中药饮片炮制规范应仅适用于本辖区内中药饮片的炮制、销售等。也就是说，按照地方炮制规范生产的中药饮片无法实现跨区域销售。这给企业的生产经营及药品监管部门的监管工作带来很多不便。

为解决这一问题，部分省级药品监督管理部门根据本省（区、市）实际情况，作出了相应的规定。梳理发现，大概包含三种类型：

第一类，按照外省（区、市）炮制规范生产的中药饮片可在本省（区、市）经营使用。如2017年，原江苏省食品药品监督管理局回复原南京市食品药品监督管理局《关于中药饮片流通监管有关问题的批复》指出："中药饮片生产企业对国家药品标准没有规定的，按照经国务院药品监督管理部门备案的当地省级炮制规范生产的合格中药饮片可以在省内外销售。"

第二类，未明确表态按照外省（区、市）炮制规范生产的中药饮片可否在本省（区、市）经营使用。如2017年，原广东省食品药品监督管理局回复原广州市食品药品监督管理局《关于执行外省炮制规范（标准）的中药饮片能否在我省生产经营使用问题的复函》指出："目前暂无法律法规明确禁止外省按照该省炮制规范生产的中药饮片在我省范围内经营使用，故对符合外省炮制规范（标准）的中药饮片禁止在我省范围内经营使用没有法律法规依据。"依据"法无禁止即可为"原则，实际上是默许此类经营使用行为。

第三类，可按照外省（区、市）炮制规范生产中药饮片，能否在外省销售使用需要咨询销售地药品监管部门。如2017年，原安徽省食品药品监督管理局回复王峰《关于药品生产企业能否按照外省中药饮片炮制规范生产销售中药饮片的复函》明确："我省药品生产企业可以按照国家标准、本省或外省中药饮片炮制规范生产和销售中药饮片，但是饮片执行标准须注明具体饮片炮制规范名称或标准编号。我省企业按外省中药饮片炮制规范生产的中药饮片能否在外省销售需具体咨询销售地药品监管部门。"

2019年10月，中共中央、国务院印发《关于促进中医药传承创新发展的意见》（以下简称《意见》）。《意见》第十六条提出，要"推动中医药开放发展"。由此可见，禁止按照地方炮制规范生产的中药饮片跨区域销售，与《意见》要求相悖，也不符合中药产业发展实际。此外，中药饮片采用的炮制规范不同，生产工艺就不同，其质量标准也会存在差异。因此，药品生产企业按照销售地炮制规范生产中药饮片，不便于药品监督管理部门对其进行监管。

综上所述，笔者建议，第一，应按照《意见》第八条要求，健全中药饮片标准体系，制定实施全国中药饮片炮制规范。第二，在当前监管实践中，为促进中医药事业的快速健康发展，依照"法无禁止即可为"原则，各省级药品监督管理部门应允许中药饮片企业生产销售符合国家药品标准规定的中药饮片，或销售符合生产地炮制规范并在国家药品监督管理部门备案的中药饮片。

三、批签发——生物制品上市放行前最后一道关卡

新修订的《生物制品批签发管理办法》（以下简称《办法》），于 2021 年 3 月 1 日起正式实施。《办法》根据《药品管理法》《疫苗管理法》，进一步规范批签发管理要求，明确批签发豁免情形、检验项目和频次要求，强化生产工艺偏差管理，明确上市许可持有人主体责任，规范生物制品批签发行为，保证生物制品安全、有效。

（一）什么是批签发

生物制品批签发，是指国家药品监督管理局对获得上市许可的疫苗类制品、血液制品、用于血源筛查的体外诊断试剂以及国家药品监督管理局规定的其他生物制品，在每批产品上市销售前或者进口时，经指定的批签发机构进行审核、检验，对符合要求的发给批签发证明的活动。检验不合格或者审核不被批准者，不得上市或者进口。

（二）批签发由谁来做

《办法》第七条规定，批签发机构及其所负责的批签发品种由国家药品监督管理局确定。国家药品监督管理局根据批签发工作需要，适时公布新增批签发机构及批签发机构扩增批签发品种的评定标准、程序和条件。因此，批签发可以是中国食品药品检定研究院（以下简称中检院），也可以是经中检院进行评估并报国家药品监督管理局同意的地方药检机构。

（三）批签发如何做

1. 新批准上市的生物制品首次申请批签发前，批签发申请人应当在生物制品批签发管理系统内登记建档。

2. 按照批签发管理的生物制品，批签发申请人在生产、检验完成后，应当在生物制品批签发管理系统内填写生物制品批签发申请表。

3. 批签发申请人凭生物制品批签发申请表向省、自治区、直辖市药品监督管理部门或者其指定的抽样机构提出抽样申请，提供药品批准证明文件等相关证明性文件、资料，并按规定将封存的样品送至批签发机构。

4. 申请疫苗批签发的，除应逐批进行资料审核和抽样检验，还应提交疫苗的生产工艺偏差、质量差异、纠正和预防措施及风险评估结论等。

5. 其他生物制品批签发可以采取资料审核的方式，也可以采取资料审核和样品检验相结合的方式进行，并可调阅原始记录、现场查看设备及日志等措施进行现场核实。对无菌检验不合格、效力指标检验不合格、生产质量控制可能存在严重问题的可提出现场检查及抽样。

6. 批签发机构根据资料审核、样品检验或者现场检查等结果签发加盖国家批签发机构专用章的生物制品批签发证明。

7. 国家药品监督管理局建立统一的生物制品批签发信息平台，提供可查询的批签发进度、批签发结论，已通过批签发的产品信息，供公众查询。

四、对中药配方颗粒，重点监管哪些方面

中药配方颗粒又叫中药免煎颗粒、单味中药浓缩颗粒、中药新型颗粒饮片、免煎饮片等，是由单味中药饮片经水提、分离、浓缩、干燥、制粒而成的颗粒，在中医药理论指导下，按照中医临床处方配方后，供患者冲服使用，其临床疗效应当和相应饮片保持一致。

从 2001 年《中药配方颗粒管理暂行规定》发布，到 2015 年原国家食品药品监督管理总局就《中药配方颗粒管理办法（征求意见稿）》征求意见，再到2019 年《中药配方颗粒质量控制与标准制定技术要求（征求意见稿）》《关于

中药配方颗粒品种试点统一标准的公示》发布，中药配方颗粒的生产和监管在持续推进，有些省份也出台了中药配方颗粒备案管理实施细则等。

征求意见稿对应文件没有正式出台，中药配方颗粒使用量逐年攀升。"如何对中药配方颗粒进行监管"，是基层监管人员在日常生产、流通监管中常有的困惑。对此，笔者谈谈个人看法。

（一）对生产企业的监管

1. 企业必须获得颗粒剂生产范围，具有中药饮片炮制、提取、浓缩、干燥、制粒等完整生产能力，符合 GMP 要求。

2. 至少应收集 15 批药材样品，制成饮片和"标准汤剂（用来衡量中药配方颗粒是否与临床汤剂基本一致）"，需用出膏率、有效（或指标）成分含量及含量转移率、特征图谱等至少 3 个参数作为表征。

3. 供生产用的中药材、中药饮片应符合《中国药典》或地方中药饮片炮制规范，企业应明确饮片炮制方法及条件，明确关键生产设备、规模、收率及辅料、包材、包装、贮藏条件等，说明相应的生产过程质量控制方法。

4. 提取用溶媒为制药用水，不得使用酸碱和有机溶媒。

5. 有药品监测与评价专门机构及专职人员，建立药品监测与评价体系，具备对药品实施风险管理的能力。

6. 有妥善处理中药废渣的管理措施，废渣必须经过毁型、销毁等处理措施，严防经水提取后的中药饮片再次流入市场。

7. 必须执行国家药品监督管理局公示的 160 个品种的中药配方颗粒质量标准或地方标准，没有国家标准和地方标准的，企业必须制定含名称、来源、制法、性状、鉴别、检查、特征图谱或指纹图谱、含量测定、规格（每克配方颗粒相当于饮片的量）、贮藏等的质量标准。

8. 应当有完整的批生产记录，严格执行生产工艺规程和标准操作规程，明确出膏率范围（干膏或湿膏），保证中药配方颗粒批与批之间质量稳定均一。

（二）对流通及临床使用的监管

1. 未经省级药品监督管理部门备案的临床医院不能使用中药配方颗粒，药品经营企业不允许销售中药配方颗粒。

2. 医疗机构未经省级药品监督管理部门备案使用，按违反《药品管理法》第十九条"开展药物临床试验，应当在具备相应条件的临床试验机构进行。药物临床试验机构实行备案管理"处理。

3. 经营企业销售中药配方颗粒，相当于销售临床试验药品，超出了经营许可范围。按违反《药品流通监督管理办法》第十七条规定"药品经营企业应当按照《药品经营许可证》许可的经营范围经营药品"处理。

4. 针对医院临床使用的配方颗粒，加大抽验力度，按国家或地方标准检验，没有国家或地方标准的，按企业提供的标准检验，并适时开展探索性研究。

鉴于配方颗粒的生产和使用情况，笔者建议：尽快出台中药配方颗粒管理办法，充分发挥中医药独特的优势，推陈出新，促进中医药现代化，更使得监管有法可依。加大对生产企业中药饮片的抽验力度，以查处以次充好、染色增重、违规炮制、掺杂使假等现象，防止不合格原料制成配方颗粒。鼓励对配方颗粒临床疗效的收集，对传统中药饮片和配方颗粒配伍使用进行临床疗效对比研究。在国家药品监督管理局公示的160种配方颗粒标准基础上，加快标准的制定，坚持"就高不就低"的原则，成熟一批公布一批，达到每个品种都有一个标准。

五、从《药品检查管理办法（试行）》谈检查与稽查的衔接

《药品检查管理办法（试行）》（以下简称《办法》）于 2021 年 5 月 28 日发布并于同日实施。《办法》第五十条规定，在违法案件查处过程中，负责案件查办、药品检查、法治部门及检验检测等部门应当各司其职、各负其责，同时加强相互之间的协作衔接。第五十一条规定，检查中发现被检查单位涉嫌违法的，执法人员应当立即开展相关调查、取证工作，检查组应当将发现的违法线索和处理建议立即通报负责该被检查单位监管工作的药品监督管理部门和派出检查单位。

过往的检查一般是制定方案、首次会议、实施检查、评定缺陷、出具报告，在发现违法线索时往往与稽查衔接不够，互动不足。

（一）检查与稽查的区别与联系

检查通常是根据《药品生产质量管理规范》（GMP）、《药品经营质量管理规范》（GSP）等对药品生产企业、经营企业实施 GMP、GSP 符合性检查，是一项技术工作，侧重于质量管理体系方面，对其存在的问题、缺陷、风险进行确定，结果是形成一个检查报告，通过风险评估以确定是否符合 GMP、GSP；稽查是根据《药品管理法》《药品行政处罚程序规定》等对违法行为进行调查、确认和追究的一个过程，是一项执法工作，侧重于案件的调查、取证、处理等方面，对其违法行为进行追究，结果是形成一个处罚，通过证据确定事实，以达到追究违法者的法律责任。

检查可以为稽查发现案件线索、固定证据，企业存在的风险、问题、缺陷发展到一定程度可以成为药品违法案件进行处理；稽查又可为检查降低企业风险、提出纠防措施，如企业出现违法案件，说明该企业存在严重的 GMP、GSP 风险，对 GMP、GSP 实施的改进与完善，对阻止违法事件的发生和延续具有推动作用。

（二）检查与稽查衔接中存在的问题

检查擅长发现问题、缺陷、存在的风险，但通过问题、缺陷、风险等发现案件线索意识不够；检查人员对稽查办案程序不熟，对证据的固定把握不准；对存在的缺陷多是责令企业整改，对可能上升到行政处罚的缺陷移交少；移交不及时，企业可能隐匿、篡改、销毁原始证明材料、伪造新证据，追溯困难；移交的证据材料不足或不符合稽查办案的证据要求，难以立案。

稽查擅长取证、立案、处罚，但对案件查处后如何改进或完善 GMP、GSP 实施的意识不够；案件查处时利用 GMP 检查的方法、方式、内容、手段不够；对药品生产、经营质量管理业务不熟，不能很好地从药品生产、经营全过程把握违法问题的实质。

（三）如何做好检查与稽查的衔接

《办法》的实施适于所有药品监管人员，因此检查与稽查人员都必须加强对《办法》的学习与理解，强化检查与稽查的大局观念，加强沟通与协作，积极探索两者衔接与互动的机制与模式等，建立两者衔接与互动的方式与方法等。

检查时积极发现线索并依法固定证据，发现企业涉嫌违法的，应及时将发现的违法线索和处理建议通报稽查部门和派出检查单位。稽查部门对通报的违法线索应立即派出稽查人员到达检查现场，交接与违法行为相关的实物、资料、票据、数据存储介质等证据材料，全面负责后续案件查办工作。稽查部门可根据案件查处情况提供给检查部门改进 GMP、GSP 实施与检查的建议。在案件查办过程中发现被检查单位涉嫌犯罪的，应当按照相关规定，依法及时移送或通报公安机关。

六、从《中药材生产质量管理规范》谈延伸检查

2022 年 3 月 17 日，国家药品监督管理局等四部门联合发布实施《中药材生产质量管理规范》（以下简称新版 GAP），并公告有关事项。新版 GAP 共计十四章一百四十四条，较之 2002 年版的十章五十七条，规定得更具体、更科学、更具操作性。新版 GAP 是从保证中药材质量出发，控制影响药材生产质量的各种因素，规范药材各生产环节乃至全过程，以达到药材"真实、优质、稳定、可控"的目的，是贯彻《中共中央国务院关于促进中医药传承创新发展的意见》具体体现。它是从基地选址、种子种苗管理、环境生态、种植和养殖、采收与产地加工等各个方面提出基本要求和原则的一个法规性文件，具有强制执行性。

按照公告要求，省级药品监督管理部门应当加强监督检查，对应当使用或者标示使用符合本规范中药材的中药生产企业，必要时对相应的中药材生产企业开展延伸检查，重点检查是否符合本规范。发现不符合的，应当依法严厉查处，责令中药生产企业限期改正、取消标示等，并公开相应的中药材生产企业及其中药材品种，通报中药材产地人民政府。本文围绕新版 GAP，简单梳理药品监督管理部门对相应的中药材生产企业开展延伸检查的要点。

（一）检查是否有相应的组织机构和人员

1. 中药材生产企业应当建立相应的生产和质量管理部门，并配备足够数量

并具有和岗位职责相对应资质的生产和质量管理人员。

2.生产、质量的管理负责人应当有中药学、药学或者农学等相关专业大专及以上学历并有中药材生产、质量管理 3 年以上实践经验，或者有中药材生产、质量管理 5 年以上的实践经验，且均须经过本规范的培训。

3.生产管理负责人负责种子种苗或其他繁殖材料繁育、田间管理或者药用动物饲养、农业投入品使用、采收与加工、包装与贮存等生产活动。

4.质量管理负责人负责质量标准与技术规程制定及监督执行、检验和产品放行。

（二）检查是否有必要的设施设备

1.中药材生产企业应当建设必要的设施，包括种植或者养殖设施、产地加工设施、中药材贮存仓库、包装设施等，贮存中药材的仓库应当符合贮存条件要求，根据需要建设控温、避光、通风、防潮和防虫、防鼠禽畜等设施。

2.质量检验室功能布局应当满足中药材的检验条件要求，应当设置检验、仪器、标本、留样等工作室（柜）。

3.生产基地周围应当无污染源。

4.生产基地环境应当持续符合国家标准。

（三）检查是否有相关的体系文件

1.中药材生产企业应建立中药材生产质量追溯体系，鼓励企业运用现代信息技术建设追溯体系，保证全过程关键环节可追溯。

2.建立中药材种子种苗或其他繁殖材料的良种繁育规程。

3.应当根据药用植物生长发育习性和对环境条件的要求等制定种植技术规程。

4.制定中药材质量标准及检验规程，标准不能低于现行法定标准，内容包括药材性状、检查项、理化鉴别、浸出物、指纹或者特征图谱、指标或者有效成分的含量，药材农药残留或者兽药残留、重金属及有害元素、真菌毒素等有毒有害物质的控制标准等。

5.根据药用动物生长发育习性和对环境条件的要求等制定养殖技术规程。

6.制定患病药用动物处理技术规程，禁止将中毒、感染疾病的药用动物加工成中药材。

7. 制定种植、养殖、野生抚育或仿野生栽培中药材的采收与产地加工技术规程，明确采收的部位、采收过程中需除去的部分、采收规格等质量要求。

8. 涉及特殊加工要求的中药材，如切制、去皮、去心、发汗、蒸、煮等，应根据传统加工方法，结合国家要求，制定相应的加工技术规程。

9. 建立相关记录。如药用植物种植主要记录、药用动物养殖主要记录、采收加工主要记录、包装及储运记录、培训记录、检验记录、产品发运的记录、投诉调查和处理、记录。应当制定包装、放行和储运技术规程。

（四）检查是否严格按照新版 GAP 生产加工

1. 中药材生产企业应根据中药材生产特点，明确影响中药材质量的关键环节，开展质量风险评估，制定有效的生产管理与质量控制、预防措施。

2. 企业对基地生产单元主体应当建立有效的监督管理机制，实现关键环节的现场指导、监督和记录。

3. 基地选址范围内，企业至少完成一个生产周期中药材种植或者养殖，并有两个收获期中药材质量检测数据且符合企业内控质量标准。

4. 按照技术规程要求，在规定期限内，适时、及时完成采收，采收过程中应当保证清洁，不受外源物质的污染或者破坏。

5. 按照统一的产地加工技术规程开展产地加工管理，保证加工过程方法的一致性，避免品质下降或者外源污染。

6. 按照制定的包装技术规程，选用包装材料，进行规范包装；分区存放中药材，不同品种、不同批中药材不得混乱交叉存放，保证贮存所需要的条件，如洁净度、温度、湿度。

7. 执行中药材放行制度，对每批药材进行质量评价，审核生产、检验等相关记录，由质量管理负责人签名批准放行。

8. 定期组织对新版 GAP 实施情况的内审，对影响中药材质量的关键数据定期进行趋势分析和风险评估，确认是否符合规范要求，采取必要的纠正和预防措施。

七、如何完善中药监管

2023 年 1 月 3 日，国家药品监督管理局出台了《关于进一步加强中药科学监管促进中药传承创新发展的若干措施》（以下简称措施），其主要内容正是围绕中国中药科学监管大会"保安全守底线、促发展追高线，深化审评审批改革，推动中药高质量发展"的主题，提出了"加强中药材质量管理""强化中药饮片、中药配方颗粒监管""优化医疗机构中药制剂管理""完善中药审评审批机制""重视中药上市后管理""提升中药标准管理水平""加大中药安全监管力度""推进中药监管全球化合作"等 9 个方面共 35 条政策措施。

中医药是中华民族的瑰宝，中药是中医药传承创新发展的物质基础，对慢性病、老年性疾病、疑难杂症等复杂性疾病，中医药优势明显。我国中药现代化仍处于初级阶段，药材质量不佳、生产工艺粗糙、监管手段落后等问题仍然存在，如何科学监管，传承创新是该措施的亮点。

（一）抓住中药材源头管理

中药材是中药产业的基础，中药材质量直接影响中药的质量。目前，中药材种植及采收在各产地标准不统一，种植技术落后，采收不科学。如中药材种子种苗缺乏统一的国家标准，要么来自野生，要么来自市场购入；种植操作技术如配方施肥、灌溉、病虫害防治、高产技术等比较落后；对采收期、采收方法等缺乏科学的认识，对中药材采收操作粗放，比较随意，未因产地和品种不同而采取不同的采收期和采收方法等。

1. 推进实施 GAP，规范中药材产地加工

推进实施 GAP，促进中药材规范化、产业化、规模化种植养殖。通过 GAP 延伸检查、符合性检查和日常监督检查，推动中药生产企业采取自建、共建、联建或共享中药材种植养殖基地，规范中药材产地加工及采购行为，加强趁鲜切制中药材质量管理。调动中药材产地地方政府、中药材生产企业、基地农户积极性，推动中药生产企业将药品质量管理体系向中药材种植加工环节延伸。

2. 完善地方药材标准，建立中药材监测机制

加强对地区性民间习用药材管理，修订地方药材标准，确保地方药材标准与国家药品标准协调统一。综合分析中药材质量监测数据，关注不同产地中药材质量的差异，研究发布中药材质量监测报告。构建涵盖药材品种考证、产地、质量、安全等信息的国家中药材质量基本数据库，促进中药材数据信息的共享和共用。

3. 改进中药材进口管理

强化进口药材检验能力建设，提升进口药材质量追溯水平。有序开展对申请增设允许药品进口的口岸或允许药材进口的边境口岸现场考核评估工作，合理增设允许药品进口的口岸或允许药材进口的边境口岸。

（二）构建中药的准入机制

中药要创新发展，准入机制也要与时俱进，加快构建符合中药特点的审评审批制度体系。构建中医药理论、人用经验、临床试验相结合的中药注册审评证据体系，将中药优势、特点与患者获益有机结合，建立完善以临床价值为导向的多元化中药评价技术标准和临床疗效评价方法，为中药临床合理应用提供科学依据。

1. 加强中药饮片审批管理，建立健全中药饮片质量评价体系

遵循中医药理论和用药规律，围绕质量安全风险，推动中药饮片炮制机理研究，建立健全中药饮片质量评价体系。制定《实施审批管理的中药饮片目录》及配套文件，依法对符合规定情形的中药饮片实施审批管理。

2. 完善中药审评审批机制，推动中药评价体系的研究和创新

优化中药审评审批体系和机制，推进注册"末端"加速变为向"前端"延伸的全程加速，完善中药应急审评审批机制。快速有效应对公共突发卫生事件，对国务院卫生健康或者中医药管理部门认定急需中药实施特别审批程序。鼓励并扶持用于重大疾病、罕见病，或者儿童用中药新药的研制，对符合规定

情形的相关注册申请实行优先审评审批。

3. 完善中药标准，提升中药标准数字化管理水平

推进中药标准制定、修订，加快国家中药饮片炮制规范、中药配方颗粒标准发布实施。合理设置中药中农药残留、重金属与有害元素、真菌毒素等有害物质以及植物生长调节剂等的限量要求和检测方法。加强中药内源性有毒成分检测技术研究和风险评估体系建设，制订符合中药特点的内源性有毒成分限度标准和完善用法用量。建立完善中药国家药品标准、药品注册标准动态数据库，加快推进数字化标准建设，及时更新数据，实现药品标准的发布、查询、分析、研究、维护信息化。

（三）加强中药生产全过程控制

中药生产指中药饮片、中药配方颗粒和中成药的生产。创新中药质量监管模式，完善中药生产监管制度建设，研究制定并监督实施《中药生产质量管理规范》。逐步建立并完善中药生产区域化风险研判机制，针对重点企业、重点品种、重点环节，持续加强中药饮片、中药配方颗粒和中成药监督检查，有序开展中药材延伸检查。

1. 完善《国家中药饮片炮制规范》，规范中药饮片生产和质量追溯

分批发布实施《国家中药饮片炮制规范》，加强对省级中药饮片炮制规范的备案管理。做好炮制辅料标准化、炮制设备现代化、炮制工艺规范化，遵循中药饮片炮制特点，结合传统炮制方法和现代生产技术手段，研究完善中药饮片生产质量管理规范，探索建立中药饮片生产流通追溯体系，逐步实现重点品种来源可查、去向可追和追溯信息互通互享。

2. 强化中药配方颗粒生产过程管理

督促中药配方颗粒生产企业履行药品全生命周期的主体责任和相关义务，实施生产全过程管理，建立追溯体系，逐步实现来源可查、去向可追，加强风险管理。中药饮片炮制、水提、分离、浓缩、干燥、制粒等中药配方颗粒的生产过程应当符合 GMP 相关要求。生产中药配方颗粒所需中药材，能人工种植

养殖的，应当优先使用来源于符合中药材生产质量管理规范要求的中药材种植养殖基地的中药材。提倡使用道地药材。

3. 优化医疗机构中药制剂管理，严格备案和调剂使用医疗机构中药制剂

规范和加强医疗机构中药制剂配制间监管，严格监管中药制剂质量。严格按照规定开展医疗机构应用传统工艺配制中药制剂的备案管理工作，及时对已备案的医疗机构制剂进行资料核查和现场检查，必要时按照相关规定开展抽样检验。推动医疗机构建立和完善药物警戒体系，主动开展对医疗机构中药制剂疑似不良反应的监测、识别、评估和控制。

（四）完善中药上市后监管

加强中药监管能力的建设，提升监管效能，完善中药上市后监管，持续开展中药专项整治，大力发展中药监管科学研究，以中药监管科学重点项目为切入点，不断推动中药监管理念、制度、机制创新，积极探索中药质量控制新技术、新方法，建立更有针对性和可行性的质量控制标准。

1. 完善中药上市后管理工作机制

加强药品全生命周期管理，督促药品上市许可持有人履行主体责任和义务，根据产品特点制定上市后风险管理计划，主动开展上市后研究和上市后评价，对药品的获益和风险进行综合分析评估。根据评估结果，依法采取修订药品说明书、暂停生产销售、召回药品、主动申请注销药品批准证明文件等措施。

2. 规范中药不良反应监测，加强中药质量抽检监测

组织研究开发符合中药特点的中药不良反应信号监测工具，对发现的安全性风险信号及时开展综合分析研判，采取相应的风险控制措施，加强对不良反应聚集性事件的监测和处置力度，及时防控用药风险。持续推进和完善中药饮片、中药配方颗粒、中成药质量抽检，结合监管需求和行业发展实际科学开展探索性研究，对抽检监测数据进行综合分析研判，依风险采取相应的风险防控或质量提升措施。

3. 严厉打击违法违规行为

依法严查重处药品上市许可持有人、生产、经营企业涉嫌注册、备案造假，以及掺杂掺假、编造记录、违规销售等违法违规行为。严厉打击"窝点"制售中药假药等违法犯罪活动，充分利用网络监测、投诉举报等线索，联合公安、司法等部门，坚决查清源头、一追到底，依法追究犯罪人员刑事责任，坚守中药安全底线。

第六章 药品经营和使用

一、查什么，怎么查？谈 GSP 的"校准与验证"

《药品经营质量管理规范》（2016 年修订）第五十三条规定，企业应当按照国家有关规定，对计量器具、温湿度监测设备等定期进行校准或者检定。企业应当对冷库、储运温湿度监测系统以及冷藏运输等设施设备进行使用前验证、定期验证及停用时间超过规定时限的验证。在对企业检查时发现，有的企业对这一条款认识不到位，操作流于形式；有的检查员对检查什么、怎么检查理解不透，把握不准。

（一）检定、校准、验证的准确含义

要正确理解《药品经营质量管理规范》第五十三条，首先要弄清楚检定、校准、验证的准确含义。

1. 检定

检定是查明和确认计量器具是否符合法定要求的程序，包括检查、加标记和（或）出具检定证书，通常是进行量值传递、保证量值准确一致的重要措施。

2. 校准

校准是在规定条件下，给测量仪器的特性赋值并确定示值误差，将测量仪器所指示或代表的量值，与对应的由标准所复现的量值之间关系的一组操作。

151

3. 验证

验证是证明任何程序、生产设备、物料或系统确实能达到预期结果的有文件证明的一系列活动。

简单来说，检定是国家强制检定，只能由国家授权的计量部门进行，依据检定规程规定的量值误差范围，给出合格与不合格的判定，发给具有法律效力的检定合格证书；校准是由中国合格评定国家认可委员会（CNAS）认可的第三方机构来进行，不判定是否合格，只评定示值误差，发出带有 CNAS 标识的校准证书或校准报告；验证是由企业或者联合第三方根据验证方案，实施验证过程，形成验证报告。

（二）检查什么

《药品经营质量管理规范》附录 5《验证管理》规定，企业应当按照国家有关规定，对计量器具、温湿度监测设备等定期进行校准或者检定，应当对冷库、储运温湿度监测系统、冷藏运输等设施设备进行使用前验证、定期验证及停用时间超过规定时限的验证。

需检定的设备有温湿度计、台秤、天平，必须有计量检测机构出具的检定合格证。需校准的有用于温湿度监测的温湿度传感器、验证用的温湿度传感器（应当适用被验证设备的测量范围，其温度测量的最大允许误差为 ±0.5℃）、制冷机组自带的温湿度传感器（影响制冷机组的启动）。需验证的有冷库、储运温湿度监测系统以及冷藏运输等设施设备。

二、从"一二三四"谈药品第三方现代物流企业的监管

药品第三方现代物流（以下简称受托方）即依托专业化现代化物流设备、技术和信息管理，通过第三方物流服务体系，优化药品购销配送环节中的验收、存储、分拣、配送等作业过程，降低医药物流运营成本，提高服务能力和水平，实现医药物流管理和作业的规模化、集约化、规范化、信息化、智能化。而根据"放管服"政策要求，早在 2016 年 2 月国务院办公厅发布的《关

于第二批取消 152 项中央指定地方实施行政审批事项的决定》中，已经取消了从事第三方药品物流业务批准的行政审批事项，明确第三方物流只要符合标准就可以进入医药配送。按照原国家食品药品监管总局的相关精神，取消审批，不是禁止，更不等于不需要监管，而是要结合各地实际建立起符合现代物流标准的药品第三方配送机制，满足市场需要，促进药品物流规模化、产业化发展。《药品管理法》要求所有医药物流企业都必须建立持续合规的质量保障体系，第三方医药物流企业必须接受药品监管部门关于符合 GSP 规范的监督检查。

关于如何检查，笔者结合近年来对第三方药品物流企业的监管实践，认为受托方应是持有《药品经营许可证》的独立法人资格的药品经营主体，除了应全程符合药品 GSP 外，还应重点关注两个方面：一是确保医药供应链的合规性，二是确保供应链的安全性。具体来说，归纳为"一二三四"，即一个体系，二个关键机构与人员，三个仓储作业区，四个信息管理系统。

一个体系：受托方应当建立药品追溯体系，采用信息化手段对其整个经营活动如实记录，保证经营过程中数据的真实、准确、完整和可追溯。

二个关键机构与人员：受托方应设置与其药品现代物流业务相适应的质量管理机构、物流管理机构；应配备专业计算机管理人员和物流管理人员各 2 名以上；计算机管理人员应具备计算机相关专业大学专科以上学历，物流管理人员应具备物流相关专业大学专科以上学历。

三个仓储作业区：受托方应具有符合 GSP 规定的药品仓储作业区域即储存区、拣选作业区、集货配送区，并与非药品储存区分开，能满足药品物流的作业流程和规模的需要。具体设施设备配置要求，要有仓库储存区整体建筑面积不少于 15000m²；配备与物流规模相适应的托盘货位不少于 5000 个；高架库高度不小于 6m 或立体库高度不小于 12m；零货货位不少于 5000 个，货位间必须有效隔离（这些规定各地区稍有不同，如福建省规定建筑面积不少于 20000m²）。

四个信息管理系统：一是 OMS 系统（供应链系统）：应配置开放的电子数据交换平台系统，支持物流作业数据与委托方进行信息交换，支撑物流作业活动的开展；二是 WMS 系统（仓储管理系统），可与委托方的业务管理信息系统的数据进行有效对接，实现药品入库、出库、储存、退回等仓储全过程质量管理和控制，并具备全程货物查询、追溯功能；三是 WCS 系统（仓储作业控制系统），采用条码扫描或无线射频等识别技术，实现各作业环节自动、连续的物流传送，实现药品入库、出库、储存、退回等仓储全过程质量管理和控制，且具备全程货物查询、追溯功能；四是 TMS 系统（运输管理系统），具备对药品运输计划、品种、数量、批号、工具、人员、过程、发货时间、到货时间、签收以及冷链药品温度等，进行跟踪、记录、调度的功能，并符合 GSP 等规定。

三、从 GSP 符合性检查谈严重缺陷的判定

《药品经营质量管理规范现场检查指导原则》"药品批发企业"部分共有检查项目 256 项，其中严重缺陷项目 10 项，分布在总则（3 项）、质量管理体系（1 项）、设施设备（1 项）、计算机系统（1 项）、采购（3 项）、销售（1 项）。《药品检查管理办法（试行）》第二十五条规定，缺陷分为严重缺陷、主要缺陷和一般缺陷，其风险等级依次降低。对药品经营企业的检查，应依据《药品经营质量管理规范现场检查指导原则》确定缺陷的风险等级。

《药品检查管理办法（试行）》第二十八条规定了药品经营企业现场检查结论和综合评定结论的评定标准：发现严重缺陷，或者发现的主要缺陷和一般缺陷涉及企业质量管理体系运行，可能引发较严重质量安全风险，检查结论为不符合要求。只要检查项目中出现 1 项严重缺陷，将被"一票否决"，判定为严重违反 GSP。在实际检查工作中，检查员对严重缺陷这个雷区碰还是不碰总有点顾虑，担心判定不准，给企业及检查员笔者带来严重影响，笔者结合检查员工作实践，谈谈如何判定这十项严重缺陷。

（一）企业应当在药品采购、储存、销售、运输等环节采取有效的质量控制措施，确保药品质量，并按照国家有关要求建立药品追溯系统，实现药品可追溯（**00201）

出现下列情况可判为严重缺陷：

1. 未建立药品追溯系统，或建立的追溯体系不能满足药品追溯数据原始、

真实的要求。

2.药品追溯体系不能对购销渠道进行有效管控,购进药品来源不明、销售药品去向不清,物流、票据流、资金流不一致。

3.特殊管理的药品、国家有专门管理要求的药品的追溯不符合国家有关规定。

⚙ **缺陷举例**

某企业购进刺五加注射液3500瓶,计算机管理系统显示从收货、验收到销售复核、出库只有半个小时,企业工作人员承认未在库房对该批药品进行收货验收。某企业计算机系统内记录有库存西洋参饮片2kg,但是现场检查企业仓库内无该批药品。

(二)药品经营企业应当依法经营(**00401)

出现下列情况可判为严重缺陷:

1.出租出借证照、资质证明文件。

2.挂靠、走票、超范围经营。

3.因违法经营被立案调查尚未结案,或已做出行政处罚决定尚未履行处罚。

4.在核准的经营、仓库地址外现货销售或储存药品等行为。

⚙ **缺陷举例**

某企业仓库注册地址为1号楼2、3层,现场检查中发现1号楼5层存储中药材、中药饮片,且企业没有中药材经营范围。

(三)药品经营企业应当坚持诚实守信,禁止任何虚假、欺骗行为(**00402)

出现下列情况可判为严重缺陷:

1.主观故意造假,隐瞒有关情况、提供虚假材料(虚假资质证明、票据及凭证、数据记录等)等。

2.计算机系统数据温湿度监测记录造假,恶意调整温湿度监测系统参数等。

3. 以放假、装修、整改、内部调整等为由虚假停业；藏匿、销毁相关证据材料逃避对抗检查等行为。

缺陷举例

某企业质量管理机构负责人实际为某医院在职人员，存在执业药师挂靠情况。

（四）企业制定质量管理体系文件应当完备，并符合企业实际，文件包括质量管理制度、部门及岗位职责、操作规程、档案、报告、记录和凭证等（**03101）

出现下列情况可判为严重缺陷：

1. 质量管理体系文件存在明显的移植、套用其他企业或资料（如文件中存在其他企业或机构的名称、有未处理的模板痕迹等）。

2. 质量管理体系文件内容存在与其经营范围、经营方式、经营模式（如第三方医药物流、电子商务等）、管理方式（如计算机系统、物流作业模式等）实际不相符。

3. 质量管理体系文件至少应当有质量管理制度、部门及岗位职责、操作规程、档案报告、记录和凭证等，如某一大类文件缺失（如无质量管理制度）。

缺陷举例

某委托采购、储存、配送的药品连锁企业的质量管理员岗位职责中供货单位为 A 公司，实际为 B 公司，明显套用了其他公司文件。

（五）储存疫苗的，应当配备两个以上独立冷库（**04902）

出现下列情况可判为严重缺陷：

1. 有冷冻低温储存要求的，未配备相应的低温冷冻储存设施。

2. 如果发现两个冷库未完全封闭隔离，应当视该两个冷库为一个独立库房。

3. 如果发现两个冷库共用了制冷系统、冷却系统或控制系统等设备，这两个冷库应当判定为非两个独立冷库。

🔧 **缺陷举例**

某企业两个疫苗冷库中间开了一扇门，工作人员可自由进入。

（六）企业计算机系统应当有符合《规范》要求及企业管理实际需要的应用软件和相关数据库（**05805）

可根据下列情况判断是否有严重缺陷：

1. 供货单位、购货单位及经营品种等信息是否全部录入系统。

2. 对接近失效的质量管理基础数据是否进行提示、预警；质量管理基础数据失效时，系统自动锁定与该数据相关的业务功能，并进行模拟操作。

3. 抽查供货单位、购货单位、经营品种等档案资料各 3 份，核实质量管理基础数据信息与质量管理档案内容是否相符。

4. 模拟输入超经营范围、经营方式、经营品种等操作，核实基础数据是否能够与供货单位或购货单位的经营范围相对应，是否能够进行自动跟踪、识别与控制。

🔧 **缺陷举例**

1. 某企业计算机质量管理基础数据库中某医药有限公司的销售人员资质已经过期，但系统未进行锁定。

2. 某企业销售给某社区卫生服务中心缩宫素注射液，但企业提供的该服务中心的母婴保健技术服务许可证已过期。

3. 查计算机系统中录入的该服务中心基础数据，发现未将母婴保健技术服务许可证相关信息录入计算机系统实行管控。

（七）企业采购药品应当确定供货单位的合法资格；确定所购入药品的合法性；核实供货单位销售人员的合法资格（**06101）

可根据下列情况判断是否有严重缺陷：

1. 对照药品采购相关管理文件，抽查 3 家供货单位质量管理档案，是否按制度规定进行了相关资质确定并有相关证明文件、记录或资料。

2. 分别抽查企业采购记录、采购合同、购货发票、随货同行单（票）、库存药品等，对应检查其供货单位质量管理档案内容是否完整、有效。

3. 对照企业计算机操作权限及质量管理职责，由采购岗位人员模拟开具采购订单，核实采购订单中的供货单位、药品通用名称、剂型、规格、生产厂商等内容是否依据质量管理基础数据库生成。

4. 模拟超经营方式、经营范围开具采购订单，判断系统是否具备自动识别、审核功能，并可有效防止超出经营方式或经营范围采购行为发生的功能。

5. 抽查采购合同、采购记录、随货同行单、付款凭证等，核实其业务发生的时间是否在留存资料的有效期内。

🔧 **缺陷举例**

某企业供货单位药品经营许可证显示已过期，但该企业在仍在该供货单位采购了一批药品。

（八）企业采购药品时应当向供货单位索取发票（**06601）

可根据下列情况判断是否有严重缺陷：

1. 检查企业采购相关文件，是否规定了索取发票的相关内容。

2. 抽查供货单位，对照双方的采购合同及质量保证协议规定的付款条件，企业财务账册、银行对账单等，检查已付款业务是否按规定索取了发票。

3. 对已发生业务未及时索取发票的，企业应当提供合理依据。

🔧 **缺陷举例**

某企业采购的某批药品只有随货同行单，企业未向供货单位索取发票。

（九）发票上的购、销单位名称及金额、品名，应当与付款流向及金额、品名一致，并与财务账目内容相对应（**06701）

可根据下列情况判断是否有严重缺陷：

1. 抽查企业连续 5 个月的票据，核对其付款流向是否与供货单位留存的银行信息相一致。

2. 对抽查的发票，核对其购、销单位名称及金额、品名是否与付款流向及金额、品名一致，并与财务账目内容相对应。

⚙ **缺陷举例**

某企业计算机系统中记录，小儿氨酚烷胺颗粒购进 73050 盒，销售 31979 盒，应有库存 41071 盒，计算机系统显示和仓库实际库存为 40384 盒，账货不符。

（十）企业销售药品应当如实开具发票，做到票、账、货、款一致（**09101）

可通过下列项目判断是否有严重缺陷：

1. 检查企业药品销售相关管理规定，核实是否明确了销售药品必须如实开具发票的要求，是否制定了开具发票的操作规程。

2. 抽查药品销售记录、出库复核记录以及随货同行单 5 个批号的药品，核对其销售记录、出库复核记录、销售发票内容收款金额及来源、库存药品实物等是否相符，是否存在虚开票行为。

3. 重点对特殊管理的药品、国家有专门管理要求的药品进行检查，核实票、账、货、款是否一致。

4. 重点检查购货单位为零售药店、诊所的销售记录、出库复核记录收款信息等，是否存在"无票销售"或"有票无货"的情况。

⚙ **缺陷举例**

某企业 2021 年 1 月 7 日至 21 日销售给某公司的 5 笔销售记录中，发票与企业业务往来账目不一致。

四、从 GSP 谈质量管理体系

《药品经营质量管理规范》第五条规定，企业应当依据有关法律法规及本规范的要求建立质量管理体系，确定质量方针，制定质量管理体系文件，开展质量策划、质量控制、质量保证、质量改进和质量风险管理等活动。笔者在检查工作中发现，有的企业或个别检查员对质量管理体系是什么、质量管理体系有哪些内容、如何检查质量管理体系等还有些模糊认识，本文结合平时监管实践，对企业如何建立并有效实施质量管理体系及如何取证谈谈个人体会。

（一）质量管理体系是什么

广义的质量管理体系是企业内部建立的、为保证产品质量或质量目标所必需的、系统的质量活动。它是根据企业特点选用若干体系要素加以组合，加强从设计研制、生产、检验、销售、使用全过程的质量管理活动，并予以制度化、标准化，成为企业内部质量工作的要求和活动程序。在 GSP 中的质量管理体系是指建立质量方针和质量目标，并为达到质量目标所进行的有组织、有计划的活动，即在质量方面指挥和控制组织的管理体系。

（二）质量管理体系有哪些内容

质量管理体系包括确定质量方针和质量目标，质量体系文件建立、组织机构设置、人员资质及培训、设施设备配置、计算机系统功能，及质量策划、质量控制、质量保证、质量改进和质量风险管理等质量管理活动。

（三）如何检查质量管理体系

1. 质量方针与质量目标文件化及量化

质量方针是指由组织的最高管理者正式发布的关于质量方面的全部意图和方向。企业应以文件形式制定企业的质量方针，签发人应是企业负责人，明确企业总的质量目标和要求的具体内容（包括质量目标的制定原则、项目指标、分解方法、考核与落实，不断优化提升等内容）。

质量目标应当按照组织结构逐级分解落实到每一个岗位员工，做到人人有职责、个个有目标。质量目标分解展开时，应当纵向展开到班组、个人，横向展开到各部门。质量目标应注意方针、目标、措施相互对应，自上而下层层展开，自下而上逐级保证；横向之间相互协调，以岗位和环节为基本单位形成闭环体系，保证贯彻到药品经营活动的全过程。

取证要点：

1.检查企业是否有质量方针并以文件形式下发，质量目标是否量化到管理全过程。

2.检查上一年度质量目标考核资料。包括考核方案、考核结果及奖惩落实记录等，核实考核是否落实到各部门和岗位。

3.检查企业质量方针是否具备以下内容：符合法律法规和政策的规定；质量有效保证的相关承诺；体现公司发展的战略、预期；满足客户的需求和期望的要求。

4.现场提问企业负责人，是否能够完整解释质量方针内容，包括方针表述、作用、贯彻实施、监督落实等企业质量方针，并通过可量化的质量目标贯彻到企业经营管理全过程。

5.询问相关人员是否了解企业质量方针，相关人员对质量目标是否清楚，对涉及本部门、本岗位的质量要求是否清楚。

🔅 缺陷举例

1.企业确定的质量方针未以文件形式下发。

2.验收员不熟悉企业质量方针、质量目标。

3.企业质量目标没有量化指标。

4.企业制定的质量方针文件未明确企业总的质量目标。

5.企业未对 2021 年的质量目标和要求进行培训或未传达到每个员工。

2.关键要素与其经营范围和规模相适应

质量管理体系关键要素（组织机构、人员、设施设备、质量管理体系文件及相应的计算机系统等），应当与其经营范围和规模相适应。如经营中药材、中药饮片、疫苗、特殊管理的药品等，是否设置了符合本规范要求的相关岗位，人员数量是否满足经营需要。

企业应当全员参与质量管理。各部门、岗位人员应当正确理解并履行职责，承担相应质量责任。确保质量管理体系得到全面、正确、充分有效实施。全员质量管理的本质，就是企业每一个员工都应当按照质量管理体系文件确定的内容，准确理解文件内涵，充分履行岗位职责，承担相应质量责任，正确开展各项工作，严格实施质量控制，确保药品经营质量。

企业应当按照本《规范》培训管理的相关要求，紧密结合岗位职责、岗位质量目标开展针对性的培训教育，使每一位员工都能准确理解与其岗位职责相关的质量管理体系文件内容，正确履行职责、开展工作、实现质量控制目标。

取证要点：

1. 对照企业设置的组织机构，核实企业是否按照本《规范》要求明确了每个部门及岗位相应的质量目标。

2. 核实企业每个部门及岗位是否明确了质量职责。

3. 抽查相关人员，核实是否全部能够正确表述本岗位职责，并能够按照与本岗位相关的管理制度及操作规程正确履行职责。

缺陷举例

1. 企业变更储存配送模式，采购制度、计算机系统管理制度未进行相应修订。

2. 企业多名岗位人员不能正确理解职责（如销售部长岗位职责不清晰，某中药验收员计算机操作不熟，储运部部长对相关储存管理制度中药品盘点规定要求不熟）。

3. 企业养护员不熟悉药品养护操作规程，正确履职能力较差。

4. 企业信息部长不熟悉信息部岗位职责。

5. 保管员不清楚发现问题药品后如何在计算机系统中进行处理。检查时该保管员无法登录系统，忘记密码。

3. 定期及关键要素发生重大变化时，组织开展内审

内审是指药品经营企业按规定的时间、程序和标准，依照《规范》要求，组织对企业质量管理体系进行的内部审核。企业应当定期以及在质量管理体系要素发生重大变化时，组织对质量管理体系进行内审。通过企业建立的自我评价、自我诊断、自我改进、自我提高的质量管理体系运行机制，对企业质量管理体系的运行情况进行全面的检查与评价，确认质量管理体系运行的充分性、适宜性及有效性，不断提高质量管理水平，以满足质量过程控制的要求有效防范质量风险，杜绝质量事故，保证药品质量。

企业应当至少每年组织一次对质量管理体系的内审（定期内审）。企业经

营范围变化组织机构调整、经营场所变化、设施设备更换、工作流程发生改变、关键岗位人员变更，或因药品质量原因发生重大质量事故并造成严重后果的，在服务质量出现重大问题或顾客投诉、新闻曝光，造成不良影响时，都应进行专项内部审核。

企业应当成立内审小组，按照内审工作安排，由质量管理部门组织实施，其他相关部门共同参加。内审结束后，企业应当对内审情况进行分析，制定改进措施，并跟踪整改落实情况，形成报告，至少应当包括内审计划、方案、标准、记录、发现问题分析记录、纠正与预防措施、整改记录、整改跟踪检查记录等。

取证要点：

1.检查企业"质量管理体系内审的规定"，是否明确了企业开展内审的组织、程序、标准、改进等，企业应当至少按年度开展定期内审。

2.抽查近2年的内审报告，核实是否有对内审结果进行改进及落实的记录，包括相对应的质量管理体系文件修订、设施设备配备、人员调整、相关岗位人员培训等。

3.检查企业是否在质量管理体系关键要素发生变化时开展内审，包括申请许可证内审、换证内审及变更关键岗位人员、增减仓库、增减经营范围、变更经营地址、变更仓库地址，温湿度调控或监测系统、药品冷藏或冷冻设施设备、计算机系统软件等发生变化等内审。

4.关键要素发生重大变化开展专项内审的时限，应当至少在发生变化3个月内完成。

5.检查企业内审方案及记录，审核内容是否与内审方案一致，记录是否包括现场评审情况、缺陷及分析、纠正与改进措施、整改实施及结果、整改结果核实等内容。

⚙ 缺陷举例

1.企业在内审"检查结论"栏只有一位工作人员的签字，而且该签字还是电脑制作，没有手签。

2.企业2021年5月份的专项内审流于形式，内审没有发现任何缺陷问题。

3.企业2021年1月18日内审报告中内审检查表无采购、收货与验收、储存与养护、销售、出库、运输与配送、售后服务等方面内容，内审不全面。

4. 企业未对内审存在的缺陷形成的具体原因进行分析。

5. 企业未对 2021 年 3 月 16 日出具的新增仓库地址专项内审报告进行分析。

6. 内审档案不全，公司 2021 年内审时未按照《质量管理体系内部审核操作规程》及时填写内审首次会议记录。

7. 企业 2021 年 11 月变更质量负责人后，未组织开展质量内审。

4. 质量管理活动依序开展并有相关记录

质量管理活动包括质量策划、质量控制、质量保证、质量改进和质量风险管理，使质量管理体系得到持续保持和有序改进，保证企业能够有效开展各项质量管理活动。

企业应当制定质量管理体系文件，开展质量策划、质量控制、质量保证、质量改进和质量风险管理等活动。

企业应当采用前瞻或者回顾的方式，对药品流通过程中的质量风险进行评估、控制、沟通和审核。企业应当对质量风险的性质等级进行评估，对确定的质量风险应当采取措施进行控制，对质量风险的控制效果要进行评价和改进。前瞻的方式是指通过对质量管理体系中可能存在的质量风险因素进行判断性、推断式分析评估，从而确定该因素在影响流通中药品质量的风险评价。回顾的方式就是以已经或可能出现的质量风险为对象，通过追溯、评价已发生的 事件的研究方式。回顾的方式是一种由"果"至"因"的评价方式。

取证要点：

1. 现场提问企业负责人，应当能够正确表述企业开展质量策划、质量控制、质量保证、质量改进、质量风险管理等活动符合有关法律法规及本《规范》规定的措施和方法。

2. 检查企业质量风险管理的相关规定，是否明确了质量风险评估的方式（通过前瞻的方式对风险进行预判分析，通过回顾的方式对发生过的风险进行防范分析）、标准以及风险管理的内容（评估、控制、沟通和审核）。

3. 检查质量风险评估报告，检查其内容是否包括评估范围、评估项目、风险分析、风险点确认及防范措施等，及是否根据质量风险防范措施对相关的质量管理体系文件进行了修订，对相关岗位人员进行了培训等，并有相关记录。

4. 分别至少抽查企业开展质量策划、质量控制、质量保证、质量改进、质量风险管理活动的 1 项相关记录，核实其内容是否符合有关法律法规及企业质量管理体系文件的相关要求。

5. 对照企业近 2 年的质量风险评估相关文件及记录，询问主要参与评估的人员，核实评估的具体情况。

⚙ **缺陷举例**

1. 企业未对药品流通过程的质量风险进行评估。

2. 企业未针对注册地址和仓库地址的变更，组织对药品流通过程中的质量风险进行评估。

3. 2021 年 6 月开展的风险评估，有风险评估方案，但没有风险评估报告。

4. 企业于 2020 年 12 月开展了质量风险评估，发现了 3 个风险点，但其评估报告中显示，未发现不合格项风险，并未对风险点进行具体分析，提出预防措施。

5. 企业对 2020 年度内审存在缺陷进行风险判断时，把低风险缺陷判断为不可接受，与制度规定不符。

5. 对药品供、购货单位质量管理体系进行评价

企业应当对所有与企业有业务往来的药品供货单位（生产、批发）、购货单位（生产、批发、零售、医疗机构）在首次业务开展之前、质量管理体系发生重大变化以及经营过程中发生质量问题时，对其合法资格及其质量管理体系进行审核，并定期对其质量管理体系运行的有效性进行回顾性评价，必要时应当进行现场审核。

质量管理体系评价包括对组织机构、人员、设施设备、质量管理体系文件的核实，以确认其质量保证能力和质量信誉。评价的方法除了资质材料审核之外，还要对经营过程中各种质量控制情况进行考核，如是否合法经营、质量体系运行状况、药品质量保证措施、药品质量的稳定性、售后服务等内容。现场

质量审核至少应当核实其资质证明文件的真实性，核实是否具备相应的质量保证能力，应当对其机构人员、质量管理体系文件、仓储设施和设备、计算机系统、温湿度监测系统设施设备等关键条件进行检查，以全面评估其质量保证体系运行状况，并有完整审核记录。

取证要点：

1. 检查企业对药品供货单位购货单位质量管理体系进行评价的相关规定，是否明确评价的对象、内容、标准方式方法、评价的周期或时限、处理措施、记录等。

2. 检查企业对药品供货单位、购货单位质量管理体系进行评价的相关规定，是否明确需要进行实地考察的具体必要条件。

3. 抽查企业近 2 年质量管理体系评价资料，核实是否按规定开展了实地考察。

4. 抽查企业近 2 年实地考察记录、报告等，核实考察内容是否符合企业相关规定。

5. 抽查企业负责质量管理体系评价的相关人员 1~2 名，核实是否能正确表述企业对供货单位、购货单位的质量管理体系进行评价的相关要求，开展实地考察的条件，开展实地考察的具体情况等。

缺陷举例

1. 药品供货单位亳州市某中药饮片厂提供的出库单上的出库专用章与首营企业资料留存样章不一致，企业未对其质量保证能力和质量管理体系进行准确评价，也未对其进行必要的实地考察。

2. 企业未组织对重庆某制药有限公司、江西某医药有限责任公司等三家药品供货单位的质量管理体系进行评价。

3. 企业未对委托储运单位质量管理体系进行评价。

4. 企业对药品供货单位，购货单位的质量体系评价与所制定的《外部质量体系审核管理制度》(DHZD–021/20–01) 中规定的审计内容不完全一致，如缺少药品质量、售后服务及质量信誉的内容。

5. 未见企业对 2021 年度药品供货单位、购货单位的质量管理体系进行评价的相关资料。

五、从 GSP 谈质量管理体系文件

质量管理体系文件是指用于保证药品经营质量管理的文件系统，贯穿于药品采购、收货、验收、储存、销售、运输、账务、信息、人力资源以及质量管理等全过程。

GSP 第三十一条规定，企业制定质量管理体系文件应当符合企业实际。文件包括质量管理制度、部门及岗位职责、操作规程、档案、报告、记录和凭证等。

质量管理体系文件应当符合"事事有规定，事事按规定"的目标要求，在实际检查工作中会发现，有的企业规定得不具体、不详细、不符合企业实际，或没有按规定做事，即"该说的没有说到，说到的没有做到"。本文结合实践，谈谈对质量管理体系文件的理解。

（一）要明确做什么

质量管理制度是企业根据《规范》要求和质量管理工作的实际需要而制定的质量规则，是对企业各部门和各业务环节如何实施质量管理做出的明确的规定。质量管理制度在企业管理中具有权威性和约束力，是首要支持性文件，其规定内容的特征为"做什么"和"什么不能做"。

企业应当结合实际制定适宜、充分、可行的质量管理制度，做到"一事一文，一文一责"，应当避免直接照搬第三十六条条款名称作为制度名称，合并制定各环节质量管理制度情况，如《药品采购、收货、验收储存、养护、销售、出库、运输的管理制度》《供货单位、购货单位、供货单位销售人员及购货单位采购人员等资格审核的管理制度》等。

⚙ **缺陷举例**

1.企业制定的质量管理制度中，无药品供货单位、购货单位、供货单位销售人员、购货单位采购人员资格审核的规定，无含特殊药品复方制剂及终止妊娠药品管理的规定。

2. 企业制定的《麻醉药品和第一类精神药品管理制度》中未规定此类药品不能自提。

3. 企业制定的《国家专门管理药品管理制度》中未规定含特殊药品复方制剂的药品送达后，购买方应在随货同行单上签字、加盖公章、并有回执等内容。

（二）要明确谁来做

企业应当对所设立的全部部门及岗位，根据第十三条的内容制定岗位职责。

岗位职责是指对企业各部门和各岗位人员在质量管理活动中所承担的任务、责任和权限的具体规定，是根据企业质量管理工作的需要，对各相关部门和岗位的工作内容、工作目标、工作结果等提出的明确要求，即对于相关的质量管理工作明确规定了由谁来做。

制订职责时应注意部门或岗位的职责之间的关联性与协调性，避免职责与权限不一致，如部门职责一定在岗位职责中体现；部门或岗位之间要互相衔接，相互对应，形成有机联系，保证整个管理过程的协调一致。

缺陷举例

1. 企业组织机构设置有 15 个部门，但只制定了 11 个部门质量管理职责，未制定终端销售部、基药部、医院事业部的部门职责。

2. 企业制定的《收货员岗位职责》中未规定收货人员应在收货环节查验随货通行单相关内容。现场检查时询问收货岗位某工作人员明确回答收货岗位不核对随货同行单，此项工作由验收人员完成。

3. 企业配送部设有交接员岗位，现有交接员 8 人，但没有制定交接员的岗位职责。

（三）要明确如何做

企业应当制定药品采购、收货、验收、储存、养护、销售、出库复核、运输等环节及计算机系统的操作规程。

操作规程是为进行某项质量活动或过程所规定的途径（方法）的具体描述，通常包括活动的目的和范围，明确规定何时、何地以及如何做，应采用什么材料、设备，应用哪些质量管理体系文件，如何对活动进行控制和记录等。

操作规程内容应当结合质量活动实际运行情况，突出关键点，文字力求简练、易懂、易记。目的先后顺序要求与操作顺序一致。操作规程应当按岗位制定，不得出现合并操作规定的情况，如出现《企业收货验收操作规程》。

⚙ **缺陷举例**

1. 企业制定的《验收操作规程》中无冷藏药品验收操作相关内容。

2. 企业未对冷库开门作业、冷库断电重新启动、药品装卸等制定相关操作规程。

3. 企业未制定计算机系统操作规程。

4. 企业的计算机系统操作规程中无质量基础数据修改的具体操作要求。

（四）要明确相关记录

企业应当建立药品采购、验收、养护、销售、出库复核、销后退回和购进退出、运输、储运温湿度监测、不合格药品处理等相关记录，做到真实、完整、准确、有效和可追溯。

记录是阐明所取得的结果或提供所完成活动的证据性文件，是药品经营各环节工作过程的真实记载，可以为工作的有效性提供客观证据，在需要追溯质量相关信息时提供证据。

在药品流通过程中，伴随大量记录的流转，记载着药品流向的时间、地点、品名、规格、数量、生产企业、供货企业、价格、金额等，相关人员可以依据记录了解、追溯控制药品流转的情况。因此，企业应当建立药品进、存、销各环节的记录，并在记录中载明有关药品质量信息，做到按批号进行追溯。

企业应当通过计算机系统自动生成相关记录，并确保各项记录内容的真实、完整、准确、有效和可追溯，严禁伪造记录、擅自删除经营数据。

⚙ **缺陷举例**

1. 企业未建立委托运输记录。

2. 含特殊药品复方制剂的药品送达后，购买方在随货同行单上签字未签全名，只有一个姓氏。

（五）要明确如何管理文件

企业应当制定管理文件的文件，明确质量管理体系文件的起草、修订、审核、批准、分发保管，以及修改、撤销、替换、销毁等管理要求，并保存相关记录。文件应当标明题目、种类、目的以及文件编号和版本号，且分类存放，便于查阅。

文件要用词准确、清晰和易懂，避免因用词不当产生歧义，不允许出现模棱两可的词语，如"定期进行质量事故处理情况的检查""必要时进行检查"等模糊性词汇，必须对"定期"进行明确，如每月一次还是每年一次，明确必要时的具体内容。

再如，"发现问题要及时报有关部门并采取相应措施"中什么才算是"问题"，多长时间报才算"及时"，"有关部门"是指哪个部门，"相应措施"到底是什么措施等，都必须在文件中予以明确。

⚙ **缺陷举例**

1. 某委托采购、储存、配送的药品连锁企业的质量管理员岗位职责中供货单位为 A 公司，实际为 B 公司，明显套用了其他公司文件。

2. 企业《采购部门质量职责》文件，批准日期为 2022 年 1 月 20 日，实际执行日期为 2022 年 1 月 1 日。

3. 企业修订文件时，未按《文件管理操作规程》要求对修订的文件填写《文件修订审批单》。

4. 现场检查发现企业使用的供货商《优先通过审批表》未经过审核批准。

六、从 GSP 谈计算机系统

《药品经营质量管理规范》（GSP）第五十七条规定，企业应当建立能够符合经营全过程管理及质量控制要求的计算机系统，实现药品可追溯。计算机系统是企业质量管理体系的重要组成部分，是企业从事药品经营活动和质量管理活动的重要物质载体。企业的计算机系统必须满足药品经营管理活动的全过程控制，全程掌握药品在流通领域的运动轨迹，实现药品追溯达到零死角，保证药品质量管理活动有序高效运行。实际情况中，不少企业对计算机系统理解不深，重视不够，导致对药品的购存销等质量控制环节管理不规范，管控不严格。

（一）计算机系统的硬件及软件要求

GSP第五十八条规定，企业计算机系统应当符合以下要求：有支持系统正常运行的服务器和终端机；有安全、稳定的网络环境，有固定接入互联网的方式和安全可靠的信息平台；有实现部门之间、岗位之间信息传输和数据共享的局域网；有药品经营业务票据生成、打印和管理功能；有符合本规范要求及企业管理实际需要的应用软件和相关数据库。

检查要点：

服务器是指网络能对其他机器提供服务的计算机系统，即指某些高性能计算机，能通过网络对外提供服务。相对于普通计算机来说，服务器在CPU、芯片、内存、磁盘、稳定性、安全性等方面都要求更高。终端机指工作站电脑，检查时重点看质量管理、采购、收货、验收储存、养护、出库复核、销售等岗位，是否配置了专用的计算机终端设备。网络环境指将分布在不同地点的多个计算机物理上互联，实现互相通信，软、硬件及其网络共享的系统，并能安全、有效防病毒。重点检查质量管理、采购、销售、验收、收货、养护、出库、复核等岗位能否实现实时数据传输，并按照规定的权限实时进行数据查询。票据生成打印功能指计算机系统可实现部门之间、岗位之间实时信息传输和数据共享，能实现对各种记录和票据打印和管理功能，检查是否有票据管理的相关规定，是否能实现票据打印、生成、管理功能。

缺陷举例

1.企业计算机系统运行是租赁某药业有限公司的服务器进行，而未配备本企业专用的服务器。

2.企业配备的终端机数量不足，收货、验收、养护岗位共用一台电脑。

3. 企业未配备支持服务器正常运行所需的不间断电源设备。

4. 企业计算机系统部分网络环境不够安全稳定，如采购部使用的电脑未安装杀毒软件。

4. 四楼库房的验收员岗位使用的计算机终端通过三楼的无线路由器连接网络，信号不稳定。

（二）计算机系统的基础数据要求

《药品经营质量管理规范》药品经营企业计算机系统附录（以下简称计算机系统附录）第八条明确，药品批发企业应当将审核合格的供货单位、购货单位及经营品种等信息录入系统，建立质量管理基础数据库并有效运用。

检查要点：

检查供货单位、购货单位、经营品种、供货单位销售人员、购货单位采购人员及提货人员等档案资料，计算机系统中相对应的经营范围、经营方式、资质、文件有效期等质量管理基础数据信息是否相符。模拟输入超经营范围、经营方式、经营品种等操作，基础数据是否能对供货单位、购货单位以及购销药品的合法性、有效性进行自动跟踪、识别与控制。

缺陷举例

1. 现场抽查企业计算机质量管理基础数据库，某医药有限公司的销售人员资质已过期，系统未进行锁定。

2. 企业使用的某系统基础数据中，"委托书"项目中未涉及具体授权品种信息。

3. 现场抽查某企业计算机系统质量管理基础数据库中，供货单位委托人栏目中，无身份证明内容的模块或字段。

4. 企业使用的计算机管理系统中对供货商生产经营范围药品分类等基础数据信息表述不规范，如系统中"化药药品""化药制剂"等表述。

（三）计算机系统的数据管理要求

GSP 第五十九条规定，各类数据的录入、修改、保存等操作应当符合授权范围、操作规程和管理制度的要求，保证数据原始、真实、准确、安全和可追溯。第六十条规定，计算机系统运行中涉及企业经营和管理的数据应当采用安全、可靠的方式储存并按日备份，备份数据应当存放在安全场所。

检查要点：

检查企业是否针对不同的岗位职责设定不同的操作权限，严格信息管理员对岗位操作人员的授权；是否制定与各岗位职责相对应的管理制度和标准操作规程，严格各岗位操作人员对各类数据的录入、修改、保存等的操作权限，是否对所有应当登录系统操作的人员设置、分配了唯一的用户名、密码；计算机系统管理相关文件，对计算机系统各类数据的规定是否符合要求；企业经营的电子数据是否保持持续安全状态，确保其在发生遗失、损坏等极端情况时，有能力快速进行数据恢复；系统数据是否按规范要求进行每日备份，备份数据是否存放在安全场所，数据备份和数据管理时限是否符合要求。

缺陷举例

1. 企业未及时修改收回离职人员计算机系统的权限。如原开票员罗某于 2021 年 4 月 8 日离职，但现场检查时发现于 2021 年 12 月 6 日、2021 年 12 月 13 日、2021 年 12 月 17 日使用罗某账号开具的销售出库复核单（随货同行）。

2. 2021 年 6 月某采购部长和 2021 年 8 月某收货员入职后，没有书面的计算机系统权限审批，只是由质管部长口头通知信息部授权。

3. 企业用于备份计算机系统数据的移动硬盘放置在办公桌上，未上锁管理。

4. 企业计算机系统数据异地备份使用的 32G 优盘容量过小，无法满足企业数据安全备份要求。

5. 仓库温湿度系统管理数据未按日备份。

（四）计算机系统的控制功能要求

计算机系统附录第九条规定，药品采购订单中的质量管理基础数据应当依据数据库生成，采购订单确认后，系统自动生成采购记录，药品验收后系统自动生成验收记录。同时规定，药品批发企业系统按药品的管理类别及储存特性，自动提示相应的储存库区，对库存药品按期自动生成养护工作计划，对库存药品的有效期进行自动跟踪和控制，具备近效期预警提示、超有效期自动锁定及停销等功能，对质量可疑的药品可在计算机系统中锁定。系统可依据质量管理基础数据及库存记录生成销售订单，销售订单确认后，系统自动生成销售记录。复核人员完成出库复核操作后，系统自动生成出库复核记录。系统可对药品运输的在途时间进行跟踪管理，对有运输时限要求的，应当提示或警示相关部门及岗位人员。

检查要点：

检查计算机系统是否能对供货单位的合法资质进行自动识别、审核，防止超经营方式或经营范围的采购行为发生，支持收货人员查询采购记录、对照随货同行单（票）及实物确认后进行收货，验收合格的药品系统自动生成验收记录。系统是否能对药品储存库区实现常温、阴凉、冷藏冷冻和特殊管理药品自动分配；是否能对购货单位的法定资质自动识别并审核，对药品运输的在途时间进行跟踪管理，自动生成药品运输记录。

缺陷举例

1. 企业采购订单确认后，计算机系统不能自动生成采购记录，而是验收确认后生成采购记录。

2. 企业养护人员没有在计算机系统中对发现有问题的药品进行锁定和记录的权限。

3. 在冷库二待验区内发现精蛋白重组人胰岛素，计算机系统显示已验收合格入库，企业不能提供该批药品运输过程温度、运输时间等记录。

4. 现场检查中企业不能提供正在运输途中保温箱的在途温度数据，温湿度监控系统无法实现运输过程中温度数据的实时传送和记录。

七、从 GSP 谈设施设备及系统的验证

验证是证明特定设备、系统或程序等符合既定标准，能够达到设计要求、性能、参数以及预期效果的系列测试过程，实现预期结果的有文件证明的一系列活动。GSP 第五十三条规定，企业应当对冷库、储运温湿度监测系统以

及冷藏运输等设施设备进行使用前验证、定期验证及停用时间超过规定时限的验证。在实际工作中，有些企业对哪些设施设备需要验证，如何验证，如何撰写验证方案及验证报告理解还不够全面。本文结合检查工作实践，谈谈个人体会。

（一）需要验证的设施设备及系统

需要验证的设施设备及系统有冷库、冷藏车、冷藏箱、保温箱、储运温湿度监测系统及自动传送线等设施设备及企业资源计划管理系统（ERP）、仓储管理系统（WMS）、运输管理系统（TMS）等系统。

（二）验证的分类

1. 使用前验证

相关设施设备及系统等在新投入使用前或改造后应当进行使用前验证，对设计或预定的关键参数、条件及性能进行测试并确认，确定实际的关键参数及性能符合设计方案或规定的使用条件和标准后方可投入使用。

2. 专项验证

当相关设施设备及系统改变、超出设定的条件或用途，或发生设备运行异常或故障时，应针对所调整或改变的情况进行验证，以确定其性能及参数符合设定的标准。

3. 定期验证

设施设备随着使用时间的延续产生老化或磨损，应根据相关设施设备及系统的具体情况进行定期验证，确认处于正常使用及运行的相关设施设备及系统的控制参数漂移、设备损耗、异常变化趋势等情况。定期验证间隔时间一般不应超过 1 年。

4. 停用时间超过规定时限的验证

应根据相关设施设备的性能和系统的设计参数以及通过验证确认的使用条

件，分别确定各类设施设备及系统最大的停用时间限度，超过规定的最大停用时限后需重新投入使用前，应当重新进行验证。停用时间一般不超过 3 个月。

（三）如何验证

1. 冷库的验证

首先对监测系统配置的测点终端参数及安装位置进行确认，再根据温度分布特性的测试与分析，确定适宜药品存放的安全位置及区域。

几点技术要求：

（1）每个库房中均匀性布点数量不得少于 9 个，仓间各角及中心位置均需布置测点，每两个测点的水平间距不得大于 5m，垂直间距不得超过 2m。

（2）库房每个作业出入口及风机出风口至少布置 5 个测点，库房中每组货架或建筑结构的风向死角位置至少布置 3 个测点。

（3）在库房各项参数及使用条件符合规定的要求并达到运行稳定后，数据有效持续采集时间不得少于 48 小时。

（4）验证数据采集的间隔时间不得大于 5 分钟。

（5）考虑开门作业对库房温度分布及药品储存的影响。

（6）对本地区的高温或低温等极端外部环境条件，分别进行保温效果评估。

（7）在新建库房初次使用前或改造后重新使用前，进行空载及满载验证。

缺陷举例

1. 冷库 2 未做满载验证。

2. 8 号库验证中确定开门验证时间为 2 分钟，实际每隔 5 分钟记录一次，验证参数不具代表性。

3. 企业仅对 2 号、3 号、5 号、8 号、11 号冷库开展了验证工作，1 号、4 号、6 号、7 号、10 号未进行验证，现场检查时发现上述冷库中均存放冷藏药品。

4. 冷库 1、冷库 2 的验证报告中验证项目无温控设备运行参数及使用状况测试、监测系统配置的测点终端参数及安装位置确认。

5. 冷库验证报告及验证方案均有手工涂改痕迹，无温控测点布点图，报告中描述布点数量为 44 个，温度记录仪编号为 T1~T50，数量不符。

2. 冷藏车的验证

首先对监测系统配置的测点终端参数及安装位置进行确认，再根据温度分布特性的测试与分析，确定适宜药品存放的安全位置及区域。

几点技术要求：

（1）每个冷藏车箱体内测点数量不得少于 9 个，每增加 $20m^3$ 增加 9 个测点，不足 $20m^3$ 的按 $20m^3$ 计算。

（2）车厢门、每个风机出风口的特殊位置布点数量是否不少于 5 个。

（3）在冷藏车达到规定的温度并运行稳定后，数据有效持续采集时间不得少于 5 小时。

（4）验证数据采集的间隔时间不得大于 5 分钟。

（5）考虑开门作业对车厢温度分布及变化的影响。

（6）对本地区的高温或低温等极端外部环境条件，分别进行保温效果评估。

（7）冷藏车初次使用前或改造后重新使用前，进行空载及满载验证。

3. 冷藏箱或保温箱的验证

根据箱内温度分布特性的测试与分析，分析箱体内温度变化及趋势，确定箱体内适宜存放药品的安全位置。

几点技术要求：

（1）蓄冷剂配备使用的条件测试。

（2）温度自动监测设备放置位置确认。

（3）开箱作业对箱内温度分布及变化的影响。

（4）高温或低温等极端外部环境条件下的保温效果评估。

（5）冷藏箱或保温箱经过预热或预冷至规定温度并满载装箱后，按照最长的配送时间连续采集数据。

（6）每个冷藏箱或保温箱的测点数量不得少于 5 个。

（7）验证数据采集的间隔时间不得大于 5 分钟。

4. 温湿度监测系统的验证

储运温湿度自动监测系统是一种对库房环境温湿度进行强制监测、记录、追溯的专用设施，企业在进行正常经营过程中不得擅自关闭系统。对于药品储存、运输过程中的温度控制与监测，必须采取自动化的温湿度监测技术，对药品储运环境温度实行连续、不间断的自动监测和记录。

几点技术要求：

（1）采集、传送、记录数据以及报警功能的确认。

（2）监测设备的测量范围和准确度确认。

（3）测点终端安装数量及位置确认。

（4）监测系统与温度调控设施无联动状态的独立安全运行性能确认。

（5）系统在断电、计算机关机状态下的应急性能确认。

（6）防止用户修改、删除、反向导入数据等功能确认。

缺陷举例

1. 企业未对常温库、阴凉库、冷库温湿度监测系统测点终端安装数量及位置进行确认。

2. 温湿度监测系统验证方案及报告未对验证监测对象、数量、监测终端分步进行描述，未见各监测终端监测数据；断电实验只有超限报警，未见各终端断电时的相关数据。

5. 自动输送线的验证

药品自动输送线货到人整体实现药品入库、上架、分拣、传送、出库、复核、集货等现代化物流连续作业，能覆盖全部药品的收货验收区、储存区、拣选作业区、出库复核及集货配送区（中药饮片、化学原料药、抗生素原料药除外）。

几点技术要求：

（1）通过自动化输送线设备的光电核扫实现自动、连续的物流传送，同时具有纠错功能（若发生卡塞，可及时获取反馈信号，现场发出声光报警信号，控制中心监控画面给出故障信息提示）。

（2）输送线控制系统（PLC）负责设备服务资源信息配置和管理，对输送线电控、光电开关、识别系统等设备进行控制管理，状态监控。

（3）任务处理服务（WCS）负责将一个业务信息分解成多个子任务下发给控制系统执行，并且监控和维护子任务，确保业务信息能够完整地执行。

（4）入库：收货验收后，打印上架标签，并进行粘贴标签；WMS系统直接指定货位号，告知WCS系统将药品分拨到对应的库区，货物放到输送线设备上通过光电核扫描把货物自动传输到对应的入库弹出口，工作人员将货品根据标签指示的货位进行上架操作。

（5）出库：出库任务生成后，拣货员使用手持PDA索取拣货任务，WMS系统直接指定货架编号，告知RCS系统调度货架（单个或多个）到指定出库操作位，工作人员将货位放在输送线上，输送线通过WCS控制扫描标签条码送至相应的复核口，复核完成后放输送线上会根据标签码将货物传输到对应的发货区出库分拨口。

（6）异常作业：如扫货位码错误，WMS系统是否会自动提示，并具备纠错功能；如不小心上错货位或未到指定货位拣选，是否有预警；当输送线发生故障时修复后，系统是否重新执行当前作业等。

6. 企业资源计划管理系统（ERP）的验证

该系统主要包括了质量管理、采购管理、销售管理、库房管理、运输管理、财务管理等功能，能对药品的进销存等质量控制环节进行全面规范管理，对采购药品的合法性、购货单位资质审核、首营企业审核、首营品种审核、采购、收货、验收、储存、养护、效期、销售、出库复核、运输、退回等过程进行有效控制。

几点技术要求：

（1）各操作岗位计算机终端能正常登录系统。

（2）系统能通过用户名及密码进行登录，并能针对各个岗位设置相对应的权限并在权限范围内进行操作。

（3）系统权限修改功能能正常使用，并与修改后权限操作相符。

（4）首营企业、首营品种、客户资料的录入审核审批功能。

（5）具有采购订单的审核功能，系统能对超范围、资质过期进行控制与拦截，采购订单确认后，系统能自动生成采购记录。

（6）系统应支持收货人员能提取该采购订单，并能查询随货同行单、印章印模样式。

（7）系统支持验收人员能够提取到已收货的单据，并能录入相关验收信息并生成验收记录。

（8）系统支持仓库人员能够提取到已验收的单据，并能生成入库记录。

（9）按期自动生成养护计划，供养护人员对库存药品进行有序、合理地养护，并记录。

（10）系统依据基础数据及库存记录生成销售订单，能对购货单位的资质自动控制拦截。

（11）系统支持仓库人员提取已审核的销售订单，并能对复核情况进行录入并自动生成出库复核记录。

（12）系统支持对销售运输信息的登记、查询功能等。

7. 仓储管理系统（WMS）的验证

WMS 系统能对物流、经营活动全面管理，实现物流、经营全过程记录真实、准确、完整、可追溯，以保证该 WMS 能够符合 GSP 要求及与企业实际经营过程相适应，确保经营、物流全过程药品质量的安全。

几点技术要求：

（1）入出库管理，WMS 系统可实现货位自动分配、自动识别、自动寻址。

（2）托盘、货架应标识条形码，实行货位管理，一位一码，可过仓储管理系统（WMS）控制、管理、调度。

（3）能有效与输送线 WCS 对接，保证输送线能实现自动、连续的、精准的物流传送，有物流作业准确率、效率内容。

（4）WMS 系统与企业资源计划管理系统（ERP）实时对接，能够实现药品入库、储存、出库、退回等仓储全过程质量管理和控制，满足全程货物查询、追溯功能。

（5）双机热备验证：是否能实现无人工干预持续提供服务，双机热备的实现方式以及从服务器自动接管主服务器的响应时长。

（6）异常报警：WMS 上架、拣选、补货等异常作业能提醒报警、差错报警、人为操作错误报警、停电应急等处理。

8. 运输管理系统（TMS）的验证

TMS 系统能够根据仓储的配送任务以及司机、车辆、线路等进行合理分配资源。主要包括订单管理、调度分配、行车管理、GPS 车辆定位系统、车辆管理、人员管理、数据报表、基本信息维护、系统管理等模块。

几点技术要求：

（1）车辆基础信息登记：可在系统内录入企业的车辆信息，在登记运输单据时可自动提取相关的车辆和驾驶员信息；TMS 系统是否与 ERP 系统实时准确对接，各类药品经营、物流有关数据是否实时一致。

（2）车辆使用、维修记录：制单后自动添加车辆使用记录，维修车辆记录维修原因，处理方案等信息。

（3）车辆运输记录：分为普通药品和冷藏药品登记，根据物流部的药品配送情况由物流员按照企业配送、物流配送、自提等三种形式予以登记。

（4）车辆实时跟踪：对接 GPS 后可自动定位车辆运输轨迹、运行状态、客户定位点、到货时间及签收信息等，实现运输过程中数据实时回传、实时定位，标示运输轨迹图等。

（四）如何撰写验证方案及验证报告

GSP 第五十四条规定，企业应当根据相关验证管理制度，形成验证控制文件，包括验证方案、报告、评价、偏差处理和预防措施等。多数企业把验证方案与验证报告分为两个文件，实际上可以把方案与报告合并成一个文件，即某验证报告，报告分成两个部分，第一部分为验证方案，第二部分为验证操作及记录过程，把评价、偏差处理和预防措施放在第二部分。

第一部分基本框架为：①验证目的。②方案制订标准与依据。③实施人员及职责。④验证对象及类型。⑤主要技术参数介绍。⑥验证对象概述。⑦验证项目及时间安排。⑧判断标准。⑨验证用设备。⑩验证方法及异常预警。⑪验证操作规程。⑫验证操作过程记录表。第二部分基本框架为：①验证的具体操作。②各测点验证数据曲线汇总图。③测试结果汇总。④偏差处理、调整和纠正措施。⑤预防措施。⑥验证结论。

⚙ **缺陷举例**

1. 质量管理部门 2021 年 6 月组织开展的对保温箱的验证，保温箱（30L）验证报告和保温箱（56L）验证报告与 2020 年 5 月组织开展的保温箱（56L）验证报告三份报告中"表 2.1 验证记录仪原始记录数据（温度）"的数据均一致。

2. 抽查 2 号冷库验证报告，其中 17 号、20 号、28 号、35 号测点在 2021 年 5 月 20 日 12 点 20 分至 2021 年 5 月 22 日 12 点 30 分中的温度数据记录，与数据分析图表显示的不一致。

3. 3 号冷库验证方案中的冷库制冷机组型号为 MT160HW4（两台），冷库验证报告中的制冷机组型号为 MT125HU40VE 和 MT160HW4 各一台；现场核实冷库制冷机组实际型号为 MTI60HW4、MT64HM4CVE 各一台。

八、从 GSP 谈温湿度监测系统

GSP 附录温湿度自动监测第一条规定，企业应当按照《药品经营质量管理规范》的要求，在储存药品的仓库中和运输冷藏、冷冻药品的设备中配备温湿度自动监测系统（以下简称系统）。

系统应当对药品储存过程的温湿度状况和冷藏、冷冻药品运输过程的温度状况进行实时自动监测和记录，有效防范储存运输过程中可能发生的影响药品质量安全的风险，确保药品质量安全。

关于温湿度监测系统验证见前文《从 GSP 谈设施设备及系统的验证》。本文重点介绍温湿度监测系统的组成及安装技术要求。

（一）系统的组成要求

1. 系统由测点终端、管理主机、不间断电源以及相关软件等组成。

2. 各测点终端能够对周边环境温湿度进行数据的实时采集、传送和报警。

3. 管理主机能够对各测点终端监测的数据进行收集、处理和记录，并具备发生异常情况时的报警管理功能。

4. 不能使用电脑作为管理主机，防止关机造成系统瘫痪。

5. 应配备独立的不间断电源（UPS），防止因供电中断影响系统正常运行或造成数据丢失。

（二）系统的技术要求

1. 系统温度数据的测定值按包装标示的温度设定，包装上没有标示具体温度的，按照《中国药典》规定的贮藏要求设定；储存药品相对湿度设定为35%~75%。

2. 系统应当自动生成温湿度监测记录，内容包括温度值、湿度值、日期、时间、测点位置、库区或运输工具类别等。

3. 系统温湿度测量设备的最大允许误差应当符合以下要求：

（1）测量范围在0~40℃之间，温度的最大允许误差为 ±0.5℃。

（2）测量范围在 –25~0℃之间，温度的最大允许误差为 ±1.0℃。

（3）相对湿度的最大允许误差为 ±5%RH。

4. 系统应当自动对药品储存运输过程中的温湿度环境进行不间断监测和记录。系统应当至少每隔1分钟更新一次测点温湿度数据，在药品储存过程中至少每隔30分钟自动记录一次实时温湿度数据，在运输过程中至少每隔5分钟自动记录一次实时温度数据。当监测的温湿度值超出规定范围时，系统应当至少每隔2分钟记录一次实时温湿度数据。

5. 当监测的温湿度值达到设定的临界值或者超出规定范围，系统应当能够实现就地和在指定地点进行声光报警，同时采用短信通信的方式，向至少3名指定人员发出报警信息。

6. 系统具有对记录数据不可更改、删除的功能，不得有反向导入数据的功能。

7. 系统不得对用户开放温湿度传感器监测值修正、调整功能，防止用户随意调整，造成监测数据失真。

（三）系统的安装要求

1. 企业应当对储存及运输设施设备的测点终端布点方案进行测试和确认，保证药品仓库、运输设备中安装的测点终端数量及位置，能够准确反映环境温湿度的实际状况。

2.药品库房安装的测点终端数量及位置应当符合以下要求：

（1）每一独立的药品库房至少安装 2 个测点终端，并均匀分布。

（2）平面仓库面积在 300m² 以下的，至少安装 2 个测点终端；300m² 以上的，每增加 300m² 至少增加 1 个测点终端，不足 300m² 的按 300m² 计算。平面仓库测点终端安装的位置，不得低于药品货架或药品堆码垛高度的 2/3 位置。

（3）高架仓库或全自动立体仓库的货架层高在 4.5m 至 8m 之间的，每 300m² 面积至少安装 4 个测点终端，每增加 300m² 至少增加 2 个测点终端，并均匀分布在货架上、下位置；货架层高在 8 米以上的，每 300m² 面积至少安装 6 个测点终端，每增加 300m² 至少增加 3 个测点终端，并均匀分布在货架的上、中、下位置；不足 300m² 的按 300m² 计算。高架仓库或全自动立体仓库上层测点终端安装的位置，不得低于最上层货架存放药品的最高位置。

（4）冷库面积在 100m² 以下的，至少安装 2 个测点终端；100m² 以上的，每增加 100m² 至少增加 1 个测点终端，不足 100m² 的按 100m² 计算。测点终端安装的位置，不得低于药品货架或药品堆码垛高度的 2/3 位置。

（5）每台独立的冷藏、冷冻药品运输车辆或车厢，安装的测点终端数量不得少于 2 个。车厢容积超过 20m³ 的，每增加 20m³ 至少增加 1 个测点终端，不足 20m³ 的按 20m³ 计算。

（6）每台冷藏箱或保温箱应当至少配置 1 个测点终端。

（7）测点终端应当牢固安装在经过确认的合理位置，避免储运作业及人员活动对监测设备造成影响或损坏，其安装位置不得随意变动。

（8）每年对测点终端至少进行 1 次校准，对系统设备应当进行定期检查、维修、保养，并建立档案。

缺陷举例

1.企业的温湿度监控系统查询历史数据默认设置为 3 个月。

2.阴凉库待验区的 2 个测点终端没有做到合理均匀分布。

3.仓库温湿度监测系统备份数据未进行异地备份。

4.企业购置的 2 个保温箱未按验证报告建议将温度监测设备固定安装在监测位置。

5. 现场检查模拟断开管理主机的外部供电 1 小时，管理主机不能独立工作，供电后温湿度监测数据不连续完整。

6. 药品常温库 429m^2，只安装了 2 个温湿度监测测点。

7. 企业自动温湿度监测系统监测数据刷新参数设置功能未锁定。

8. 现场模拟冷库温湿度超标，没有远程和就地实时报警。

九、从 GSP 谈常温药品的贮藏

GSP 第八十三条规定，企业应当根据药品的质量特性对药品进行合理储存，并符合以下要求：按包装标示的温度要求储存药品，包装上没有标示具体温度的，按照《中华人民共和国药典》规定的贮藏要求进行储存。而《中国药典》凡例中规定常温系指 10~30℃。

而在实际检查中，检查员使用 *08302（企业应当按包装标示的温度要求储存药品，包装上没有标示具体温度的，按照《中国药典》规定的贮藏要求进行储存）的频率较高，企业多不好整改，且本条又属于主要缺陷，存在较大风险。笔者参照国内外药典，谈谈个人建议。

一些特殊贮藏温度要求的药品的贮藏条件见表 6-1。

表 6-1　特殊贮藏温度要求药品及贮藏条件表

药品名	贮藏条件
利培酮片	15~30℃密封保存
甲泼尼龙片	15~25℃
屈螺酮炔雌醇片	15~30℃密封保存
瑞格列奈片	15~25℃干燥处保存
孟鲁司特钠片	15~30℃密封保存
恩替卡韦片	15~30℃密封保存
吸入用复方异丙托溴铵溶液	15~25℃
芬太尼透皮贴剂	15~25℃
复方氨基酸注射液	遮光，5~25℃
盐酸莫西沙星氯化钠注射液	遮光，15℃以上

如果在冬天检查，或在没有升温措施的阴凉库发现上述这些药品时，检查员多会判定为主要缺陷（*08302）。

各国药典关于常温库的要求见表 6–2。

表 6–2　各国药典常温库要求表

药典名	要求
中国药典	10~30℃
欧洲药典	15~25℃
美国药典	可控室温：20~25℃，平均温度应不超过 25℃
日本药局方	15~25℃

以上各国药典对常温要求多在 15~25℃，故常温库温度建议控制在 15~25℃，既可保证特殊贮藏温度要求的药品质量，又符合国际通用要求。

有些省标规定阴凉库面积应占总库面积 2/3 以上，现场检查中发现，有些企业对这条规定的理解为阴凉库越多越好，便把仓库全部设置为阴凉库，这是对本条款的误读，有些企业即便设了常温库，也没设置下限温度。以下就如何控制常温库温湿度提出建议。

1. 温湿度控制系统的选择

库房应当配备有效调控温湿度及室内外空气交换的设备。（* 04703）

针对这条的理解，有些企业的阴凉库只考虑了降温，如使用了单向降温的冷风机，没有升温功能，在实际检查中如存放上述药品也会判断为主要缺陷，建议采用双向温度调节的空调机组。

2. 库房温湿度监控系统的安装及验证

库房应当配备自动监测、记录库房温湿度的设备，并按附录《温湿度自动监测》安装测点终端，数量及位置、温度误差及监测时间符合附录要求。（*04704）

按照有关规定，对温湿度监测设备等定期进行校准及验证，如库房温湿度自动监测系统的测点终端设备，是否按规定进行了定期校准，并保存了相关记录。并按附录《验证管理》要求对采集、传送、记录数据以及报警功能的确认，监测设备的测量范围和准确度确认，测点终端安装数量及位置确认等。

十、从《药品经营和使用质量监督管理办法》谈药品批发企业许可

2023 年 9 月 27 日，国家市场监督管理总局发布《药品经营和使用质量监督管理办法》，该办法适用于在中国境内的药品经营、使用质量管理等活动及监督管理。规定从事药品批发活动，应当具备本办法第八条规定的条件（药学技术人员、设施设备，计算机管理信息系统、相关规章制度），其储存药品的仓库还应当具备实现药品入库、传送、分拣、上架、出库等操作的现代物流设施设备。对人员、设施设备、计算机系统及相关规章制度，跟以前法律法规相比，变化不大。然而，不少企业对其储存药品的仓库还应当具备实现药品入库、传送、分拣、上架、出库等操作的现代物流设施设备理解不透、把握不准。本文谈谈在药品批发企业许可审批过程中对现代物流仓储必备条件的认识。

1. 配备一定数量具有物流相关专业大学专科以上学历或中级以上专业技术职称的物流管理人员。

2. 库房配备与经营范围、经营面积相适应的自动化立体货架、高位货架及托盘和托盘货位。零货区应配备一定数量的零货位及隔板货架或流利式货架，高架仓库应配备重型组合式货架。

3. 配备入库管理设备，在仓储管理系统（WMS）协同控制和管理下，实现货位自动分配、自动识别、自动寻址功能。托盘、货架应标识条形码，实行货位管理、一位一码，通过 WMS 控制、管理、调度。

4. 药品出入库必须通过动力输送线进行物流传送，辅助 AGV 技术，覆盖收货验收区、储存区、拣选作业区、出库复核区、集货配送区，实现药品物流作业的连贯。通过动力输送线、光电核扫设备实现自动、连续的物流传送。

5. 配备分拣设备，采用平板拣选、条形码扫描、无线射频、电子标签、货到人等识别技术或自动化分拣机完成分拣，通过动力传输线传送至出库复核区、集货区，有一定数量的出库复核区滑道。

6. 仓库需要跨层作业的，应通过提升机、螺旋机、AGV 等设施实现自动、

连续的物流输送。

7. 安装有与库房面积相适应的视频监控系统，其中药品验收入库、出库等场所应各安装一定数量的摄像头，确保视频监控对库区各作业区的无缝覆盖。

8. 配备计算机信息管理系统，包含企业资源计划系统（ERP）、WMS、运输管理系统（TMS）等，且系统间能够实现数据实时共享。

十一、从《疫苗管理法》谈对疫苗配送企业监管

《疫苗管理法》取消了药品经营企业的疫苗经营权，由疫苗上市许可持有人直接销售，药品经营企业只负责配送，且持有人会对疫苗配送企业的配送能力进行认真评估，严控配送企业数量，在同一省（自治区、直辖市），同一家疫苗生产企业选取疫苗配送企业不得超过 2 家，接受委托配送的企业不得再次委托。笔者根据《疫苗管理法》《药品经营质量管理规范》《疫苗冷库设计规范》（DB32/T 3790–2020）以及《疫苗储存和运输管理规范》《关于进一步加强疫苗流通监管促进疫苗供应工作的通知》等相关法规文件，结合工作实践，谈谈对疫苗配送企业的检查要点。

（一）检查是否配备相关专业及一定资质的疫苗质管人员

从事疫苗配送的企业，应当配备 2 名以上专业技术人员专门负责疫苗质量管理和验收工作。专业技术人员应当具有预防医学、药学、微生物学或者医学等专业本科以上学历及中级以上专业技术职称，并有 3 年以上从事疫苗管理或者技术工作经历。

（二）检查是否建立了疫苗全程电子追溯系统

1. 是否建立了追溯系统，是否可实现疫苗最小包装单位生产、储存、运输、使用全过程可追溯、可核查。

2. 对疫苗的收货、配送信息，是否进行采集并上传至持有人的疫苗信息追溯系统。

（三）检查是否制定了与疫苗配送管理相关的文件和记录

1. 是否依据《疫苗管理法》《药品经营质量管理规范》《疫苗储存和运输管理规范》等制定了相关制度及操作规程。

2. 疫苗上市许可持有人是否对疫苗配送企业的冷链储存、运输条件及执行规范的能力进行了实地审计，并出具审计报告。

3. 疫苗上市许可持有人是否提供了生产许可证、营业执照、药品 GMP 符合性检查报告、疫苗注册证书。

4. 是否与疫苗上市许可持有人签订了疫苗委托配送储存合同、质量协议，约定双方责任和义务，明确疫苗质量管理要求。

5. 是否建立疫苗储存运输设施设备档案，并对设备运行状况进行记录和养护。

6. 疫苗上市许可持有人是否提供加盖其印章的批签发证明复印件或者电子文件；销售进口疫苗的，还应当提供加盖其印章的进口药品通关单复印件或者电子文件。

7. 疫苗相关记录及凭证是否按相关规定保存。

（四）检查是否配备了与疫苗储存配送要求相适应的设施设备并按要求储存、配送

1. 是否配备了 2 个以上用于储存疫苗的独立冷库，冷库的设计应当符合国家相关标准要求。

2. 每个冷库是否配备 2 台以上制冷机组，具备自动轮值功能，故障或除霜时切换工作，安装位置要求远离库门。

3. 是否合理划分冷库收货验收、储存、包装材料预冷、装箱发货、待处理药品存放等区域，并有明显标识。

4. 是否对冷库进行了使用前验证、定期验证及停用时间超过规定时限的验证。

5. 是否配备了符合国家相关标准要求的冷藏车，冷藏车厢应具有防水、密闭、耐腐蚀等性能，冷藏车厢内部应留有保证气流充分循环的空间。

6. 是否对疫苗运输过程进行温度监测，并填写疫苗运输温度记录表，记

录内容应包括疫苗运输工具，疫苗冷藏方式，疫苗名称、生产企业、规格、批号、有效期、数量、用途，启运和到达时间，启运和到达时的疫苗储存温度和环境温度，启运至到达行驶里程，送 / 收疫苗单位，送 / 收疫苗人签名。

7. 储存、运输过程中出现温度异常的，是否填写了疫苗储存和运输温度异常情况记录表，是否报疫苗生产企业并及时启动重大偏差或次要偏差处理流程，评估其对产品质量的潜在影响，并将评估报告提交给相应单位。

8. 是否根据储存配送协议规定，提供交接与配送疫苗有关的资质证明材料和记录。

9. 疫苗不得与非药品同车混合运输；与其他药品同车混合运输的，应当在运输车内分区放置，防止混淆和交叉污染，确保不因同车混合运输影响疫苗质量。

十二、从《药品经营和使用质量监督管理办法》谈医疗机构药品监管

2023 年 9 月 27 日，国家市场监督管理总局发布《药品经营和使用质量监督管理办法》（以下简称办法），该办法适用于在中国境内的药品经营、使用质量管理等活动及监督管理。其中，办法第四条提出，医疗机构应当建立药品质量管理体系，对本单位药品购进、储存、使用全过程的药品质量管理负责。使用放射性药品等特殊管理的药品的，应当按规定取得相关的使用许可。医疗机构以外的其他药品使用单位，应当遵守本办法关于医疗机构药品购进、储存、使用全过程的药品质量管理规定。

相关数据显示，70% 以上的药品通过医疗机构流入到消费者手中，通过药品零售或其他渠道销售的只有约 30%。目前，对药品的管理从种植、生产、经营分别有 GAP、GMP、GSP，还有《药品生产监督管理办法》及办法正式发布实施后将要废止的《药品经营许可证管理办法》和《药品流通监督管理办法》。但对医疗机构而言，除了《药品管理法》，还没有专门针对医疗机构药品管理的相关法规。此办法的出台，对加强医疗机构包括计生服务机构、疾病预防机构、康复保健机构等药品的管理，对保障医疗机构药品安全将起到积极作用。笔者结合平时监管实践，谈谈医疗机构药品管理的现状及监管体会。

（一）建立健全的质量管理体系

医疗机构质量管理体系应当与其药品使用范围和规模相适应，包括组织机构、人员、设施设备、相关文件等，有药品购进、验收、储存、养护及使用等环节的质量管理制度，明确各环节中工作人员的岗位责任，应有专门的部门或专人负责药品质量的日常管理工作。

⚙ **缺陷举例**

个别一级医院和社区卫生服务中心，目前未设置药剂科或无药学专业人员负责药品管理。

（二）合法的采购渠道及执行收货验收制度

采购药品应当确定供货单位的合法资格，确定所购药品的合法性，核实供货单位销售人员的合法资格。购进药品时应当索取、留存合法票据，包括税票及详细清单，清单上必须载明相关内容，票据应当保存至超过药品有效期1年，并不得少于3年。

建立和执行药品购进验收制度，购进药品应当逐批验收，并建立真实、完整的记录。药品购进验收记录必须保存至超过药品有效期1年，并不得少于5年。

⚙ **缺陷举例**

1. 医疗机构进货时先欠款，检查时不能提供销售清单及发票。
2. 票据散乱、仍有手工票现象，验收记录不全。
3. 执业许可证过期请其他单位代购药品。

（三）合理对药品进行储存养护

医疗机构应当制定并执行药品储存、养护制度，根据药品质量特性对药品进行合理储存及养护，做好储存、养护记录。对需在急诊室、病区护士站等临时存放适量药品的场所，应当配备符合药品贮藏要求的专区或者专柜。

储存药品应当按照药品属性和类别分库、分区、分垛存放，并实行色标管理。麻醉药品、精神药品、医疗用毒性药品、放射性药品、易制毒化学品以及易燃、易爆、强腐蚀等危险性药品，应按相关规定存放，并采取必要的安全措施。应当制定和执行药品养护管理制度，并采取必要的控温、防潮、避光、通风、防火、防虫、防鼠、防污染等措施，保证药品质量。

缺陷举例

1. 药库、药房无空调、五防设施，药品直接与地面接触。
2. 冷藏冰箱中药品与其他生活用品混放。
3. 未配备温湿度计、未建立药品养护记录。
4. 中药饮片斗内未保留合格证。

（四）履行药品召回、追回义务

医疗机构发现使用的药品存在质量问题或者其他安全隐患的，应当立即停止使用，并及时向所在地市县级药品监督管理部门报告，积极协助药品上市许可持有人、药品批发企业履行药品召回、追回义务。

缺陷举例

医疗机构发现问题药品追回后未及时向药品监管部门报告。

（五）建立健全信息化追溯管理制度

按照《国家药品监督管理局关于药品信息化追溯体系建设的指导意见》，医疗机构应建立覆盖药品购进、储存、使用的全过程追溯体系，开展追溯数据校验和采集，按规定提供药品追溯信息。要切实履行主体责任，对相关活动进行记录，记录应当真实、准确、完整、防篡改和可追溯，并应按照监管要求，向监管部门提供相关数据；通过药品追溯系统实现追溯信息存储、交换、互联互通，为社会公众提供信息查询。

缺陷举例

一些小型医疗机构未配备计算机系统。

（六）监督检查及法律责任

药品监督管理部门对药品使用环节质量的监督检查包括常规检查、有因检查和其他检查。药品监督管理部门应当根据药品品种、管制类型等特点，以及既往检查、检验、投诉举报等情况，制定年度检查计划，开展监督检查并建立监督检查档案。检查频次按照《药品检查管理办法》，三年内全覆盖。对疾病预防控制机构、接种单位执行疫苗储存和运输管理规范情况进行检查，每年不少于一次。

违反追溯管理规定的按照《药品管理法》第一百二十七条给予处罚。

违反质量体系、采购验收、储存养护规定的，给予警告，责令限期改正，并通报卫生健康主管部门；逾期不改正的，处五千元以上三万元以下的罚款。

擅自处理假劣药品或者存在安全隐患的药品，由药品监督管理部门责令限期追回，处一万元以上三万元以下的罚款，并向社会公布。

未取得相关使用许可，使用放射性药品等有特殊管理要求药品的，处一万元以上三万元以下的罚款。

以销售、使用为目的购进、储存假劣药的，应当认定为销售、使用假劣药，分别按照《药品管理法》第一百一十六条至第一百一十九条的规定给予处罚。

十三、药品现代物流重点体现在自动、连续、高效——对药品现代物流企业验收标准的理解

2023 年 9 月 27 日，国家市场监督管理总局发布的《药品经营和使用质量监督管理办法》第八条提出，从事药品批发活动，应当具备本办法第九条规定的条件（药学技术人员、设施设备，计算机管理信息系统、相关规章制度），其储存药品的仓库还应当具备实现药品入库、传送、分拣、上架、出库等操作的现代物流设施设备。

针对药品现代物流，北京、上海、天津、江苏、浙江、山东、湖北、安徽、内蒙古、河南、河北、江西等地药品监管部门陆续制订了相关标准或细

则。笔者查看这些标准或细则后，发现各地标准、要求不一。在此，笔者结合参与江西省的标准起草及部分新开办药品现代物流企业的验收体会，谈谈个人对药品现代物流企业验收标准的理解，供业界参考。

（注：本文讨论的药品现代物流企业仅指新开办的自营药品批发企业，不涉及第三方物流委托配送，建议针对药品零售连锁企业及药品第三方物流企业单独作出规定。）

（一）物流、药品现代物流与药品第三方现代物流的含义

1. 物流

物流是指物品从供应地向接受地的实体流动过程。根据实际需要，将运输、储存、装卸、搬运、包装、流通、加工、配送、信息处理等基本功能进行有机结合。

2. 药品现代物流

药品现代物流是指将药品信息采集处理、储存、运输、装卸、搬运以及包装等物流活动和技术综合运用的集成管理方式。药品现代物流采取的集成管理方式应当符合药品管理法律法规和规范要求，重点体现在自动、连续、高效。

4. 药品第三方现代物流

药品第三方现代物流是指依托专业化现代化物流设备、技术和信息管理，通过第三方物流服务体系，优化药品收货、验收、上架、输送、拣选、储存、养护、分拣、出库、复核、集货、调度、运输、配送、运营、回单管理、信息管理等作业过程，降低医药物流运营成本，提高服务能力和水平，实现医药物流管理和作业的规模化、集约化、规范化、信息化、智能化。

（二）药品现代物流企业重点关注点

1. 建立药品追溯体系

企业应当在药品采购、储存、销售、运输等环节采取有效的质量控制措施，采用信息化手段对物流、经营活动全面管理，实现物流、经营全过程记

录真实、准确、完整，并按照国家有关要求建立药品追溯系统，实现药品可追溯。确保物流、经营全过程药品质量与安全。

建议：企业应按照《药品管理法》要求，建立药品信息化追溯系统，该系统应能满足药品追溯数据原始、真实的要求，能对企业所经营品种购销渠道进行有效控制，能查验购进药品来源、销售药品去向是否清晰，物流、票据流、资金流是否一致。

2. 配备一定数量且符合要求的物流管理人员和计算机系统信息管理人员

企业应当配备与药品物流运营管理相适应的物流管理人员和计算机系统信息管理人员。有些省份对这两类人员学历及数量要求规定不一，如湖北规定物流管理人员应当具备物流相关专业专科及以上学历，计算机管理人员应当具备计算机相关专业专科以上学历，均未规定数量；黑龙江规定物流及计算机管理人员各1名，未规定物流人员学历，计算机人员要求大专以上学历；河北规定分别配备2名以上专业计算机管理人员和物流管理人员，计算机管理人员应具备计算机专业大学本科以上学历，物流管理人员应具备物流专业大学专科以上学历或具有国家认可的物流专业技术职称；江西规定应配备2名及以上具备物流相关专业大学专科以上学历或中级以上专业技术职称的专职物流管理人员，配备2名及以上具有计算机专业大专以上文化程度的信息管理人员。

建议：企业应配备物流管理部门负责人及物流管理员各1名；计算机管理部门负责人及计算机管理人员各1名。物流管理部门负责人应当具备物流相关专业本科及以上学历或具有国家认可的物流专业中级及以上技术职称，且具有3年以上药品物流管理工作经历。物流管理人员应当具备物流相关专业专科及以上学历；计算机管理部门负责人应当具备计算机相关专业本科及以上学历；计算机管理人员应当具备计算机相关专业专科以上学历。

3. 配备与其经营规模、经营范围、物流配送能力、保障药品质量安全相适应的营业场所、库房及运输车辆

对于营业场所及库房面积、层高及是否有自主产权，各地规定不一。如河北规定要有自主产权，多数省份未作规定；上海规定仓储面积不少于

10000m²；北京未规定面积，但规定立库层高不小于 8m；湖北规定面积不少于 8000m²，库房每层净高不低于 4.5m，自动化立体仓库不低于 12m；江苏规定库房可为平面库、多层库或立体库，总面积不少于 3000m²，每层净高不低于 4.5m；浙江规定库房面积不少于 6000m²，层高不低于 6m；山东规定库房面积不少于 10000m²；江西规定库房面积不少于 2000m²。多数省份规定自有密闭式药品运输车辆不少于 5 辆，开展冷链药品物流业务的，另外配备不少于 2 辆冷藏车辆；山东规定配备密闭式的运输车辆不少于 10 辆。

建议：考虑药品现代物流企业投入较大，如采取租赁形式，企业会考虑投入设备的风险，建议配备有自主产权的库房。营业场所不少于 300m²，仓库储存区整体建筑面积不少于 5000m²（需在同一建筑，且不得超过 3 层），层高不低于 4.5m，阴凉库（含冷库）面积应不少于总面积的 2/3。有冷藏药品经营范围的，应配备 2 个（含）以上独立冷库，总容积不少于 200m³。专营生物制品的，其仓库整体建筑面积不少于 3000m²；专营药品类体外诊断试剂的，仓库建筑面积不少于 100m²。

企业应当配备与药品配送规模相适应的密闭式自有运输车辆不少于 5 辆，开展冷链药品物流业务的，还应当另外配备可自动监测、显示、记录温度的冷藏车不少于 2 辆。

4. 配备能实现药品入库、上架、分拣、传送、出库、复核、集货等现代化物流作业需求相匹配的设施、设备

物流作业设施、设备应能覆盖全部药品的收货验收区、储存区、拣选作业区、出库复核及集货配送区（特殊药品、冷藏冷冻药品以及中药材、中药饮片、化学原料药、抗生素原料药除外）。设施、设备能对货物进行出入库、补货和集货，实现物流各作业环节自动、连续的物流传送；做到管理系统与传送线有机融合。

针对这条，各地在动力传送线长度、AGV 叉车数量、托盘货位及零货位方面规定不一。多数省份未规定动力传送线长度，北京规定托盘货位不少于 5000 个，零货位不少于 2500 个，立库高不小于 8m；江苏规定托盘货位不少于 1000 个，未规定零货位；河北规定仓库堆垛机不少于 3 台；江西规定托盘货位不少 500 个，零货位不少于 500 个，AGV 叉车不少于 3 台，动力传送线

不少于 200 米。

建议：库房应设置与企业经营规模相适应的零货储存区域和整件储存区域；零货区应配备隔板货架或流利式货架等类型货架，货位不少于 1000 个；整件储存区应配备与物流规模相适应的托盘货位，托盘货位不少于 1000 个（以 1200mm*1000mm 标准非木质托盘计）。

库房应配备动力输送线，其长度应满足现代化物流作业的需要，应不少于 500m；药品出入库通过动力输送线并配备 5 个及以上 AGV 叉车进行物流传送，覆盖收货验收区、储存区、拣选作业区、出库复核区、集货配送区，通过动力输送线、光电核扫设备实现自动、连续、高效的物流传送。针对零货配备分拣设备，采用平板拣选、条形码扫描、无线射频、电子标签、货到人等识别技术或自动化分拣机完成分拣，通过动力传输线传送至出库复核区、集货区，有一定数量的出库复核区滑道。仓库需要跨层作业的，应通过提升机、螺旋机、AGV 等设施实现自动、连续、高效的物流输送。

5. 库房有可靠的安全防护措施，能够对无关人员进入实行可控管理。配备视频监控系统，具有对整个仓储功能区实时录像、实时监控、实时处置、定时回放等功能，视频记录应当按日备份。

针对库房监控摄像头数量及工作图像留存时间，多数省份规定了配备视频监控系统，但未规定数量和留存时间。安徽规定留存时间为 30 天；江西规定数量为每 200m^{2}1 个标准安装摄像头，工作图像留存时间不少于 90 天。

建议：药品验收入库、出库场所应各安装不少于 2 个摄像头，其他区域按照每 200m^{2}1 个标准安装摄像头，确保视频监控对库区各项作业区的无缝覆盖。监视系统应 24 小时自动备份，工作图像留存时间不少于 90 天。麻醉药品和一类精神药品库按照《麻醉药品和精神药品管理条例》管理（双门双锁、进出进行身份登记、24 小时与 110 联网的报警装置、有视频监控、24 小时值守并可通过视频进行监控等）；毒性药品、二类精神药品实行专库、专人和双人双锁管理。

6. 应配置符合《规范》并与药品现代物流规模相适应的计算机硬件系统和网络环境及企业管理实际需要的应用软件和相关数据库。配置的信息管理系统能够保证经营过程中数据的真实、准确、完整、可追溯，并具备仓储管理、运输管理、温湿度监测等功能。

针对本条，多数省份都规定了配备企业资源计划管理系统（ERP）、仓储管理系统（WMS）、运输管理系统（TMS）等，多数未规定安装仓储作业控制系统（WCS），有的未规定"双机热备"。

建议：企业专设计算机中央控制室，能实现库房温湿度监控、冷库及其他仓储作业区视频监控、冷藏车温湿度监控、设备控制以及异常状况报警功能。实行多仓协同的药品批发企业的总公司，中央控制室应能对各仓库上述功能实现远程控制。服务器应是企业自有线下服务器，采用"双机热备"（属集团管理的公司，服务器位于集团公司的应提供相关证明性文件，并符合相关管理要求），实现无人工干预持续提供服务。具备接受药品监管部门实施远程监管的条件，通过互联网技术与药品监管部门的监管系统稳定对接，按标准及时完整地传送信息数据，实现药品可追溯。

企业应建立 WMS、WCS、TMS 系统。WMS 系统应与 ERP 系统实时对接，能够实现药品入库、存储、出库、退回等仓储全过程质量管理和控制，满足全程货物查询、追溯功能。WCS 系统采用条码扫描或无线射频等识别技术，实现各作业环节自动、连续的物流传送。仓储作业系统所属子系统、设施设备必须与仓储管理系统实时数据对接。TMS 系统应具备对运输药品的品种、数量、批号、工具、人员、发货时间、到货时间、签收等进行跟踪、记录、调度的功能。对于运输药品能全程实时定位、标示留存运输轨迹图。所有这些系统包括温湿度自动监测系统中各类数据按日备份，采用安全、可靠的方式（异地服务器或云储存等）存储和追溯管理。数据记录应当至少保存 5 年。

7. 需要验证的设施设备及系统

多数省份未规定对 ERP、WMS、WCS、TMS 等系统及自动传送线等设施设备进行验证，江西规定除对冷库、冷藏车、冷藏箱、保温箱、储运温湿度监测系统进行验证外，还规定了对 ERP、WMS、WCS、TMS 等系统及自动传送线等设施设备进行验证。

建议：除冷库、冷藏车、冷藏箱、保温箱、储运温湿度监测系统需要验证外，还要对 ERP、WMS、WCS、TMS 等系统及自动传送线等设施设备进行验证，其他设施设备的验证按 GSP 相关规定执行。

（1）ERP 系统的验证：验证质量管理、采购管理、销售管理、库房管理、运输管理、财务管理等功能，能对药品的进销存等质量控制环节进行全面规范管理，对采购药品的合法性、购货单位资质审核、首营企业审核、首营品种审核、采购、收货、验收、储存、养护、效期、销售、出库复核、运输、退回等过程进行有效控制。验证双机热备能否实现无人工干预持续提供服务，双机热备的实现方式以及从服务器自动接管主服务器的响应时长。

（2）自动输送线的验证：验证货到人整体实现药品入库、上架、分拣、传送、出库、复核、集货等现代化物流连续作业，能覆盖全部药品的收货验收区、储存区、拣选作业区、出库复核及集货配送区（中药饮片、化学原料药、抗生素原料药除外）。通过自动化输送线设备的光电核扫实现自动、连续的物流传送，同时具有纠错功能（若发生卡塞，可及时获取反馈信号，现场发出声光报警信号，控制中心监控画面给出故障信息提示）。

（3）WMS 系统的验证：验证其对物流、经营活动全面管理，实现物流、经营全过程记录真实、准确、完整、可追溯，以保证该 WMS 能够符合 GSP 要求及与企业实际经营过程相适应，确保经营、物流全过程药品质量的安全。WMS 系统能有效与输送线 WCS 系统对接，保证输送线能实现自动、连续、精准的物流传送，有物流作业准确率、效率等内容。

（4）WCS 系统的验证：验证其负责设备服务资源信息配置和管理，对输送线电控、光电开关、识别系统等设备进行控制管理，状态监控；负责将一个业务信息分解成多个子任务下发给控制系统执行，并且监控和维护子任务，确保业务信息能够完整执行；异常作业自动提示，并具备纠错功能。

（5）TMS 系统的验证：验证该系统能够根据仓储配送任务以及司机、车辆、线路等进行合理分配资源。主要包括订单管理、调度分配、行车管理、GPS 车辆定位系统、车辆管理、人员管理、数据报表、基本信息维护、系统管理等模块。

最后需要注意的是，本文讨论的是药品现代物流企业新增的人员、设施设备、计算机系统、验证等内容，至于其他内容应按照 GSP 相关规定执行。

十四、从《药品经营和使用质量监督管理办法》谈药品经营批零一体化

药品经营批零一体化（以下简称批零一体化）是指同一市场主体同时申请药品批发和药品零售连锁总部经营许可。批零一体化是整合企业内部的批发和零售资源，通过品种、供应商、物流等各种资源的一体化协同运作，实现批零融合、促进整体效率提升的新商业模式。

从市场准入角度表现为一家企业用同样的人员、设施设备等，同时取得药品批发和零售连锁资质。目前，江西、广东、广西、重庆、湖南、湖北、新疆等省市先后出台政策，对药品经营许可实行"药品经营批零一体化"管理。本文参照一些省份的做法，结合《药品经营和使用质量监督管理办法》谈谈药品经营批零一体化的体会。

（一）批零一体化的政策法规依据

2016 年，商务部发布《全国药品流通行业发展规划（2016—2020 年）》，提出合理规划行业布局，健全药品流通网络。鼓励实行批零一体化、连锁化经营，发展多业态混合经营。

2017 年，国务院办公厅下发《关于进一步改革完善药品生产流通使用政策的若干意见》（国办发〔2017〕13 号），提出整顿药品流通秩序，推进药品流通体制改革。推动药品流通企业转型升级。鼓励药品流通企业批发零售一体化经营。推进零售药店分级分类管理，提高零售连锁率。

《药品经营和使用质量监督管理办法》指出，同一法人主体的药品批发企业和药品零售连锁企业应当依据药品经营质量管理规范，分别建立药品批发和零售质量管理体系，配备符合药品经营全过程管理和质量控制要求的计算机系统，设置可满足批发和零售连锁经营实际需求的仓库，并采取有效措施防止药品混淆与差错。

（二）批零一体化的经营优势

1.实施"批零一体"经营，有利于进一步深化"放管服"改革，持续推进优化营商环境，激发市场活力和社会创造力，有利于规范药品流通秩序、净化药品流通市场，有效防范药品流通质量风险的发生，助推药品经营企业高质量发展。

2.实施"批零一体"经营，企业以一个市场主体身份同时获得批发零售连锁经营资格，不必重复投资仓储运输设施设备，不同程度避免了资源重复建设，减轻了企业负担。

3.实施"批零一体"经营，在药品购销过程中，减少了流转环节，相应地可以减少有关票据、手续，降低了运营和管理成本及税负。

4.实施"批零一体"经营，有利于提升企业的规模效应，使药品采购渠道更广、议价能力更强，更好地实现药品全过程信息共享和追溯。

（三）批零一体化的许可程序

同一市场主体向省级药监局同时申请药品批发、药品零售连锁总部经营许可，符合法定条件的，发放《药品经营许可证》，经营方式注明为：药品批发（含药品零售连锁）。开展药品批零一体化经营的企业，其药品批发经营范围应涵盖药品零售连锁总部的经营范围。

1. 新开办药品批零一体化企业

（1）同一市场主体申办药品批零一体化许可的，按照各省相关许可要求，向省药监局提交申请材料。

（2）省药监局对申报材料进行审查。材料符合要求的，省局派出验收组，按照验收标准组织验收，验收合格的，发放《药品经营许可证》。

2. 药品零售连锁总部申请批零一体化经营

（1）已持有药品零售连锁总部《药品经营许可证》的市场主体，申办药品批零一体化许可的，按照各省相关许可要求，向省药监局提交申请材料。

（2）省药监局对申报材料进行审查。材料符合要求的，省局派出验收组，按照验收标准组织验收，验收合格的，发放《药品经营许可证》。

3. 药品批发企业申请批零一体化经营

（1）已持有药品批发企业《药品经营许可证》的市场主体，申办药品批零一体化许可的，按照各省相关许可要求，向省药监局提交申请材料。

（2）省药监局对申报材料进行审查。材料符合要求的，省局派出验收组，按照验收标准组织验收，验收合格的，发放《药品经营许可证》。

（四）批零一体化验收标准及监管要求

1. 人员要求

批零一体企业应按照 GSP 规范配备与企业经营规模和业务范围相适应的专业技术人员和管理人员。企业法定代表人、主要负责人、质量负责人、质量管理部门负责人等符合规定的条件，有依法经过资格认定的药师或者其他药学技术人员。

2. 机构及职责

批零一体企业应当设立与其质量管理相适应的组织机构及岗位，有效开展质量管理工作。质量管理部门应当按照药品管理的法律法规及 GSP 规范要求开展质量管理工作，并督促相关部门和岗位人员落实质量管理要求。

3. 质量管理体系

批零一体企业应当按照有关法律法规及药品 GSP 的要求，建立符合药品批发和零售连锁及药品现代物流的质量管理体系，确定质量方针，制定质量管理体系文件，开展质量策划、质量控制、质量保证、质量改进和质量风险管理等活动。

设立与药品现代物流相适应的组织机构和岗位，制定制度文件、岗位职责和操作规程，并符合药品经营质量管理规范要求，体系文件应区分批发和连锁。

4. 设施设备

批零一体企业有与其经营品种和规模相适应的自营仓库、营业场所和设施设备，仓库具备实现药品入库、传送、分拣、上架、出库等操作的现代物流设施设备。

有入库管理设备如动力输送线、巷道堆垛机、自动导向搬运车（AGV）、穿梭车、必要时辅助用的电动叉车等实现货位自动分配、自动识别、自动寻址功能；存储设备如托盘、隔板货架、流利式货架、高位货架或自动化仓库等；信息识别管理设备如条形码编制/打印扫描设备、射频技术（RF）、电子标签辅助拣货系统（DPS）等设备；可对库区各项作业区进行全覆盖监控的视频监控设备，视频监控可以实现实时备份等。

5. 计算机系统

批零一体企业应建立覆盖药品经营全过程的计算机信息管理系统，如ERP、WMS、WCS、TMS、温湿度自动监测系统、药品追溯系统等。企业应当通过信息化手段实现各系统之间的数据实时对接、交互、可追溯。

操作系统、数据库、网络安全与应用安全管理等软件应当与现代物流规模相适应，并应当满足物流运营、质量管理、追溯管理以及信息安全需要。企业可以设置批发、零售连锁独立的计算机系统，也可以在同一系统中设置批发、零售连锁单独板块，实现药品质量可追溯。

6. 质量管理

批零一体企业应当负责监督门店落实统一企业标识、规章制度、计算机系统、人员培训、采购配送、票据管理、药学服务标准规范等，对所属零售门店的经营活动履行管理责任。门店应当按照总部统一质量管理体系要求开展药品零售活动。

十五、对药品现代物流指导意见的理解

2023 年 10 月 20 日，国家药品监督管理局发布了《药品现代物流规范化建设的指导意见（征求意见稿）》，与 2024 年 1 月 1 日实施的《药品经营和使用质量监督管理办法》第八条规定的"从事药品批发活动的，应当具备有与其经营品种和规模相适应的自营仓库、营业场所和设施设备，仓库具备实现药品入库、传送、分拣、上架、出库等操作的现代物流设施设备"相配套。

药品现代物流是实现药品物流高质量发展，保障药品的安全、有效、可及的重要一环，是国家药品供应保障体系的重要组成部分。

为贯彻国家局提出加快推进药品现代物流要求，许多省份已经开始陆续出台关于药品现代物流的相关政策文件，目的在于规范和指导药品现代物流活动。但由于各地出台的现代物流政策不一，存在信息沟通不及时、省与省之间的市场壁垒，监管实效性不强等问题。

此意见的出台将极大地推动《关于加快建设全国统一大市场的意见》的实施，为建设全国统一大市场作出部署，健全统一市场监管规则，完善市场监管程序，加强市场监管标准化规范化建设，增强市场监管制度和政策的稳定性、可预期性。

（一）物流、药品现代物流与药品第三方物流的含义

1. 物流

物流是指物品从供应地向接受地的实体流动过程。根据实际需要，将运输、储存、装卸、搬运、包装、流通、加工、配送、信息处理等基本功能进行有机结合。

2. 药品现代物流

药品现代物流是以满足药品 GSP 要求为基础，具有适合药品储存和实现药品入库、验收、传送、分拣、上架、出库、复核、集货等现代物流系统的装

置和设备，具有独立的计算机信息管理系统以及覆盖药品采购、收货、验收、储存、养护、销售、出库、运输等环节的全过程的质量控制和信息追溯体系，实现药品物流过程的数字化、智能化、规模化、集约化、可追溯化活动。

3. 药品第三方现代物流

药品第三方现代物流是指依托专业化现代化物流设备、技术和信息管理，通过第三方物流服务体系，优化药品收货、验收、上架、输送、拣选、储存、养护、分拣、出库、复核、集货、调度、运输、配送、运营、回单管理、信息管理等作业过程，降低医药物流运营成本，提高服务能力和水平，实现医药物流管理和作业的规模化、集约化、规范化、信息化、智能化。

（二）药品现代物流企业重点关注点

1. 明确了药品追溯体系要求

企业应建立追溯体系，制定的统一药品追溯标准和规范，建立并实施药品追溯制度，配合上市许可持有人落实药品追溯主体责任，在药品采购、储存、销售、运输等环节采取有效的质量控制措施，采用信息化手段对物流、经营活动全面管理，实现物流、经营全过程记录真实、准确、完整。追溯系统应能满足药品追溯数据原始、真实的要求，能对企业所经营品种购销渠道进行有效控制，能查验购进药品来源、销售药品去向是否清晰，物流、票据流、资金流是否一致。

2. 明确物流及计算机人员资历等要求

企业应当设立与其药品现代物流业务相适应的物流管理机构，配备物流管理及计算机管理人员。其中物流管理人员应当具备物流相关专业大学专科及以上学历或国家认可的物流相关专业职业资格（含职称）；计算机管理人员应当具备计算机相关专业大学专科及以上学历或国家认可的计算机相关专业职业资格（含职称）。第三方物流企业应至少配备物流管理人员及计算机管理人员各2名。

3. 明确了仓储设施要求

企业应当具有符合药品 GSP 要求且与其经营范围及规模相适应的经营场所及仓库，仓库应当按照需要设置相适应的功能区域，可以满足作业流程和物流规模需要。常温和阴凉药品混库储存的，温度控制应当设置为 10~20℃。收货验收、分拣复核、集货配送等作业区面积应满足现代物流作业需要，出库复核区、集货区需集中设置；具有与经营规模相适应的零货储存区域和整件储存区域。第三方物流企业应当具备与药品物流规模相适应的储存条件，仓库药品储存作业区整体建筑面积原则上不低于国家通用仓库标准（10000m² 或总容积不少于 60000m³），其中整件储存区应当设有自动化仓库或者高位货架，容积原则上不得少于 25000m³。开展冷藏冷冻药品物流业务的，应当配备 2 个（含 2 个）以上独立冷库（柜），总容积原则上不少于 500m³。对于有特殊储存温度要求的药品，还应当配备与相关品种储存要求和规模相适应的仓库及设施。

4. 明确了现代物流设备要求

企业应当配备可以实现与药品入库、验收、传送、分拣、上架、出库、复核、集货等现代物流作业需求相匹配的设施、设备，确保药品物流作业流畅连贯，降低混淆和差错风险。如电动叉车、动力输送线、巷道堆垛机、自动导向搬运车（AGV）、穿梭车等，实现货位自动分配、自动识别、自动寻址功能；存储设备，配备托盘、隔板货架、流利式货架、高位货架或自动化立体库；库内输送设备，通过电动叉车、动力输送线、巷道堆垛机、自动导向搬运车（AGV）、穿梭车等实现自动、连续、高效的物流传送，应覆盖储存区、拣选作业区、出库复核区、集货配送区；仓库安全措施，安装与面积相适应的视频监控系统，确保视频监控对库区各项作业区的全覆盖。工作图像留存不少于30 天，特殊管理药品工作图像留存不少于 90 天。企业应当配备与药品配送规模相适应的密闭式自有运输车辆，企业应当选择与药品储存条件及配送规模相适应的封闭式药品运输工具，第三方物流企业应当配备与药品物流规模相适应的封闭式运输车辆和（或）具有自动调控及屏显功能的冷藏车及车载冷藏、冷冻设备（冷藏箱、保温箱等）。封闭式运输车辆原则不少于 10 辆，冷藏车原则不少于 2 辆。

5. 明确了信息管理系统要求

企业应建立覆盖药品经营全过程的计算机信息管理系统，操作系统、数据库、网络安全与应用安全管理等软件应当与现代物流规模相适应，并应当满足物流运营、质量管理、追溯管理以及信息安全需要。

信息管理系统至少包括企业资源计划管理系统（ERP）、仓储管理系统(WMS)、设备控制系统（WCS）、运输管理系统（TMS）、温湿度监控系统等，通过信息化手段实现各系统之间的数据实时对接、交互、可追溯。

第三方物流企业应当配置信息交换平台，支持物流作业数据与委托方之间的信息交换，可对委托方药品收货、验收、入库、储存、养护、出库、运输、退回等全过程作业指令进行有效传达，实现药品信息的有效追踪。如新增受托业务以及年度质量内审时，应对信息交换平台（EDI）功能运行进行验证，以确保信息交换平台能够始终畅顺联通委托方与受托方的相关信息。

6. 确了质量管理体系要求

企业应当按照有关法律法规及药品 GSP 的要求，建立健全药品现代物流质量管理体系，设立与药品现代物流相适应的组织机构和岗位，制定制度文件、岗位职责和操作规程，配备从事药品经营和质量管理的人员，保证药品经营全过程持续符合法定要求。

第七章 注册核查

一、一文读懂药品注册现场核查及 GMP 符合性检查

《药品注册管理办法》第四十五条规定，药品注册核查是指为核实申报资料的真实性、一致性以及药品上市商业化生产条件，检查药品研制的合规性、数据可靠性等，对研制现场和生产现场开展的核查活动，以及必要时对药品注册申请所涉及的化学原料药、辅料及直接接触药品的包装材料和容器生产企业、供应商或者其他受托机构开展的延伸检查活动。本文基于《药品注册管理办法》及《药品生产监督管理办法》，谈谈注册核查与符合性检查的区别与联系、注册核查流程及检查要点，并对核查过程中的常见缺陷进行举例。

（一）注册核查与 GMP 符合性检查的区别与联系

上述注册办法第四十五条已介绍药品注册核查的定义，《药品生产监督管理办法》第二十六条规定，从事药品生产活动，应当遵守药品生产质量管理规范，建立健全药品生产质量管理体系，涵盖影响药品质量的所有因素，保证药品生产全过程持续符合法定要求。

1. 由谁发起注册核查

药品审评中心根据药物创新程度、药物研究机构既往接受核查情况等，基于风险决定是否开展药品注册研制现场核查。

2. 由谁组织实施核查

药品审评中心决定启动药品注册研制现场核查的，通知药品核查中心在

审评期间组织实施核查，同时告知申请人。药品核查中心应当在规定时限内完成现场核查，并将核查情况、核查结论等相关材料反馈药品审评中心进行综合审评。

3. GMP 符合性检查的启动及实施

需要上市前药品生产质量管理规范检查的，由药品核查中心协调相关省、自治区、直辖市药品监督管理部门与药品注册生产现场核查同步实施。

4. 哪些药品需进行 GMP 符合性检查

对于创新药、改良型新药以及生物制品等，应当进行药品注册生产现场核查和上市前药品生产质量管理规范检查。

对于仿制药等，根据是否已获得相应生产范围药品生产许可证且已有同剂型品种上市等情况，基于风险进行药品注册生产现场核查、上市前药品生产质量管理规范检查。

（二）药品注册现场核查流程

1. 注册现场核查依据

《药品注册管理办法》《药品注册核查工作程序（试行）》《药品注册现场核查管理规定》《药品注册核查要点与判定原则（药学研制和生产现场）（试行）》《药品生产质量管理规范（2010 年修订）》及附录、现行版《中国药典》。

2. 核查启动及结束时间

药品注册申请受理后，药品审评中心应当在受理后四十日内进行初步审查，需要药品注册生产现场核查的，通知药品核查中心组织核查，提供核查所需的相关材料，同时告知申请人以及申请人或者生产企业所在地省、自治区、直辖市药品监督管理部门。药品核查中心原则上应当在审评时限届满四十日前完成核查工作，并将核查情况、核查结果等相关材料反馈至药品审评中心。

药品审评中心在审评过程中，发现申报资料真实性存疑或者有明确线索举报等，需要现场检查核实的，应当启动有因检查，必要时进行抽样检验。

3. 核查程序

（1）接收核查任务：核查中心对药审中心发起的注册核查任务进行确认，核对注册核查任务及所附注册核查用资料。对于核查对象明确、核查重点清晰、与核查重点相关的资料齐全完整的，予以接收；对于不符合注册核查任务接收条件的，待药审中心完善并符合接收条件后，予以接收。对于接收的注册核查任务，核查中心按照任务接收确认时间顺序分别建立药理毒理学研制、药物临床试验、药学研制、生产现场核查序列，统筹安排现场核查。确认接收的核查任务通过核查中心网站告知申请人。

（2）制定核查计划：核查中心根据药审中心提出的核查对象和核查重点，确定核查地点，综合可协调组织的资源等情况，制定核查计划。需进行生产现场核查的，申请人还应当在规定时限内，进行生产现场核查确认，向核查中心报送药品注册生产现场核查确认表，明确可接受生产现场核查的情况，并确认在规定的现场核查时限内的关键和主要生产工序的生产安排。

（3）制定核查方案：核查中心实施现场核查前根据核查重点，基于风险原则制定核查方案。核查方案内容包括被核查单位基本情况、核查品种、核查目的、核查依据、现场核查时间、日程安排、核查内容、核查组成员等。

（4）申请人配合：申请人应当协调与药品研制、生产、注册申请相关单位及所涉及的化学原料药、辅料及直接接触药品的包装材料和容器生产企业、供应商或者其他受托机构按要求接受现场核查，必要时协调组织部分核查相关人员、设施设备和材料到指定地点接受核查。被核查单位应配合核查组工作，开放相关场地，及时提供核查所需的文件、记录、电子数据等，如实回答核查组的询问，保证所提供的资料真实。被核查单位应当选派相关人员协助核查组工作。

（5）核查组权利：在注册核查工作中，核查组有权对药品注册相关的单位和机构、人员、设施设备、管理要求等进行核查，进入研制、生产及其他核查相关场地，调阅相关资料，询问相关人员。对于现场核查发现的问题，核查组有权根据实际情况采取但不仅限于复印、拍照、摄像等方法收集相关证明性材料。

4. 现场核查的优化

（1）优化了药品注册现场核查模式：不再实施"逢审必查"的核查模式，对于药品注册研制现场核查，根据药物创新程度、药物研究机构既往接受核查情况等，基于风险决定是否开展；对于药品注册生产现场核查，根据申报注册的品种、工艺、设施、既往接受核查情况等因素，基于风险决定是否开展。

（2）核查与 GMP 检查同步进行：做好药品注册生产现场核查和上市前药品生产质量管理规范检查的衔接，需要上市前药品生产质量管理规范检查的，由药品核查中心协调相关省级药品监督管理部门与药品注册生产现场核查同步实施，加快了药品上市进程，与药品上市后监管进行有机衔接。

（3）明确了药品注册核查的定位：药品注册核查不是全体系的药品生产质量管理规范检查，其主要目的是核实申报资料的真实性、一致性以及药品上市商业化生产条件，检查药品研制的合规性、数据可靠性等。

5. 核查流程

（1）张贴核查通告。

（2）首次会议：如出示授权证明文件，通报核查目的、范围和日程，宣读核查纪律，被核查单位签署"接受检查企业单位承诺书""一致性承诺书"，被核查单位简要汇报。

（3）核查组查阅产品相关资料：如处方与工艺、操作规程、批记录、质量标准与检验方法确认与验证、检测记录、稳定性试验方案及记录、操作及记录与数据的完整与真实性等。

（4）现场核查：如仓库、厂房与设施、公用系统、实验室等。

（5）撰写核查报告：核查组对现场核查情况进行讨论汇总，提出现场核查综合评定意见，并依据核查结果判定原则，作出现场核查结论，撰写形成现场核查报告。针对现场核查发现的问题或缺陷，形成现场核查问题表。

（6）末次会议：核查组宣读核查报告，相关人员按要求进行签字 / 盖章。

（三）现场核查要点及缺陷举例

1. 研制现场核查要点

主要是通过对药学研制情况（包括处方与工艺研究、样品试制、质量控制研究、稳定性研究等）的原始资料进行数据可靠性的核实和 / 或实地确证，核实相关申报资料的真实性、一致性。

（1）质量管理：开展药物研究开发，是否建立与研究内容相适应的组织机构和质量管理体系，是否具有与药物研究内容相适应的人员、设施、设备、仪器等，制订相应的管理制度或标准操作规程并遵照实施。包括组织机构与人员、研究条件、文件和记录、变更和偏差管理、委托研究等。如申请人涉及委托事项，需核实相关委托协议签署情况。如：①与本次检查相关的样品批量生产前相关人员未进行过与本产品生产和质量控制及药品 GMP 的培训。②企业组织机构不健全，未配备技术研发人员。③企业未明确各个岗位的职责，注册现场检查过程中生产部人员对自身职责不清楚。

（2）处方和工艺：该品种处方和工艺研究过程是否完整科学、设计合理，相关研究记录应当真实完整，与申报资料一致。如：①企业工艺验证批生产记录干混合工序未设置时间参数的起始和结束时间点。②产品生产工艺规程规定在负压称量罩中称取各原辅料装于同一不锈钢桶中，未明确上述物料加入顺序，实际称量时先辅料，后原料，原料放在辅料中间。

（3）样品试制：相关研制样品试制记录及关键批次样品记录是否与申报资料一致。

（4）资料一致性：原辅料和直接接触药品的包装材料是否具有合法来源并与申报资料一致，使用时间和使用量应与样品研制情况相匹配。原辅料、直接接触药品的包装材料和容器的内控标准及检验报告是否与申报资料一致。

（5）质量控制：关键批次研究使用的仪器设备及关键质量属性研究记录等是否与申报资料一致，数据是否完整可靠。如：①某原料留样未按要求遮光密封保存。②大肠埃希菌项目检查时，需培养 24 小时，仅记录培养箱的使用日期，未记录具体起止时间。③企业未及时根据供应商提供的备案标准草案修订辅料质量标准，与备案的标准草案相比，缺少部分检查项目。④在原有厂房与设施、设备上增加该产品生产时，没有做相应的变更，没有经批准或经验证。a. 未严格按照变更控制程序进行评估和验证；b. 变更评估不当，风险认识不足，验证项目缺失。如混合均匀性、工艺验证、清洁验证、灭菌验证等；c. 变更文件时间在发生变更以后补充的。⑤检验仪器、设备没有仪器使用记录或使用记录存在矛盾。⑥样品（包括原辅包）没有检验 SOP 及受控记录，如与核定标准一致的质量标准、检验 SOP 和记录、检验方法验证记录。⑦某辅料入厂检验未按注册标准检验粒度项目。⑧稳定性考察样品剩余量与台账记录不一致。

（6）技术转移：技术转移是否有文件和记录；技术转移中是否对人员、设备、工艺、物料等因素进行评估，并采取相应措施降低风险；技术转移完成后的工艺验证是否支持商业化批量生产的关键工艺参数。如：①中试或技术转移过程中药品 GMP 规范执行不足。②未将此过程纳入药品 GMP 体系之中。③人员职责不清，生产部门对品种工艺知识理解不够。④研发部门实施工艺验证未完全遵循 GMP 规定。

（7）对照品和参比制剂：是否具有合法来源证明，并与申报资料一致，与实际的研究 / 评价工作是否相吻合。

（8）稳定性研究：是否制定了稳定性研究方案，稳定性研究批次、放置条件、关键时间点检验结果是否与申报资料一致，相关数据是否能溯源，是否完整可靠。如：①企业在申报资料前进行了产品第 11 个月的微生物限度检查，未按考察方案进行第 12 个月的考察，企业未对该变更进行记录。②《稳定性试验考察方案》未包含微生物限度检查项目（检验记录显示实际开展了该项目检验）。

（9）数据可靠性：申报资料中的数据是否真实、准确，能够溯源，相关的原始记录、原始图谱、原始数据是否与申报资料一致。如：①申报资料和《化学制剂生产工艺信息表》中将某辅料型号写错。②稳定性考察样品剩余量与台账记录不一致。

2. 生产现场核查要点

结合品种特点、核查对象特点和注册风险等级等因素选择确定生产现场核查关键点如下，生产现场核查时重点核查落实以下内容，并在现场核查报告中的各项下予以重点详述。

（1）质量管理：药品生产企业应具备涵盖影响药品质量所有因素的质量体系，具有与药品生产相适应的组织机构，并建立质量保证系统以保证质量体系的有效运行。如申请人涉及委托事项，需核实相关委托协议签署情况。

（2）厂房与设施、设备：企业的厂房、设施、关键生产设备应当与注册申报资料一致，并与商业化批量生产匹配，药品生产过程中防止污染与交叉污染的措施应当有效。如：①企业没有综合考虑药品的特性、工艺和预定用途等因素，确定厂房、生产设施和设备多产品共用的可行性，也不能提供相应评估报告。②没有根据药品品种，生产操作要求及外部环境状况等配置空调净化系统，或设置不当（洁净级别、温湿度、无菌）。

（3）物料：相关物料的采购、接收、贮存、检验、放行、发放、使用、退库、销毁全过程，应当确保物料在上述过程不发生污染、交叉污染、混淆和差错。如：①供应商"广州某有限公司"质量档案资料不全，如缺质量协议、样品检验数据和报告等。②产品的容器/密封系统没有经过充分的验证和测试，表明其不存在反应性或吸附性，可以为产品提供充分的保护，防止产品变质或者被污染。③未对供应商进行审计，或未经质量部门正式批准。④原辅料和直接接触的包材购入、储存、发放、使用等缺少相应的正式文件或未按文件执行。⑤没有对购入的原辅料、包材进行取样检验，或未全检。⑥物料发票、台账等与生产记录不一致。⑦综合仓库原辅料库部分物料堆垛紧密，如不同生产厂家的硬脂酸镁无间距堆放。

（4）批量生产能力：以商业化规模的工艺验证为起始，确认企业生产工艺与注册资料的一致性，以及持续稳定生产出符合注册要求产品的能力。

（5）质量控制：质量控制实验室的人员、设施、设备应当与产品质量控制相适应，应当配备《中国药典》、标准图谱等必要的工具书，以及相应的标准品或对照品等相关标准物质。企业应当建立相应质量控制制度，按药品生产质量管理规范要求进行取样、检验，并得出真实可靠的检验结果。

（6）数据可靠性：企业应当采取有效措施防止数据的修改、删除、覆盖等，以确保数据可靠。申报资料中的数据均应真实、准确，能够溯源，相关的原始记录、原始图谱、原始数据等均应与申报资料一致。其中，工艺验证及其稳定性试验等生产、检验数据尤为重要。如批记录内容存在（工序、签名、数量、辅助记录、报警系统删除记录等）真实性、完整性问题。

（7）违法违规处理：核查过程中如发现企业有违法、违规的情况，应移交当地药监部门处理，并在报告中予以专项说明。

综上所述，现场核查常见问题有：①人员培训不到位；②工艺规程步骤不具体；③原辅包供应商审计档案不全；④质量检验记录不原始；⑤技术转移过程记录不全；⑥稳定性研究未按方案执行；⑦数据不真实，有编造或修改痕迹；⑧设施、设备没有进行确认或验证；⑨物料管理缺相关 SOP；⑩批生产记录不完整；⑪仪器操作不规范等。

二、《中药注册管理专门规定》重点梳理

国家药品监督管理局发布的《中药注册管理专门规定》（以下简称《规定》）自 2023 年 7 月 1 日起施行。《规定》遵循中医药发展规律，坚持以临床价值为导向，传承精华，守正创新，将对我国中医药发展起到积极推动作用。

（一）《规定》中的中药指哪些

本规定的中药指 GMP 附录的中药制剂，有片剂、注射剂、气雾剂、丸剂、散剂、膏剂等剂型，不包括中药饮片、中药提取物、医院中药制剂、配方颗粒等；可来源于古代经典名方、名老中医经验方、医院中药制剂；中药饮片、提取物可作为中药复方制剂的处方组成。（GMP 及《规定》第二条）

（二）《规定》中的注册分类

本规定中的中药注册分类尊重中药研发规律、突出中医药特色，注重以临床价值为导向，不以物质基础作为分类依据。具体分类包括中药创新药、中药改良型新药、古代经典名方中药复方制剂、同名同方药等。（《规定》第十一条）

（三）研发基本要求

1.加强中药材、中药饮片的源头质量控制，开展药材资源评估，保证中药材来源可追溯，明确药材基原、产地、采收期等。（《规定》第九条）

2.注重体现中医药原创思维及整体观,鼓励运用传统中药研究方法和现代科学技术研究、开发中药。坚持以临床价值为导向,重视临床获益与风险评估,发挥中医药防病治病的独特优势和作用。(《规定》第三条)

3.采用中医药理论、人用经验和临床试验相结合,包含了在临床用药过程中积累的对中药处方或者制剂临床定位、适用人群、用药剂量、疗效特点和临床获益等的认识和总结。(《规定》第十七条)

(四)研发分类要求

1. 中药创新药

中药创新药的研制,应当根据药物特点、临床应用情况等获取的安全性信息,开展相应的非临床安全性试验;上市前原则上应当开展随机对照的临床试验。中药创新药处方来源于古代经典名方或者中医临床经验方,如处方组成、临床定位、用法用量等与既往临床应用基本一致,采用与临床使用药物基本一致的传统工艺,且可通过人用经验初步确定功能主治、适用人群、给药方案和临床获益等的,可不开展非临床有效性研究。(《规定》第二十一条)

中药创新药应当根据处方药味组成、药味药性,借鉴用药经验,以满足临床需求为宗旨,在对药物生产工艺、理化性质、传统用药方式、生物学特性、剂型特点、临床用药的安全性、患者用药依从性等方面综合分析的基础上合理选择剂型和给药途径,能口服给药的不注射给药。(《规定》第三十七条)

2. 中药改良型新药

改良型新药的研发应当遵循必要性、科学性、合理性的原则,明确改良目的。

改变中药剂型,应当结合临床治疗需求、药物理化性质及生物学性质等提供充分依据说明其科学合理性。并根据新剂型的具体情形开展相应的药学研究,必要时开展非临床有效性、安全性研究和临床试验;改变给药途径,应当具有临床应用优势和特点,如提高有效性、改善安全性、提高依从性等,开展相应的非临床研究,并围绕改良目的开展临床试验,证明改变给药途径的临床应用优势和特点;增加功能主治或延长用药周期或者增加剂量者,应当提供非临床有效性研究资料，循序开展Ⅱ期临床试验及Ⅲ期临床试验，但来源于临床实践的中药新药，其人用经验证据支持相应临床定位的，使用剂量和疗程不增加，且适用人群不变的及上市前已进行相关的非临床安全性研究且可支持其延长周期或者增加剂量的，可不提供非临床安全性试验资料。(《规定》第四十四条、第四十五条)

3. 古代经典名方中药复方制剂

古代经典名方中药复方制剂采用以国医大师、院士、全国名中医为主的专家意见为主的审评模式。

该制剂申请人应当开展相应的药学研究和非临床安全性研究，其处方组成、药材基原、药用部位、炮制规格、折算剂量、用法用量、功能主治等内容原则上应当与国家发布的古代经典名方关键信息一致；其处方中不含配伍禁忌或者药品标准中标有剧毒、大毒及经现代毒理学证明有毒性的药味，应采用传统工艺制备，采用传统给药途径，功能主治以中医术语表述，不需要开展非临床有效性研究和临床试验。(《规定》第四十八条)

4. 同名同方药

申请人应当基于临床价值评估结果选择对照同名同方药，应当具有有效性、安全性方面充分的证据；同名同方药的研制，应当与对照同名同方药在中药材、中药饮片、中间体、制剂等全过程质量控制方面进行比较研究，根据对照同名同方药的有效性、安全性证据，以及同名同方药与对照同名同方药的工艺、辅料等比较结果，评估是否开展非临床安全性研究及临床试验。(《规定》第五十五条)

(五)上市后变更

根据研究、评估和相关验证结果，确定已上市中药的变更管理类别，变更的实施应当按照规定经批准、备案后进行或者报告。

1. 变更药品规格应当遵循与处方药味相对应的原则以及与适用人群、用法用量、装量规格相协调的原则。对于已有同品种上市的，所申请的规格一般应当与同品种上市规格一致。(《规定》第六十一条)

2. 变更生产工艺及辅料不应当引起药用物质或者药物吸收、利用的明显改变。生产设备的选择应当符合生产工艺及品质保障的要求。(《规定》第六十二条)

3. 变更用法用量或者增加适用人群范围需开展临床试验的，应当循序开展Ⅱ期临床试验和Ⅲ期临床试验；功能主治不变且不改变给药途径，人用经验证据支持变更后的新用法用量或者新适用人群的用法用量的，可不开展Ⅱ期临床试验，仅开展Ⅲ期临床试验。(《规定》第六十三条、第六十四条)

(六)特别审评审批

对下面三种情况实行特别审评审批。

1. 对临床定位清晰且具有明显临床价值的以下情形中药新药等的注册申请实行优先审评审批(《规定》第十四条)：

①用于重大疾病、新发突发传染病、罕见病防治。

②临床急需而市场短缺。

③儿童用药。

④新发现的药材及其制剂，或者药材新的药用部位及其制剂。

⑤药用物质基础清楚、作用机理基本明确。

2. 对治疗严重危及生命且尚无有效治疗手段的疾病以及国务院卫生健康或者中医药主管部门认定急需的中药，药物临床试验已有数据或者高质量中药人用经验证据显示疗效并能预测其临床价值的，可以附条件批准。(《规定》第十五条)

3. 在突发公共卫生事件时，国务院卫生健康或者中医药主管部门认定急需的中药，可应用人用经验证据直接按照特别审批程序申请开展临床试验或者上市许可或者增加功能主治。(《规定》第十六条)

三、中药标准管理专门规定(征求意见稿)重点关注点

2024年2月4日，国家药品监督管理局发布了《中药标准管理专门规定(征求意见稿)》，紧扣中药标准特有的情形和要求，彰显传承中药特色，注重

强调中药质量的整体、过程控制，全面系统梳理中药标准管理的有关规定和内容，在吸纳《中国药典》"凡例""通则"以及《国家药品标准工作手册》等内容基础上，针对中药标准管理的共性问题、难点问题，从政策、技术层面分别予以明确。

（一）中药标准制定主要原则及基本要求

1. 坚持传承中医药理论和传统炮制技术，中药标准的研究和制定，应当遵循中医药理论，尊重传统经验鉴别，体现中药特色。

2. 坚持以临床为导向，科学设置中药标准中的质量控制方法、项目和指标，建立与中药临床使用安全性和有效性相关联的质量控制体系。

3. 坚持整体评价质量，以实现中药质量的稳定可控为目标，根据关键质量属性及产品特点，建立反映中药整体质量的控制方法和指标。

4. 中药材、中药饮片、中药配方颗粒、中药提取物以及中成药的药品标准在技术要求、质量控制理念、生产质量管理等相关方面应当保持协调，注重彼此之间量质传递及转化的关联性。

5. 加强中药监管科学研究，鼓励新技术和新方法在中药标准中的应用，持续提高检测方法的专属性、准确度、耐用性和对中药质量的可控性。

6. 关注中药质量安全风险，结合农药残留、重金属与有害元素、真菌毒素、植物生长调节剂等外源性有毒有害成分及内源性有毒有害成分的安全风险评估结果，合理设置必要的检查项目和限量要求。

7. 保证标准研究用样品基原准确、具有代表性。中药材和中药饮片标准研究用样品，应当充分考虑药材基原、产地、野生品和栽培品、种植养殖方式、生长年限、采收期、产地加工、炮制、生产企业、贮藏等关键质量影响因素，对样品基原进行鉴定，合理评估样品的批次及数量，确保样品的代表性符合要求；研究制定中成药标准、中药配方颗粒标准、中药提取物标准时，应当尽可能收集所有在产企业的样品。

8. 中药标准中检测指标的选择，应当综合考虑其专属性、质量相关性、稳定性、生物活性、含量、炮制或生产工艺特点以及所使用标准物质的代表性、稳定性、可获得性等因素；含量测定应当综合考虑检测成分转移率等情况，根据多批次代表性样品的实测数据制定。

（二）中药材标准重点关注基原及道地性

中药材地域分布较宽，中药材标准中存在同名异物、同物异名等现象。部分地区性民间习用药材标准的可控性较低，仍有不少药材标准仅收载有性状、检查等项目，难以准确鉴别基原真伪、质量优劣，难以有效控制中药材质量。

1.中药材标准记载的原植物或动物的科名、拉丁学名主要参考相关权威著作确定，应当保持相对稳定。中药材基原或药用部位的增加、删减、变更或分列，应当具有充分的本草考证、动植物分类学、物质基础等研究数据支持，经评估具有充分证据的，可以进行修订。缺乏充分习用证据的，应当按照新药材注册管理有关要求办理。

2.中药材标准，应当注重对本草典籍记载中药材传统质量评价经验和方法的传承和研究。采用适宜方法鉴别中药材的真伪，注重传承传统质量评价经验，鼓励对道地药材的品质特征进行系统评价和研究；对于传统认为具有毒性的中药材，或经现代毒理学证明具有毒性的中药材，应当加强安全风险评估，针对毒性成分制定科学合理的质量控制项目。

3.性状通常研究制定过程中应当综合考虑品种特点、历史沿革、产地差异以及生产加工情况等，进行综合考量和判定。对于多基原的性状有区别的中药材，应当分别描述。

（三）中药饮片标准重点关注炮制工艺

中药饮片是中医诊疗过程中最为普遍的治疗手段，同时中药饮片的质量也和患者的临床治疗效果及治疗过程中的安全存在着密切关系。临床实践和试验研究表明，对中药饮片炮制后，往往能够提高传统中药的疗效、改善药性或降低毒性等。

1.建立与炮制作用机理相适应的饮片标准，注重对传统特色炮制经验和技术的传承和研究。针对具有"减毒增效"及"生熟异治"特点的品种，应当遵循其质量变化规律和特点开展研究，建立适宜的专属性质量控制项目。

2.针对不同炮制工艺的质量属性变化、炮制辅料、炮制终点的判定及炮制设备对饮片质量的影响等情形，制定科学合理的质量控制项目。修订过程中应当注重对药材种植、产地加工、市场流通、临床使用等的全过程调查，充分考虑影响饮片质量和炮制方法统一规范的因素，有针对性地确定标准中的项目和内容，并研究建立专属性的质量控制方法和检测指标。

3. 中药饮片标准中的炮制项是对饮片炮制工艺的规范性要求，应当针对不同炮制方法明确关键工序，关注饮片原料、炮制设备、技术要点、炮制程度、辅料用量等，炮制规程的质量控制、炮制终点的炮制火力、炮制设备对饮片质量的影响。

（四）中药配方颗粒标准重点关注与传统汤剂的一致性

中药配方颗粒是由单味中药饮片经水提、分离、浓缩、干燥、制粒而成的颗粒，在中医药理论指导下，按照中医临床处方调配后，供患者冲服使用。中药配方颗粒的质量监管纳入中药饮片管理范畴，药配方颗粒的生产应当取得《药品生产许可证》，并同时具有中药饮片和颗粒剂生产范围，具备中药炮制、提取、分离、浓缩、干燥、制粒等完整的生产能力。

1. 明确配方颗粒标准分类、管理要求及技术要求，应当重点关注中药配方颗粒与传统汤剂质量属性保持基本一致。

2. 中药配方颗粒标准研究过程中，应当关注生产全过程的量质传递情况，从原料到中间体到成品生产全过程的量质传递应当具有相关性、可行性和合理性。

3. 中药配方颗粒标准由国家药品监督管理局和省级药品监督管理部门按照《中药配方颗粒质量控制与标准制定技术要求》制定。除另有规定外，对于部分自然属性不适宜制成中药配方颗粒的品种，原则上不应当颁布中药配方颗粒标准。

（五）提取物大多经过较为复杂的加工处理，其所用药材基原及质量、生产工艺等对提取物的质量影响较大

1. 应当根据药材基原、提取工艺、提取溶剂等情况，结合药材、中成药等的关键质量属性，制定合理的质量控制项目。

2. 应当明确投料量、制成总量、提取的关键工序及主要工艺参数等内容。必要时，可对提取使用的药材基原进行明确；应当分析残留溶剂对中药安全性的影响，依风险制定相应的检查项目。

3.中药提取物标准中【制剂】项，应当明确规定使用该提取物使用范围及品种。

（六）中成药标准重点关注君臣佐使及量质传递规律

中成药大多为复方制剂。君臣佐使、组方配伍是传统中医药理论的精髓之一，中药复方的临床疗效通过所有药味的协同作用产生，缺一不可。

1.研究用样品应当符合 GMP，结合处方、制法、功能主治、"君臣佐使"等组方规律及临床使用情况及量质传递规律等有关信息，根据不同剂型的制剂工艺和剂型特点，综合研究考察不同工艺药效成分的变化及提取转移率，科学合理设置中成药质量控制项目及要求，实现控制质量稳定、鉴别质量优劣的目的。

2.中成药标准中的【制法】项是对中成药生产工艺的概括性说明，如提取溶剂、提取方法、分离、浓缩、干燥、成型等主要步骤和关键参数等，紧扣投料的真实性和投料量的准确性，按照 1000 个制剂单位规定制成总量。

3.含量测定指标的选择需摒弃以"易测、对照品易获得"为出发点的"为含测而含测"的思维，应全面掌握品种质量特征。多指标含量测定是中药质量标准研究的大势所趋，一测多评法采用一个定量用对照品，辅以其他色谱峰定位手段，基于相对校正因子同时测定多个成分的含量，是中药定量分析领域的重点发展方向。

四、从 GMP 谈临床试验用药品制备

《临床试验用药品（试行）》附录（以下简称附录）作为《药品生产质量管理规范（2010 年修订）》配套文件，适用于临床试验用药品（包括试验药物、安慰剂）的制备，包括已上市药品作为对照药品或试验药物时，其更改包装、标签等。临床试验用药品指用于临床试验的试验药物和对照药品。对照药品包括临床试验中用于试验药物参比对照的其他研究药物，已上市药品、阳性对照安慰剂。

临床试验用药品相比于已取得注册批文的药品有其特殊性，如其生产工艺

不成熟，还不能进行工艺验证；对其特性、毒性了解不够充分，质量标准及检验方法还不完善；制备过程可能同时涉及试验药物制备、安慰剂制备、对照药品和试验药物更改包装标签等不同活动，随机和盲法的要求增加了制备过程混淆和差错的风险。所以临床试验用药品的制备不能完全按 GMP 管理，但一些相关基本原则如数据可靠性、偏差、变更、OOS 等需应用 GMP 管理工具，本文结合 GMP 及附录谈谈临床试验用药品制备管理重点。

（一）关键人员重点在放行责任人

1. 提出了临床试验用药品制备的人员应当具有适当的资质并经培训，具备履行相应职责的能力。明确了负责制备和质量管理的人员不得互相兼任。这条应参照 GMP 由受托生产企业配备相关资质的生产和管理负责人，并明确相应职责。

2. 明确了放行责任人由申请人配备，并至少具有药学或相关专业本科学历（或中级专业技术职称或执业药师资格），具有至少五年从事药品研发或药品生产质量管理工作的实践经验，其中至少有一年的药品质量管理经验。放行责任人应当具备必要的专业理论知识，并经过与放行有关的培训。相比 GMP 的质量受权人来说，放行责任人需要具备药品研发实践经验。

3. 明确了放行责任人的职责，确保放行的每批临床试验用药品的制备均符合相关法规和质量标准，并出具放行审核记录。而 GMP 受权人还需参与企业质量体系建立、内部自检、外部质量审计、验证以及药品不良反应报告、产品召回等质量管理活动。

（二）制备管理重点在防混淆及差错

1. 宜使用专用或独立的设施、设备。在早期临床试验阶段，对试验药物毒性、药理活性等的认识不充分，试验药物的制备宜使用专用或独立的设施、设备。共线生产时，应当采取适当的控制措施（如阶段性生产方式等），最大限度地降低制备过程中污染与交叉污染的风险。

2. 对所用原辅包进行相应的检查、检验，合格后方可放行使用。对于早期临床试验用药品所用原辅包可依据供应商的检验报告放行，但至少应当通过鉴别或核对等方式，确保其正确无误。如为无菌药品的，其制备所用辅料、与药品直接接触的包装材料还应当进行微生物和细菌内毒素等安全性方面的检验。

3. 临床试验期间工艺是可以持续优化、不断提高的。早期临床试验阶段，应当通过必要的监测以保证符合质量要求，保障受试者安全。确证性临床试验阶段进行工艺验证的，其范围和程度应当基于风险评估确定。临床试验用药品为无菌药品的，灭菌工艺或无菌生产工艺的验证应当遵循现行相关技术要求，确保其无菌保证水平满足要求；临床试验用药品为生物制品的，还应当确保病毒等病原体或其他外源因子灭活/去除效果，保障受试者安全。

4. 临床试验用药品制备场地、处方工艺、规模、质量标准、关键原辅料包装材料等发生变更，以及伴随相关技术转移，应当评估变更对临床试验用药品带来的安全性风险，变更和评估应当记录，确保可追溯性。临床试验用药品在不同的场地进行制备时，应当开展不同场地之间药物质量的可比性研究。

5. 对照药品改包装不能影响原产品质量。将对照药品进行改变包装、标签等操作时，应当充分评估并有数据（如稳定性、溶出度等）证明所进行的操作未对原产品的质量产生明显影响。

6. 确定安慰剂的处方工艺及质量标准。采用安慰剂进行对照试验时，避免安慰剂的外观和性状引起破盲，检验合格方可放行用于临床试验。

7. 确保临床试验用药品包装和贴签的准确性，明确防止贴错标签的措施。临床试验用药品通常以独立包装的形式提供给临床试验中的受试者，应进行标签数量平衡计算、清场、由经过培训的人员进行中间控制检查等。试验药物和对照药品通常不得在同一包装线同时包装。临床试验用药品的标签应当清晰易辨，标签内容符合要求。如需变更有效期，临床试验用药品应当粘贴附加标签，附加标签上应当标注新的有效期，同时覆盖原有的有效期。粘贴附加标签时不得覆盖原批号或药物编码。

（三）质量管理重点在建立质量管理体系

1. 质量控制活动应当按照质量标准、相关操作规程等组织实施。每批次临床试验用药品均须检验，以确认符合质量标准。应当对检验结果超标进行调查评估。

2. 应当制定临床试验用药品制备的处方工艺、操作规程，以及所用原辅料和包装材料、中间产品及成品的质量标准和检验操作规程等文件。文件内容应当尽可能全面体现已掌握的产品知识，至少涵盖当前研发阶段已知的或潜在的临床试验用药品的关键质量属性和关键工艺参数。

3.临床试验用药品制备过程中，如处方工艺调整或变更，应当对不同的处方工艺进行唯一性识别编号，并能够追溯到相应的制备过程。

4.申请人应当制定规程明确临床试验用药品包装中药物编码的生成、保密、分发、处理和保存等要求。涉及盲法试验的，还应当制定紧急揭盲的程序和文件。

5.每批临床试验用药品均应当留样，留样应当包括试验药物和安慰剂，留样的包装形式应当与临床试验用药品的包装形式相同，留样数量一般至少应当能够确保按照相应质量标准完成两次全检，并至少保留一件最小包装的成品。

6.应当制定稳定性研究方案，稳定性研究的样品包装应当与临床试验用药品的包装形式一致。对于更改包装材料的临床试验用药品，应当考察变更包装后样品的稳定性。

7.申请人应当建立临床试验用药品档案，并随药物研发进展持续更新，确保可追溯。档案至少应当保存至药品退市后2年。如药品未获批准上市，应当保存至临床试验终止后或注册申请终止后2年。

（四）放行药品重点在对待放行药品进行质量评价

1.在批准放行前，放行责任人应当对每批临床试验用药品进行质量评价，保证其符合有关法规和技术要求，批生产记录、批包装记录、批检验记录等符合要求；所有偏差和变更、后续完成的调查和评估已完成。

2.临床试验用药品包装符合要求，标签正确无误；设施设备的确认状态、制备工艺与检验方法的验证状态；原辅料放行情况及中间产品、对照药品（含安慰剂）、成品检验结果；稳定性研究数据和趋势（如适用）。

3.临床试验用药品的质量评价应当有明确的结论，如批准放行、不放行或其他决定，并经放行责任人签名。

4.应当出具临床试验用药品放行审核记录。

（五）发运及召回重点在按申请人指令执行

1.申请人在临床试验用药品发运至临床试验机构之前应当至少确认临床

试验用药品已批准放行；对运输条件的检查和确认，根据临床试验用药品的包装、质量属性和贮存要求，选择适宜的运送方式，采取相应措施防止出现变质、破损、污染、温控失效等问题，并确认临床试验用药品被送至指定的临床试验机构。

2. 临床试验用药品的运送应当保留完整的书面记录，记录内容通常应当包括临床试验用药品名称或代码、剂型、规格、批号或药物编码、数量、有效期、申请人、制备单位、包装形式、贮存要求以及接收单位和地址、联系方式、发运日期、运输方式、过程中的温度监控措施等。如委托运输，还应当包括承运单位的相关信息。运送记录的内容可根据设盲需要进行适当调整。

3. 临床试验用药品通常不得从一个临床试验机构直接转移至另一临床试验机构。如必需时，申请人和交接双方的临床试验机构应有完善的转移临床试验用药品的质量评估及操作规程，充分评估并经申请人批准后方可执行。

4. 对由于临床试验用药品质量问题引起的投诉，申请人应当与制备单位、临床试验机构共同调查，评估对受试者安全、临床试验及药物研发的潜在影响。放行责任人及临床试验相关负责人员应当参与调查。调查和处理过程应当有记录。需要召回临床试验用药品时，申请人应当根据操作规程及时组织召回。临床研究者和监查员在临床试验用药品召回过程中应当履行相应的职责。

5. 收回的临床试验用药品通常不得再次用于临床试验。如必需时，申请人应当对收回的临床试验用药品的质量进行充分评估，有证据证明收回的临床试验用药品质量未受影响，并按照相应的操作规程处置后方可再次使用。

6. 申请人负责对未使用的和收回的临床试验用药品进行销毁。确认临床试验用药品的发出、使用和收回数量平衡后，方可对未使用的和收回的临床试验用药品进行销毁。销毁应当有完整记录，内容至少包括销毁原因、销毁时间、销毁所涉及的批号和 / 或药物编码、实际销毁数量、销毁人、监督人等信息。销毁记录应当由申请人保存。

五、从GSP谈临床试验用药品供应链管理

临床试验用药品指用于临床试验的试验药物和对照药品。对照药品包括临床试验中用于试验药物参比对照的其他研究药物，如已上市药品、安慰剂。

临床试验作为药物上市前的关键环节，在人体安全和产品评价方面起着重要作用，临床试验用药品供应链管理（以下简称供应链）是保障药物临床试验顺利进行必不可少的环节，但现有法规体系尚未明确该环节的管理要求，本文结合GSP及上海市医药行业颁布的《临床试验用药品供应链管理规范》谈谈供应链管理的重点。

（一）什么是临床试验用药品供应链

临床试验用药品供应链是指临床试验过程中，以申办者为核心，将临床试验用药品传递至临床试验机构，覆盖采购、接收、储存、包装、贴签、发运、回收、销毁等环节，由申办者、服务提供方、临床试验机构等各相关方组成的网络机构。

（二）供应链三方及各自职责

1. 申办方

申办方指负责临床试验的发起、管理和提供临床试验经费的个人、组织或者机构。

①申办者应建立基于风险的质量管理体系，对临床试验用药品的质量安全承担主体责任，保证临床试验用药品全过程质量安全、可控。

②保证临床试验用药品应链环节的质量安全，若选择由第三方提供临床试验用药品供应链服务，须与服务提供方签订合作协议和质量保证协议，并对其提供的服务进行指导、监督和管理。

③向临床试验用药品供应链服务提供方、药物临床试验机构和其他相关方提供明确的临床试验用药品储运条件、贮存时限、使用方法等要求的书面说

明，以及其他保证药品质量安全的相关文件。负责对回收药品的分类管理，重新利用前需进行再次评估；负责对存在风险的药品及时采取风险控制措施。

2. 服务提供方

服务提供方接受申办者委托，为其提供临床试验用药品供应链服务的企业。包括（不限于）与本次临床试验相关的国内个已上市药品（如对照药品、联合用药所需的药品）采购、储存、包装、贴签、发运、回收、销毁等。

①服务提供方应确保药品在供应链服务环节符合临床试验申办者的相关要求，保证药品质量安全和及时供应。

②建立相应的质量管理体系，配置与服务内容、规模相适应的组织架构、人员、设施设备、质管理体系文件和数字化信息平台。

③基于风险建立临床试验用药品供应链应急预案，保证临床试验用药品在供应链服务阶段的质量安全可控。

④定期开展质量管理体系内审和风险评估，接受申办者及其他相关方的审核，并根据审核结果持续改进，保证体系有效运行。

3. 临床试验机构

临床试验机构是符合 GCP 的基本条件并进行备案，按照 GCP 和药物临床试验相关技术指导原则等要求，开展药物临床试验的机构。

①指定部门或项目授权人员对申办者提供的临床试验用药品进行管理。

②对临床试验用药品在机构期间的质量负有管理责任，确保能够按照规定和试验方案要求对药品进行接收、储存、分发、回收、退还及未使用的处置等管理，并保存相关记录。

③结合临床试验方案，对生物等效性试验的临床试验用药品进行成品留样；对疑有质量问题的药品或该批次所有药品立即隔离管控并及时反馈申办者。

（三）人员与质量管理

1. 根据职责配备相关人员。服务提供方应根据服务内容、规模和专业要求配备相适应的采购人员、验收人员、仓储管理人员、包装人员、贴签人员等。

2. 各岗位操作人员应具备药学相关专业背景或经过药品专业知识培训，接受与其岗位职责和工作内容相关的岗前培训和继续教育，并经考核合格后方可上岗。

3. 建立基于风险的质量管理体系，覆盖临床试验用药品的采购、接收、储存、包装、贴签、发运、回收、销毁等全环节。

4. 建立质量风险管理制度，配合申办者识别和评估可能影响临床试验关键环节和数据的风险，保证临床试验用药品供应链过程规范。

5. 临床试验用药品应当在规定的温度范围内储存、运输。出现温度异常时，各相关方应立即报告申办者，并启动偏差调查，由申办者评估其对药品质量的潜在影响。

（四）硬件与软件管理

1. 设置不同的供应链服务区域，包括但不限于收货区、待验区、合格品储存区、物料存放区、分包贴签区、发货区、待处理区、不合格品区等，并建立进出人员授权管理机制。

2. 提供贴签、包装等服务的，应根据服务内容和规模设置物料存放区、分包贴签区等，配备相应的设施设备；接受委托提供内包服务的，必须按照受托产品内包装工序的生产要求，设置不低于暴露工序区域洁净度级别的工作区。

3. 在仓储区设置临床试验用药品专用区域，根据药品储存要求配备能有效调节并记录储存条件的设施设备，包括但不限于调控温湿度及室内外空气交换的设备、自动监测记录库房温湿度的设备等，并按要求进行验证。

4. 根据临床试验用药品的储运要求，配备满足条件的运输设施设备。

5. 各相关方应协同建立数字化信息平台，集成涉及临床试验用药品供应链环节的管理操作、信息数据和业务需求等信息，实现整个供应链过程的数字化管理，以保证数据的真实、准确、完整和可追溯。平台应包括但不限于业务需求交换系统、仓储管理系统、运输管理系统、盲法试验随机化信息系统、制造执行系统、温湿度监测系统等，形成临床试验用药品追溯体系，避免临床试验用药品在供应链管理过程中发生混淆和差错。

（五）过程管理

1.采购采购服务前，审核委托采购方和所采购药品的合法资质。委托采购方应提供本次试验的《药物临床试验批件》或《药物临床试验批准通知书》等；应在"药物临床试验登记与信息公示平台"上完成信息登记。与供货方签订书面合同，合同内容包括：临床试验用药品、对照品的名称、规格、数量、制备单位或生产企业、贮存要求以及接收单位和地址、运输方式等内容；还应与供货方签订质量保证协议，明确双方质量职责。有温度控制要求的产品，应约定温度偏差处理方式。

2.接收和储存制定临床试验用药品接收和储存的管理规程，经检查资料齐全、符合运输温度要求的产品，方可接收。验收合格的产品，应当按照规定温度要求，储存在经验证合格的库区中，并由专人管理。定期对在库药品的外观、包装等质量状况进行检查并记录。

3.包装与贴签建立物料管理规程，按照质量标准检验合格后方可放行使用。根据申办者的包装方案，建立物料清单和物料平衡计算方法和限度。申办者提供或确认包装和贴标方案，如涉及盲法试验的贴标，应当建立随机化信息的管理流程。按照申办者的批准文件和要求，建立包装和贴签相应的工艺规程或操作指南。在符合要求的条件下进行药品包装与贴签。根据药品品种、包装操作等要求，设置相应的洁净区。按照试验方案的盲态要求进行包装、贴签的，完成操作后应进行盲性检查。采用数字化信息平台进行的操作，其数据录入和处理应保持盲法状态。

4.发运服务提供方应当根据申办者的指令，拣选待出库的药品并进行出库复核，并根据临床试验用药品的包装、质量属性和贮存要求，选择适宜的运送方式，采取相应措施防止出现变质、破损、污染、超温等问题。临床试验机构接收药品时，应核对相应资料并对药品的外观、包装、在途温度等质量状况进行检查，检查合格后方可接收。

5.回收及销毁回收的临床试验用药品应当储存在受控的专用区域。对需召回的临床试验用药品，申办者应根据规定及时通知各相关方。当对照药品或临床试验方案规定的其他治疗药品的供应商启动药品召回时，申办者应当确保及时获得召回信息，并立即采取相应措施。召回、过期、最小包装破坏及其他存在质量安全风险的药品回收后原则上不可再次用于临床试验。申办者负责临床试验用药品的销毁；如授权供应链服务提供方进行销毁，应当书面授权；如需临床试验机构按医疗废弃物立即销毁的，应在协议中明确。所有销毁均应留有完整记录。

6. 档案管理所有档案，保存至试验用药品被批准上市后 5 年；如未获批准上市，档案保存至临床试验终止后或注册申请终止后 5 年；或按照申办者和其他相关规定的要求延长保存时限（如有）。

六、从 GCP 谈临床试验用药品使用管理

临床试验用药品（以下简称为试验用药品）指用于临床试验的试验药物和对照药品。对照药品包括临床试验中用于试验药物参比对照的其他研究药物，如已上市药品、安慰剂。

试验用药品作为药物临床试验的核心，其管理贯穿于试验全过程，管理的好坏直接影响药物临床试验的质量，关系着受试者安全用药。规范试验用药品管理的各个环节如接收、保存、发放、使用、回收和退回（销毁）等，可以确保试验用药品管理的全过程符合 GCP 要求。本文讨论的是试验用药品的使用管理，不包括研究者、申办者、伦理等相关内容。

（一）建立相关文件及信息化系统

1. 建立临床研究药物管理制度、相关 SOP

明确药物管理流程，包括试验用药品接收 SOP、试验用药品保管 SOP、试验用药品发放 SOP、试验用药品回收 SOP、试验用药品销毁 SOP、试验用特殊药品（毒、麻、精神、放射性药物）管理 SOP、应急事件处理 SOP 及严重差错应急预案等。

3. 建立相关记录

试验用药品管理的记录应当包括日期、数量、批号（序列号）、有效期、

分配编码、签名等；每位受试者使用试验用药品数量和剂量的记录。

3. 建立信息化管理系统

信息化管理系统可实现药品全程规范化管理，包括接收、发放、回收等各环节管理，药物效期管理，电子处方管理，温湿度监控管理等。可以保证试验数据的及时性、准确性、可靠性和可追溯性，减少医疗差错的发生。要对信息化管理系统基于考虑系统的预计用途、系统对受试者保护和临床试验结果可靠性的潜在影响等因素进行验证。

（二）试验用药品的接收

1. 指定专人负责

临床试验机构应指派符合资格的药师或者其他合格药物管理员负责物的保管、使用、计数和记录。药物管理人员都应经过 GCP 培训和试验方案的培训，熟悉试验方案要求及操作流程、给药途径、药理和毒副作用及相关注意事项等。

2. 申办者应当提供试验用药品的书面说明

说明应当明确试验用药品的使用、贮存和相关记录。

3. 检查药品送达的准确性

检查药品包装是否完好，有无破损、污染或过期，药品标签的准确性，包括品名、规格、批号、生产日期和有效期等信息。接收时应特别注意是否提供药品的贮存条件、是否均在有效期内、是否附有检验合格报告、盲法试验的盲底信封是否密封和完整等。运送接收双方需签字确认。

4. 做好收货记录

记录药品的名称、收货时间、数量、剂型及规格、批号及有效期、保存条件及注意事项、破盲信封及破盲原则、来源和负责人等信息。

5. 常见问题

标签设计不合理，表格设计不合理，如缺少受试者签字栏、依从性计算方法不合理、回收药物栏不能细化各编号回收数量，最小包装上未粘贴标签，随机双盲试验的试验药物和对照药物的标签或外包装不一致，接收单内容与药品包装上信息不一致等。

（三）试验用药品的保存

1. 配备相关贮存设施

如双回路电源或不间断电源，保证 GCP 药房持续 24 h 供电；药物冷藏、冷冻冰箱、药品阴凉箱，可用于保存不同温度要求的药物；空调设施及冷库温湿度实时监控报警系统。

2. 按要求保存药品

临床试验机构应按申办者所指明的并符合现行管理法规的要求，将药品转移到指定的药品专用储藏室或储存柜中。确保贮存条件符合药品的要求，包括温度、湿度、光线等因素。如将临床试验用药品保存在医院的普通药房中，则必须与普通药品分区保存并做好标识，避免混淆或误用。

3. 对药品的贮存环境进行定期监测和记录

包括温度、湿度、光线等因素。按照药品有效期和要求，进行药品的定期检查和清点。

4. 储存过程中温湿度超标处理

若试验用药品储存过程出现了温度、湿度超过正常储存范围，药物管理员应立即启动药物隔离机制，隔离中的药物禁止继续发放、使用。与此同时，药物管理员应立即与申办方联系，确认该批次药物能否继续使用，若试验药物不能继续使用，药物管理员应将药物退回至申办方并做好相应退回记录。

5. 常见问题

温湿度记录仪无校准证书，冷库温湿度实时监控报警系统不能实时发送报警信息。

（四）试验用药品的分发与使用

1. 按试验方案分发

试验用药品只能按照已批准的试验方案使用于受试者，不得将试验用药品提供给除受试者之外的任何其他人员。

2. 核实受试者及处方

核实受试者的身份和资格，确认药品的项目编号、受试者编号、药品编号、数量和有效期等信息；核对处方，按开具的处方进行药品的发放，并记录药品的发放时间、药品编号、数量、批号等信息；确保药品的随机性和受试者信息的保密性。

3. 交接双方签字

领药时，发药人、领药人应对药物的编号、数量等并进行交接，双方签字并签署日期。发放药品时应做到双人核对，防范发药差错。

4. 向受试者正确解释用法及用量

由其指派的人员应向每一位受试者解释试验用药物的正确用法，并在试验期间定期检查每一位受试者是否按要求正确使用。

5. 保留相关记录

保留试验用药品分发、受试者使用及回收的详细记录，包括受试者的姓名缩写及代码；分发各病人的数量、包装编号及日期；用药开始、停止的日期；用法用量；从受试者处回收的用药后的空包装的数量及未用包装数量；在回收的包装数量不够时，要记录并说明原因；对受试者试验用药的丢失、散落、误用等情况的记录和解释等。

6. 常见问题

试验专用处方未规范填写，由系统随机发放药物编号的项目未保留随机单，随机单未能体现药物随机日期、受试者姓名缩写、年龄等信息，调配药师拿错药物编号，用法用量不符合方案规定，日记卡记录开始使用时间早于发药时间等。

（五）试验用药品的回收或处置

1. 做好回收记录

试验结束时，从受试者处回收已用药物的空包装、剩余药物以及库存药物，药物管理员应仔细清点回收药物和空包装的数量，并详细登记回收药物的名称、编号和数量，并有回收人员签字和日期。回收的药物和空包装应单独存放。

2. 计算依从性

药物回收后结合药物发放的情况计算受试者服药的依从性。确认受试者是否存在漏服、多服、药品遗失等情况。对于依从性不好的受试者，要详细询问原因，并对其进行指导和教育，以提高下次访视的依从性。

3. 回收药品的处理

回收药品交监查员带回申办者处理。如果经申办者同意，也可由临床试验机构就地销毁。销毁后要进行记录，销毁记录应包括：销毁时间、地点、责任人、监督人、销毁的方式、销毁的药物信息（如试验名称、药物编号、受试者编号和数量等），废弃物如何处理等。

4. 常见问题

回收药物为自购药物，与发放时的药物信息不一致，实际服药数量与日记卡用药数量、理论用药数量核对不相符，无药物编号的药物回收时混放，退还空包装药物编号、数量与《药物回收单》记录不符等。

（六）试验用药品的计数和记录

试验用药物的计数是其管理的重要内容。总的原则是试验用药物的收、发、余、退在数量上要保持平衡。如果不一致时，应及时查找、分析原因并记录原因。药物管理员应妥善保存有关试验用药物的接收记录、试验用药物分发、保管记录、每一受试者使用记录以及未用药物返还申办者或其处置方法的记录。试验用药品管理过程中要配合监查员、伦理委员会、质控组和药品监督管理部门的监查、稽查和检查。

（七）记录与文件归档

GCP 要求临床试验所有操作记录必须真实、完整。试验用药品管理中，药物接收、储存、发放、使用、回收、退回或销毁等记录必须真实、完整。试验用药品相关文件包括药品说明书、药品检测报告、出厂证明、试验用标签、试验过程中产生的所有记录和表格，试验用药品管理的制度、相关标准操作规程等。试验结束后这些记录及文件应及时整理归档。

第八章　检查体会

一、如何做一名合格的职业化药品检查员

《药品管理法》第一百零四条明确规定，国家建立职业化、专业化药品检查员队伍。2019 年 7 月发布的《国务院办公厅关于建立职业化专业化药品检查员队伍的意见》提出，坚持职业化方向和专业性、技术性要求，到 2020 年底，国务院药品监管部门和省级药品监管部门基本完成职业化专业化药品检查员队伍制度体系建设。在此指导思想下，为适应全面加强疫苗和药品安全监管工作新任务的需要，切实保障全省人民的用药安全，江西省在省药品监督管理局设置药品检查员中心（江西省疫苗检查中心）作为江西省药品监督管理局监督检查的纵向延伸机构，内设赣东、赣南、赣西、赣北、赣中 5 个药品检查所，主要承担药品（含疫苗）、化妆品、医疗器械生产、批发、零售连锁总部、互联网销售第三方平台的检查与处置工作。

（一）强化思想认识，提高政治站位

药品安全责任重于泰山。保障药品安全是技术问题、管理工作，也是道德问题、民心工程。保障药品安全有效，是群众最关心、最直接、最现实的民生问题。检查员工作应把群众观点、群众路线深深植根于思想中，坚守药品质量安全底线，落实到具体行动上，接受群众检阅，切实提升百姓获得感和满意度。

（二）加强业务学习，提高检查能力

医药产业是技术密集型产业，尤其是药品生产企业，牵涉的专业知识面广

而深。药品检查的本质是主动发现质量安全风险信号，而药品检查的专业性、合规性、科学性直接影响风险识别能力。检查员必须具有扎实的专业功底，接受过严格的专业训练，富有积极的敬业精神和良好的职业道德。一是加强药品相关业务知识、法律法规的学习，可以通过自学或由资深检查员和专家学者授课，以最短的时间完成从原岗位到职业化检查员的角色转变。二是模拟检查及研讨交流。由资深检查员担任组长，在企业开展模拟检查，了解和熟悉企业质量管理体系运行情况，掌握企业质量管理的重点和关键环节，分组撰写检查报告，集中交流讨论，提升学员现场检查能力水平。

（三）查找蛛丝马迹，科学形成报告

建立辖区内被检查对象的信息台账。内容主要包括企业基本信息、人员信息、产品信息、偏差调查情况、风险控制点情况、年度质量回顾情况等。根据掌握的基本情况，针对不同企业的产品特性、工艺要求及风险控制点，认真制定检查方案。如生产企业在生产过程中如何避免污染、交叉污染、混淆、差错，是否按法定标准进行全项目检验，无菌制剂在生产过程中是否严格控制环境洁净度等。

提高观察力，善于从蛛丝马迹中发现问题。要对检查现场周围的环境及人员的活动时刻保持敏感的注意力。如从生产部、质量部办公室柜子、抽屉查找一些公司内部传递信息的通知卡、工作日志、空白记录、电脑文档等，查看企业生产活动的所有记录，包括批生产记录、批检验记录、验证和校准记录、培训记录等，看是否有记录简单、缺失、随意涂改，或者记录保存疏忽、混乱等现象。

理性判断，科学分析，得出结论。结合风险点开展风险评估、风险控制与风险沟通与审核。笔者认为，关注硬件的同时，更应关注软件，如书面 SOP 及制度、书面记录。对照工艺规程的同时更应关注注册批件，尤其是工艺参数的范围和限度的设置。关注设施的同时更应关注防污染措施，如员工防止污染和交叉污染的意识，是否严格按标准操作规程进行各项操作，是否对制水系统和空调净化系统制定严格的防微生物污染措施。在关注结果的同时更应关注过程。生产过程中的人、机、料、法、环每个要素都直接或间接影响着产品质量，各个要素要组成有机统一的体系，要在 GMP 的动态检查中统一起来。在检查过程中可能存在外部压力、内部意见分歧，检查员要公正、公道，不为任何利益所动，不因任何私情而"放水"，科学评判，统一意见，最后形成检查报告。

（四）遵守职业道德，切实履行职责

检查员是公共利益的代表者，国家公权力的行使者，人民健康的守护者。要以对党和人民事业高度负责的精神，切实履行好职责，严格遵守相关法律法规，切实做好法律法规的维护者、执行者，要做到公正、廉洁、谨慎细致、文明检查。

二、如何盘好一份完整的 GMP 现场检查报告

《药品检查管理办法（试行）》（以下简称《办法》）规定，根据检查性质和目的，药品检查分为许可检查、常规检查、有因检查、其他检查；检查结束后，检查组应当及时撰写现场检查报告，并于 5 个工作日内报送组织有因检查的药品监督管理部门。现场检查报告的内容包括：检查过程、发现问题、相关证据、检查结论和处理建议等。作为一个检查员，能否写好一份完整的检查报告，既是对检查员检查能力的评价，又是对检查员写作水平的考验，更是派出检查单位出具《药品检查综合评定报告书》的重要依据。

（一）检查报告撰写的依据

《办法》规定，检查组应当严格按照检查方案实施检查，被检查单位在检查过程中应当及时提供检查所需的相关资料，检查员应当如实做好检查记录。检查方案如需变更的，应当报经派出检查单位同意。检查期间发现被检查单位存在检查任务以外问题的，应当结合该问题对药品整体质量安全风险情况进行综合评估。

（二）检查报告存在的问题

描述不够具体，如没有说明哪个员工在哪些方面操作不符合要求，哪些

方面需要加强培训，哪个文件号（名）在哪些方面制定不合理等；重点不够详尽，如动态生产的三批没有描述每天生产工序、关键工艺参数等；用词用句客观准确性不高，如有"个别""部分"等文字；缺陷项描述不够清晰、不能反映企业真实情况、引用 GMP 条款不够准确；检查报告和缺陷项自相矛盾等，如检查报告中制定了防止药品生产过程中污染、交叉污染及混淆、差错等风险的相关措施，但出现的缺陷条款有灌装区微粒与微生物控制措施难度大，易存在污染和交叉污染。

（三）检查报告的格式

一般检查报告分为检查情况专述、现场检查情况汇总评估、缺陷描述及分类、检查结论 4 个部分，现分项介绍。

1. 检查情况专述

先简要介绍受谁指派、检查组成员、检查时间、企业地址、厂房总体布局、生产范围及品种情况。重点描述如下情况。

（1）生产工艺一致性：重点描述现有生产工艺及参数与注册批件批准的工艺是否一致（有附件），要分品种描述原始注册工艺及再注册工艺，如无法查到原始注册工艺，要说明原因。结论要写批生产记录、各物料投料量、关键工艺参数与现行工艺规程、注册批准工艺的相关配料、数据、工艺等一致，未发现差异（剂型及品种检查分别描述）。

（2）关键人员及设施设备变更情况：描述企业负责人、生产负责人、质量负责人、质量授权人有无变更，是否向省药品监督管理局申请进行了变更；自上次检查以来，一些关键设施设备是否进行了变更，是否进行确认与验证，是否按规定向省局进行了登记。

（3）GVP 执行情况：描述是否按 GVP 及指导原则要求，成立了药品安全委员会，是否以文件形式明确了药物警戒组织机构及人员组成，是否明确了各自职责，是否制订了 GVP 相关文件，是否有相关记录，是否进行了药品上市后不良反应信息的监测及收集，是否对这些信息进行分析评价，并按要求上报，是否对新的药品安全风险开展了评估及风险控制，是否按时提交 PSUR 报告。

（4）最近一次药品 GMP 符合性检查缺陷整改情况：描述最近一次 GMP 检查时间、发现的缺陷数量、经本次检查组确认整改情况，特别是主要缺陷整改情况。

2. 现场检查情况汇总评估

检查组在 ×× 天的时间里，根据企业在检查期间的生产计划，按照风险管理原则，制定了检查清单，对该公司的 ×× 进行了现场检查。根据企业情况和产品风险，检查了企业 ×× 等情况（重点描述检查的软件、硬件，尤其是检查方案需重点核实的内容也应在相应章节中予以描述，全面评估此部分企业执行情况，各章节的描述应对缺陷内容起到支撑作用），检查情况汇总如下。

（1）总则：描述是否建立了药品质量管理体系，体系包含的内容及范围；是否制定了防止药品生产过程中污染、交叉污染及混淆、差错等风险的相关措施，现场检查期间企业是否存在虚假、欺骗行为。

（2）质量管理：描述企业是否建立质量目标，涵盖生产、控制及产品放行、贮存、发运的全过程，能够确保生产药品符合预定用途和注册要求，并确保不同层次人员承担各自的责任；是否配备符合要求的人员、厂房、设施和设备；是否建立质量保证系统及完整的文件体系，质量保证系统是否有效运行；是否建立质量控制的组织机构，是否有相应的检验人员、设施及仪器、包括检验方法及检验 SOP 在内的文件系统；是否建立了质量风险管理制度，采取质量风险分析的手段来评估生产、检验等过程存在的风险程度，所采取的方法、措施、形式及文件等是否与风险级别相适应。

（3）机构和人员：描述是否有组织机构图，设立了哪些部门，是否明确了各部门及人员的职责，配备了相适应的人员；分别描述企业负责人、生产负责人、质量负责人、质量受权人等关键人员资质及从业经历；是否制定了培训的管理文件和年度培训计划，并开展了相应培训和评估培训效果；是否制定了人员卫生操作规程及洁净服的清洗管理规定，是否开展了定期健康检查并建立了健康档案，生产人员是否按要求着装等。

（4）厂房与设施：描述厂房地址、布局，厂区周围有无污染源，一般区与洁净区面积，能否避免污染、交叉污染、混淆和差错、便于清洁和操作；生产车间按生产线或房间号分别描述，房间内设备名称、数量及安装情况，详细描述车间特别是洁净区内部结构，空调净化系统能否符合生产环境要求，无菌车间按最终灭菌或非最终灭菌详细描述无菌保障水平，如生产工艺或灭菌工艺，洁净区环境监测周期和监测项目。对进入洁净区的操作人员及相关人员是否进行了洁净区行为规范、微生物知识等培训，并已进行关键洁净区人员更衣程序确认、是否有更衣确认录像和表面微生物监测记录，各种管道、照明设施、排水设施安装是否合理。

分别描述不同仓储区布局及面积，存放有序，存放待验、合格、不合格、退货等原辅包及中间产品、成品，是否配备照明、温控、防火、防潮、防鼠等相关设施，物料取样区的洁净度级别是否与生产要求一致。

描述 QC 实验室设计与布局，如仪器分析室、理化分析室、留样观察室、包材检验室、微生物检验室及配备检测仪器情况等，微生物检验室配备了独立的空调净化系统，内设无菌检查室、微生物限度检查室、阳性菌接种室、内毒素检查室、细菌内毒素检查室、抗生素效价测定室和不溶性微粒检查室等，检验环境是否符合要求；简要描述辅助功能区如休息室、更衣室和盥洗室的设置是否合理。

（5）设备：描述是否建立设备使用、清洁、维护和维修操作规程，设备的安装和维护、维修、使用、清洁是否按操作规程进行，一些生产和检验用关键衡器、量具、仪表、仪器等是否按规定经过校准，并有明显标识。简要描述空调净化系统、压缩空气系统、其他生产用气如氮气系统设备运行及生产能力情况，不同的空调系统分项描述，消毒方法及记录，滤网清洗或更换规定；纯化水系统消毒方法及周期，纯化水检验取样点、检验项目、微生物的警戒限及纠偏限等。

（6）物料与产品：描述企业是否制订了物料的审计、管理、取样、检验、放行、贮存和处理的相关管理规程，并列出主要文件名称及编号，对关键物料供应商是否进行了现场审计，是否建立了供应商管理档案；原辅包及成品是否按照企业制定的质量标准进行检验和放行；原辅包及中间产品、待包装产品、成品是否按规定贮存和标识。

（7）确认与验证：描述企业是否对厂房、设施、主要设备和检验仪器进行确认，是否按规定进行了工艺验证及清洁验证，是否制定了确认或验证方案，并经审核、批准；详细描述工艺验证的品种、批次及验证情况，列表描述公共系统及关键设备的验证情况。

（8）文件管理：描述企业是否制定了GMP文件管理程序，规定了文件的起草、修订、审核、批准、颁发、撤销、销毁、变更、存档程序及新的文件编码系统；制定的文件是否涵盖质量管理、机构与人员、厂房与设施、设备、物料与产品、确认与验证、文件管理、生产管理、质量控制与质量保证、委托生产与委托检验、产品发运与召回、自检的所有GMP管理要素，岗位职责、管理规程、质量标准、工艺规程、操作规程等文件是否与企业生产范围及规模相适应；批生产记录、批包装记录、批检验记录、药品放行审核记录和其他相关记录是否真实、可追溯。

（9）生产管理：描述企业是否按批准的工艺规程和操作规程进行生产并有相关记录；是否制定并实施了避免污染和交叉污染的措施，生产现场是否有相应的操作规程，投料按生产工艺处方进行，批生产记录有生产前的检查确认工作和生产后的清场工作，批生产记录是否完整。重点详细描述动态生产检查期间的过程，如注册检查、许可检查，列表三批动态生产情况，包括每天工序，关键工艺参数、处方、批量、实际生产过程、批生产记录、收率等是否与申报资料一致；使用的物料量、库存量与总量是否吻合，批包装操作过程是否有避免污染和交叉污染、混淆或差错风险的措施。

（10）质量控制与质量保证：描述QC实验室位置及面积，内设功能室逐一描述，配置检验仪器及设备情况等，QC负责人及检验人员资历及数量，质量标准、操作规程、相关记录等文件，OOS调查、取样、留样、校准品与对照品管理要求、物料和产品放行规定，持续稳定性考察有方案有报告、有趋势分析，变更控制有规程、有批准、有记录，偏差处理有报告、有记录、有调查、有处理、有CAPA，现有物料供应商评估及现场审计情况，有否现场审计报告，是否建立供应商档案，变更供应商程序及实际变更情况，年度产品质量回顾分析报告，是否对回顾分析结果进行评估，是否有CAPA、是否建立投诉与不良反应报告制度，并有专门机构及专职人员，投诉调查和处理记录及回顾分析情况，不良反应收集、评价及报告情况。

（11）委托生产和委托检验：描述是否有委托生产品种，是否申请了B证许可及C证延伸检查，是否对受托方生产技术条件、技术水平、质量管理情况进行了现场质量考核，是否提供了相关技术资料，是否派员对受托生产和检验的全过程进行了监督；是否与受托方签订了委托加工合同，合同中是否明确了各自的生产和质量控制职责，放行程序等；描述物料采购，原辅包及成品取样、检验及放行，留样及持续稳定考察等的责任人。

如有委托检验描述原因，受托方资质取得情况及检验能力，是否与受托方签订协议并向省级药品监督管理局进行备案，列表描述委托检验品种、批号、检验项目及检验结果（描述委托检验的真实性及是否先放行后检验）等。

（12）药品发运与召回：描述企业是否制订了召回操作规程及相关文件名称和编号，如有召回，列表描述全年召回情况，是否按规定上报；发运记录内容是否齐全。

（13）自检：描述企业自检是否有计划，自检时间、自检内容、自检方式是否有记录并有自检报告，对自检发现的问题有否提出 CAPA。

3. 缺陷描述及分类

描述经现场检查发现该企业存在严重缺陷 ×× 项，主要缺陷 ×× 项，一般缺陷 ×× 项，分类描述如下。

4. 检查结论

检查组按照风险管理原则，对该企业的总体检查情况及存在问题进行综合评估，经讨论认为：该企业的 ×× 生产质量管理基本符合（符合、不符合）《药品生产质量管理规范（2010 年修订）》及附录的要求，建议省级药品监督管理局对企业予以发证或换证（或完成缺陷项目整改后予以发证或换证、不予发证或换证）。

请企业严格遵守安全生产法律法规，自觉履行安全生产主体责任。

本次检查报告所反映的缺陷项目不代表企业存在的全部问题。

后 记

本书的出版，缘于笔者的药学情怀及检查员梦。

笔者在 1980 年报考江西中医学院（现江西中医药大学）时，在面临选择中医还是药学专业时，义无反顾地选择了自己终身热爱的药学专业，并在大学认真学习了所有专业课，为后来的工作打下了较为扎实的专业基础。笔者在大学毕业后从事了 18 年药检工作，在药品检验所时认真钻研业务，多次在全省技术比武中获奖，在全市高级职称擂台赛中以较大优势夺冠，在国家级、省级学术刊物中发表学术论文 20 余篇。在 2002 年机构改革时进入景德镇市药品监督管理局从事药品监督检查工作至今已达 20年，在担任检查员期间善于发现问题、分析问题、总结问题，先后发表多篇调研文章及学术论文，在中国医药报（中国食品药品网）等发表检查心得体会 50 余篇，阅读量一直不错，深受检查员和企业欢迎。为了方便读者系统阅读，把笔者及付彩群老师、刘英老师的文章按照相关法规分章节汇编，取名为"药品 GMP、GSP 检查实战要点"，供广大同仁参考。个人水平有限，敬请批评指正。

张瑜华

2024 年 3 月